人文社科
高校学术研究论著丛刊

张一新 著

《庄子》美学的现代解读

中国书籍出版社
China Book Press

图书在版编目(CIP)数据

《庄子》美学的现代解读/张一新著.—北京：
中国书籍出版社，2019.6
ISBN 978-7-5068-7358-1

Ⅰ.①庄… Ⅱ.①张… Ⅲ.①《庄子》-美学思想-研究 Ⅳ.①B223.52 ②B83

中国版本图书馆 CIP 数据核字（2019）第 140576 号

《庄子》美学的现代解读

张一新 著

丛书策划	谭 鹏 武 斌
责任编辑	尹 浩
责任印制	孙马飞 马 芝
封面设计	东方美迪
出版发行	中国书籍出版社
地　　址	北京市丰台区三路居路 97 号（邮编：100073）
电　　话	（010）52257143（总编室）（010）52257140（发行部）
电子邮箱	eo@chinabp.com.cn
经　　销	全国新华书店
印　　刷	三河市铭浩彩色印装有限公司
开　　本	710 毫米 × 1000 毫米 1/16
印　　张	15.75
字　　数	204 千字
版　　次	2020 年 1 月第 1 版　2020 年 1 月第 1 次印刷
书　　号	ISBN 978-7-5068-7358-1
定　　价	71.00 元

版权所有　翻印必究

导　言　庄子其人其书

　　道家作为春秋时期诸子百家中最有特色的流派之一，对中国社会产生了难以磨灭的影响。而在道家学说中，庄子又明显地不同于老子，老子学说有鲜明的政治倾向和政治目的，而庄子则是以抽象思辨、瑰丽的想象来实现他对宇宙万物的根据和原则的探求。千百年来，庄子的宇宙观、社会观、人生观对后世有着深远的影响。

　　庄子（约前369—前286年），姓庄，名周，字子休（亦说子沐），宋国蒙（今安徽省蒙城县）人，战国时期伟大的思想家、文学家和哲学家，道家学说的主要创始人之一，与老子并称为"老庄"。其代表作《庄子》蕴藏着深刻的哲学思想、美学思想和文艺思想。

　　战国时期，随着社会生产力的发展，新旧阶级之间和各阶级、阶层之间的斗争复杂而又激烈，过去的政府办学变成了私人讲学，有知识、有学问的人多了起来，他们以"士"的身份出现在历史舞台上。同时，各诸侯为逐鹿中原，十分需要知识分子，因而"养士"之风盛行。各诸侯对"士"往往采取宽容的政策，允许学术自由。因此，各家各派的著作如雨后春笋般涌现出来。各种观点杂然并存，各种针锋相对的辩论时有发生，一时呈现出"百家争鸣"的局面。所谓"百家"，主要有儒家、道家、墨家、法家、阴阳家、名家、纵横家、农家、杂家，等等。其中有儒、墨之争，儒、法之争，儒、道之争等，就是在各家的内部也有不同派别的争论，他们都从自己的立场出发，提出救世的主张。道家代表庄子继承和发展了老子关于"道"的哲学思想，超越了任何知识体系和意识形态的限制，站在人生边上来反思人生，对儒家的学说进行了诙谐的讽刺。

法家代表韩非总结了商鞅的"法"、申不害的"术"、慎到的"势",使法家的理论趋于完善,开始了对儒家比较系统的批判。在诸子百家相互诘难、进行激烈论争的同时,各家之间还有相互影响的一方面,如道家、法家之间,儒家、法家之间,儒家、道家之间都有相互借鉴之处。诸子百家的相互影响到战国后期更为明显,由于政治上统一已成为大势所趋,"百家争鸣"渐渐转入了总结阶段,此时,吕不韦所著的《吕氏春秋》就把百家之言融合在一起,为"百家争鸣"的局面画上了句号。

庄子就身处这样一个社会正在经历着剧烈动荡的时代,一方面战争频发、生灵涂炭;另一方面正值百家争鸣的黄金时代。庄子自幼家境贫寒,曾经做过宋国的漆园吏。他一生淡泊名利,主张修身养性、清静无为。因为世道污浊,所以他退隐;因为有黄雀在后的经历,所以他与世无争;因为人生有太多不自由,所以他强调率性。他主张精神上的逍遥自在,试图达到一种不需要依赖外力而能成就的逍遥自在境界;认为宇宙中的万事万物都具有平等的性质,人应融入万物之中,从而与宇宙相终始;提倡护养生命的主宰是要顺从自然的法则,要安时而处顺;要求重视内在德性的修养,德性充足,生命自然流露出一种自足的精神力量。《庄子》一书想象丰富,词藻华美,气势壮观,文章富有寓意,生动而思辨性强。

《庄子》应于先秦时期就已成书,我们今天看到的三十三篇本《庄子》是经西晋郭象删订流传下来的。汉代《庄子》有五十二篇、十余万字,这种五十二篇本到魏晋时期仍然较为常见。魏晋时玄风盛行,庄学渐起,为《庄子》作注者多达数十人,但这些注庄者往往根据自身对庄子的理解和个人喜好,对《庄子》一书的篇目作了一定的删改,从而形成了多种多样的《庄子》版本。郭象以前,主要的《庄子》版本有崔撰本、向秀本、司马彪本、李颐本。其中,崔撰本、向秀本各为二十七篇(向秀本一作二十六篇,一作二十八篇),司马彪本五十二篇,李颐本三十篇。现在人们看到的郭象的三十三篇本,是他在五十二篇本的基础上吸收各家尤其是向秀庄学成果之后删订的。经过郭象删订的《庄子》，无论篇章还是字句方面，都更为精纯。由于他吸收和借鉴了向秀及当时各家之注，并在此基础上进行了自己颇富改造性的独特诠释，故为历代推崇，逐渐成为定本，流传至今。今本《庄子》有内七篇、外十五篇、杂十一篇，这是由郭象划定的。但在郭象之前，就已有内、外或内、外、杂篇之分，且篇目构成上与郭象不尽相同。至于划分内、外、杂篇的依据和标准，则众说纷纭，未有定论，主要有根据文意之深浅、风格功用之不同和标题有无寓意来划分等观点，但都缺乏确凿的证据。自宋代以来，学术界逐渐形成了一种为多数人所接受的观点，内篇为庄子自著，成文在先；外、杂篇为庄子后学所作，附翼其后。这一观点已成为当今最流行的说法。从古本、今本《庄子》的体例来看，全书是以内篇为基本，以外、杂篇反复阐发、补充。它们之间既有一定区别又有密切联系，是不可或缺的完整、统一的体系。

《庄子》作为诸子经典之一，研究者自是不乏其人。从战国到现在，无数的研究者已使《庄子》变得更加丰富。古代研究《庄子》的主要方式是注庄、解庄。战国时，荀子对庄子已有所批判，将庄子学说加以改造、发挥，以为己用。《吕氏春秋》对庄子思想和内容也多有引用。西汉前期的淮南王刘安、司马迁都对庄子有所研究，秦汉辞赋、经学也都吸纳、改造了部分庄子思想，以为己用。魏晋时期，注庄、解庄者多以零散的感悟见长，对庄子思想也能有较深的契入，缺陷是或由于体例限制而不成系统，或所作发挥不尽符合庄子原意。隋唐时期的庄学研究注重字义、音释，少重义理，并混杂神仙学说，且开佛道合流之势。宋明时期注庄之风很盛，重义理，佛庄思想进一步融合。清代庄子研究既有义理的阐发，也有校勘训诂的收获。近代的庄学研究除了传统的训诂校勘的著作，还由于西方文化的传入呈现了一些新的特点，即逐渐以西方哲学为参照来解庄。其长处是摆脱了对庄子思想的点线式的、直观的了解，而在形式上的体系化、内容上的理性分析方面取得了一些进展。现代对庄子的研究可分为三个时期：第一个时期

（1949—1959年）是新中国庄学研究的起步时期，能够成熟地运用马克思主义研究方法的人很少，因此这一时期的庄学研究概括介绍的多，考辨注释的多；第二个时期（1960—1976年）比较注重庄学的阶级属性，提出了如何评价和研究庄子的问题，其特点是政治与学术结合比较紧密；第三个时期（1977年至今）的庄学研究呈现繁荣之势，除了纠正庄子研究中的左倾倾向，在基础性的工作方面也取得了突出成果，一些学者还将庄子与外国思想家进行了比较研究。在庄子的美学研究方面，李泽厚先生有颇多创见。总体来讲，对于庄子思想的研究和评价渐趋客观和精确。

庄子的美学思想极其丰富，李泽厚曾明确提出"庄子哲学是美学"。在他看来，"从所谓宇宙观、认识论去说明理解庄子，不如从美学上才能真正把握庄子哲学的整体实质"[①]。在庄子所处的时代，由于生产力的发展，社会的物质财富急剧增加，进而带来了赤裸裸的剥削、掠夺和压迫，"彼窃钩者诛，窃国者为诸侯，诸侯之门而仁义存焉"（《庄子·胠箧》）。那些偷窃腰带、环钩之类小东西的人受到刑戮，而窃夺了整个国家的人却成为诸侯，人日益被物质文明进步所带来的异己力量所挟持，被"物"所控制，于是，庄子提出"不物于物"，主张恢复人的本性，发出了最早的反异化的呼声。因此，庄子关注的不是伦理问题、政治问题，而是个体存在的身心问题，即如何能在苦难的现实世界中获得人格上的独立和精神上的自由，这无疑属于美学课题。

---

① 李泽厚．漫述庄禅[J]．中国社会科学，1985（1）．

目 录

导　言　庄子其人其书 …………………………………………… 1

第一章　审美境界——逍遥游 ………………………………… 1
　　一、无待逍遥：自由的境界 ……………………………… 1
　　二、席勒论自由 …………………………………………… 10
　　三、小大之辩 ……………………………………………… 16

第二章　审美的主体间性——齐物论 ………………………… 26
　　一、主体性美学到主体间性美学的转向 ………………… 26
　　二、庄周梦蝶中的主体间性 ……………………………… 31
　　三、子非鱼安知鱼之乐 …………………………………… 38

第三章　审美心胸——心斋、坐忘 …………………………… 44
　　一、康德：审美的超功利性 ……………………………… 44
　　二、无用之用 ……………………………………………… 52
　　三、老子：涤除玄鉴 ……………………………………… 60
　　四、心斋、坐忘、吾丧我 ………………………………… 63

第四章　自然观——天地有大美 ……………………………… 95
　　一、现代美学中自然美的困境 …………………………… 95
　　二、自然美的观赏方式 …………………………………… 99
　　三、天人合一 ……………………………………………… 101

第五章　审美的本质直观——莫若以明 ……………………… 109
　　一、现象学的本质直观理论 ……………………………… 109
　　二、庄子认识论的相对主义与不可知论 ………………… 121

· 1 ·

三、言意之辨 …………………………………… 131
　　四、徐复观对庄子的现象学诠释 ……………… 149
　　五、莫若以明 …………………………………… 154

第六章　论丑怪形象——厉与西施道通为一 ……… 161
　　一、美丑之辨 …………………………………… 161
　　二、论兀者、支离者、瓮盎大瘿 ……………… 167

第七章　人格修养——顺任自然 …………………… 179
　　一、"仁义"与"道德"辨析 …………………… 179
　　二、顺任自然 …………………………………… 185
　　三、马克思和马尔库塞的异化理论 …………… 207

第八章　艺术化人生——至人　神人　圣人　真人 …… 214
　　一、朱光潜：人生的艺术化 …………………… 214
　　二、冯友兰论人生境界 ………………………… 219
　　三、庄子的艺术化人生 ………………………… 228

参考文献 ……………………………………………… 240

第一章　审美境界——逍遥游

一、无待逍遥：自由的境界

在庄子的美学思想中,最为世人所熟知和引人注目的,是他提出的"逍遥游"的人生态度,塑造了最飘逸、最洒脱的人生境界。《逍遥游》是《庄子》的首篇,对整部《庄子》具有提纲挈领的作用,是庄子强调人应该挣脱外部的束缚,让自由的精神处于毫无挂碍的境界,庄子借鲲鹏化鸟的故事描绘了这种境界：

  北冥有鱼,其名为鲲。鲲之大,不知其几千里也。化而为鸟,其名为鹏。鹏之背,不知其几千里也,怒而飞,其翼若垂天之云。是鸟也,海运则将徙于南冥。南冥者,天池也。《齐谐》者,志怪者也。《谐》之言曰："鹏之徙于南冥也,水击三千里,抟扶摇而上者九万里,去以六月息者也。"野马也,尘埃也,生物之以息相吹也。天之苍苍,其正色邪？其远而无所至极邪？其视下也,亦若是则已矣。

在这段话中,庄子以宏大的气象和磅礴的场面为我们勾勒出自由的意象。北方的大海里有一条鱼,它的名字叫作鲲。鲲的体积,真不知道大到几千里；变化成为鸟,它的名字就叫鹏。鹏的脊背,真不知道长到几千里；当它奋起而飞的时候,那展开的双翅就像天边的云。这只鹏鸟随着海上汹涌的波涛迁徙到南方的大海。南方的大海是个天然的大池。《齐谐》是一部专门记载怪异事情的书,这本书上记载说："鹏鸟往南方的大海迁徙的时候,翅膀拍击水面,能激起三千里的波涛;鹏鸟奋起而飞,旋转扶摇而上直冲九万里高空,此一飞在六个月后方才停歇下来。"春日林泽原野上蒸腾浮动犹如奔马的雾气,低空里沸沸扬扬的尘埃,都是大自然里各种生物的气息吹拂所致。天空是那么湛蓝湛蓝的,难道这就是它真正的颜色吗?抑或是高旷辽远没法看到它的尽头呢?鹏鸟在高空往下看,不过也就像这个样子罢了。当鲲鹏奋起而飞的时候,水击三千里,扶摇而上九万里,无尽的天色苍茫在它的视野之下,这种境界自然而然给人一种无羁奔跑、自由放纵的感觉。但即便如此,这也仍然不是庄子心目当中自由的最高境界,因为鲲鹏背负青天需要凭借风力飞行,越是托负巨大的翅膀越需要聚集更大的风力:

  且夫水之积也不厚,则其负大舟也无力。覆杯水于坳堂之上,则芥为之舟;置杯焉则胶,水浅而舟大也。风之积也不厚,则其负大翼也无力。故九万里,则风斯在下矣,而后乃今培风;背负青天而莫之夭阏者,而后乃今将图南。

  可见鹏鸟虽然气势磅礴,傲视一切,但并没有达到无所依凭,绝对自由的精神境界。水汇积不深,它浮载大船就没有力量。倒杯水在庭堂的低洼处,那么小小的芥草也可以给它当作船;而搁置杯子就粘住不动了,因为水太浅而船太大了。风聚积的力量不雄厚,它托负巨大的翅膀便力量不够。所以,鹏鸟高飞九万里,狂风就在它的身下,然后方才凭借风力飞行,背负青天而没有什么力量能够阻遏它了,这样就能飞去南方了。因此,鲲鹏看似背负青天无所阻遏,实际上它"犹有所待",而真正的自由就是"无所待",表现了庄子对个体精神自由的极度向往。"有待"指有所依凭、有所限制,从而导致精神不能自主,不得自由。而这种限制主要来自两个方面:外在条件的限制和内在心态、观念的束缚。
  首先是外在条件限制下的"有待"。大鹏图南虽然势态宏大有力,羽翼击水形成的水波可达"三千里",之后"抟扶摇而上者九万里",然而此种境界仍然凭借着"六月息者",大鹏背负青天,上天九万里是"风斯在下"的结果,必定承负着一定的物质条件。除此之外,庄子在本篇当中还举了其他各种事例来说明时间和空间等外在条件对个体的限制,比如蜩与学鸠止于榆枋、行者聚粮的事例体现了空间对蜩与学鸠的限制。因其止于榆枋,活动空间狭小,不曾体会大鹏高飞南海的壮阔与乐趣,仅仅看到了大鹏背负青天的劳苦,因而导致其视野与心态上的局限,发出"奚以这九万里而南为"的鄙言。行者根据路程的长短而准备相应的干粮,体现了空间条件对个体的限制;"朝菌不知晦朔,蟪蛄不知春秋"则是由于时间的局限而令其生命短促不得见到更为广阔的世界。与之相比,楚南灵龟以二千岁为一年,上古大椿以三万二千岁为一年,灵龟与大椿的生命与朝菌、蟪蛄相比足够长久了,而如此"大年"仍旧受到时间的限制,终有一死。在时间长河面前,以三万二千岁为一年的大椿与朝生暮死的朝菌,其生命同样短促,仍旧受到时间条件的限制而不得永久。总体而言,外在条件制约下的"有待"之境主要体现为自然规律对个体的限制。列子御风而行,之所以能免于步行,泠然而善,是因为对风的凭借和利用。而这里的风是有所指的,其所依凭的正是"天机之动",是符合自然规律之风,或者说代表着自然规律。在《齐物论》中庄子借子綦之口论述风的本质:"夫大块噫气,其名为风。"成玄英疏"大块者,造物之名,亦自然之称也","大块"即为"自然",自然呼气,此气为风。可见,在庄子看来,"风"在本体上是由大块而生,是自然的一部分,与自然本是一体。因而,列子乘风而行,依凭着"天机之动"统御之风,受到的是自然规律的限制,仍旧无法达到"无待"逍遥的自由之境。在外在条件限制下的"有待"之境中,个体之于世界是工具性的利用关系,世界之于个体则是不同程度的约束与限制。此种关系下的自我主体始终不能与世界主体和谐共在,更不能实现自我的自由和审美意义。

其次是内在心态、观念束缚下的"有待"。在庄子看来,外在条件对个体的束缚并非个体无法达到"无待"逍遥的根本原因。相比之下,在阻碍个体实现"无待"逍遥的因素中,来自个体内在思想观念和心态的约束,更甚于外在条件对个体的限制。比如"知效一官,行比一乡,德合一君,而征一国"之人,在知、行、德方面有一定的才德和修养,所以能够承担一官、一乡、一君、一国的责任,然而在庄子看来这类人仍旧有所限制,"其自视也亦若此矣"。郭象注云:"亦犹鸟之自得于一方也。"林希逸说:"以其所能为自足,其自视亦如斥鷃之类。"足见此类人其才德修养虽能征一国,却仍与斥鷃之笑大鹏一样有所局限之处。这种自视自足的心态实际上是自我感觉良好。满足于现状给自身带来的名誉,终究也是有所局限,为俗世之名所累。针对为世俗之名所累而犹有所待之人,宋荣子笑之,他能够超出世俗之名的限制,"举世而誉之而不加劝,举世而非之而不加沮",世人的赞誉或诽谤都不能入于心,不为之奋勉或沮丧。陈鼓应认为宋荣子把握住了真实的自我,肯定自己内在的才德,外在的赞誉或诽谤都由他人,不在己身。而庄子说:"定乎内外之分,辩乎荣辱之境,斯已矣……犹有未树也。"宋荣子虽不为世俗之名所累,却认为内外有分、荣辱有境,并没有实现精神与思想上的真正自由,因而仍旧处于"有待"之境。相对于受到外在客观条件限制的"有待",以上源自内在观念束缚的"有待"之境更是从根本上遏制了个体以本真的存在与世界进行平等的对话与交往。个体内在心态与观念是内在世界的体现,是个体与外在世界相处状况于内心的投射。在那个诸子百家争鸣的时代,庄子鄙视那些一天到晚钩心斗角的人,他们整日与外界交涉,与别人争论不休。在庄子的眼中,这些人的心都被外物所束缚,是无法达到那种自由的境界的。他们都为功名利禄所束缚,是无法超然物外,逍遥地"游"于天地之间的。

而无待逍遥是指个体不凭借任何外在的条件,不被任何物质或观念所制约,顺应万物之变,与自然合而为一的精神自由。庄子列举了种种"有待"的事例之后,提出了如何才能达到"无待"逍遥,即"若夫乘天地之正,而御六气之辩,以游无穷者,彼且恶乎待哉"。郭象注云:"天地者,万物之总名也……万物必以自然为正……故乘天地之正者,即是顺万物之性也;御六气之辩者,即是游变化之途也。"想要摆脱各种限制与束缚,达到自由与逍遥,必须顺应世间万物之性,顺应自然变化之径。个体顺从万物,与自然合而为一,则万物亦将与个体同游于"无何有之乡"。无处而不通,明彻于无穷之境,则无物可阻碍个体通向逍遥自由之境。庄子又言"故曰:至人无己,神人无功,圣人无名",个体忘却自身形体的物质性存在和独特性,忘却形体与天地间他物的区别,在此基础上,进而忘却功绩和名誉,万物不伤于身,功名不留乎心,和光同尘,与万物为一。他们超越了世俗,超越了是非,超越了时空,超越了生死,超越了物我界限,与天地精神融为一体,"无名""无功""无己""无待",成为真正的"自由人"。庄子再次赞美了个体顺应自然,忘却功名,融于自然,无作为、无痕迹、无拘束的"无待"逍遥。"无待"逍遥中的个体不仅不受外在事物的限制,而且更进一步摆脱了内在思想观念的约束。自我主体将世界视为与自身同样具有生命力与感悟力的主体进行交流和感应,物我两忘,世界与我自身并没有实质性的区别。世界之于自我如同左手之于右手,同属一体。庄子在《外篇·秋水》中也表达了这种对"无所待"的向往之情:"夔怜蚿,蚿怜蛇,蛇怜风,风怜目,目怜心。"独脚的夔羡慕多脚的蚿,多脚的蚿羡慕无脚的蛇,无脚的蛇羡慕无形的风,无形的风羡慕明察外物的眼睛,明察外物的眼睛羡慕内在的心灵。当个体达到这种状态时,也就达到了无所牵挂、无所依赖的境界,能够独立于世,就如庄子在《天下》里所说的一样,"独与天地精神相往来";或者如《在宥》里所说的"吾与日月参光,吾与天地为常"。

因此,我们可将庄子逍遥游划分为四重境界,分别是"待风""乘风""背风"和"弃风"。鲲要化为鹏,必须借助风力,但最终还要弃风而飞翔,否则就会被风所控制,只有这时才能达到逍遥游的境界。

第一重境界是"待风"。鲲从小鱼变成大鱼后,也不能平白无故地变成大鹏飞走。它还必须等待一样东西才能起飞,那就是风。这正如赤壁之战的"万事俱备,只欠东风"。有了风,鲲才能飞得起来,它必须经过漫长的等待、准确的等待。所谓"准确的等待",是指要在准确的时间里等、在准确的空间里等,不能有误差,不能错过,要刚好风来的那一刻,这样才能趁势飞翔,不是什么风都能飞,要最大的风才有最大的势。庄子说"去以六月息者也",就是要借助六月的大风。六月正值盛夏,这时天清地朗,热气飞旋,正是大风最旺盛时。庄子又说:"野马也,尘埃也,生物之以息相吹也。"六月的大风像万马奔腾,又像灰尘弥漫,因为它是万事万物共同的作用,所以特别猛烈。有了这样的风,当然可以助鲲飞翔。

第二重境界是"乘风"。经过漫长的、准确的等待,终于把风等来了。但在乘风之前需要"辨风",即辨别风向,看清这是小风还是大风,不能见风就上,要等来适当的风才能上。理想的大风终于来了,在那时候,鲲必须全力一搏,飞腾而起,趁风的运动、趁海的运动飞起来,就可以变成鹏,昂首天外。庄子说:"鹏的背,不知道有几千里,奋起而飞,它的翅膀就像天边的云,海动风起时就迁往南海。当鹏迁往南海的时候,水花激起达三千里,翼拍旋风而直上九万里高空。"可以得出鲲化为鹏、乘风而上的具体操作程式为:一是大风来了,大海震荡;二是鲲奋力一跃,借助风势、水势飞起来,化为鹏;三是鹏飞起来后要不停地击水,借助水势参与风的运行,最后乘风上天。简单地讲,就是先借风力,再借水势,最后又借风力。风力是远因,水力是近因,鲲的意志则是决定性因素。

第三重境界是"背风"。乘风之后,鹏与风融为一体。风吹到哪里,鹏就去哪里,如此一直飞行了九万里。在这九万里中,鹏在风中,因为它刚成形,不敢妄为,不得不受风控制。但是慢慢地,鹏发觉自己力大无比,完全可以脱离风的控制自己飞行,于是它一个侧身,借风的弹力飞到了风的上面。这时,鹏在风上。庄子说:"所以鹏飞九万里,那厚积的风就在它的下面,然后才乘着风力背负青天而没有阻碍,然后准备飞往南海。"鹏御风而行,完成

第一章 审美境界——逍遥游

了自我的觉醒,这是它的第二次觉醒。第一次是化为鹏、脱离水的控制,通过变身获得自由。第二次是鹏试图脱离风的控制自己飞动,即通过摆脱风的约束而获得全面自由。刚开始,风给了鹏机会。但鹏不能永远跟风走,再走下去,它就会变成风的"奴隶"。背负青天,逆天而行,从而通过以一人对抗全世界的孤独方式完成了自身的丰富,以一人肩负全世界的压抑方式完成了心灵的解放。就这样,鹏的意志不但使它飞起,还使它与造物主平起平坐,不再自卑于神灵,相反地,它要脱离一切的道自成一道,自由翱翔。这种逍遥是自傲的,它自制一种生存方式,不是游刃有余,而是游于刃之上,它以另一种方式实现了自由。

第四重境界是"弃风"。这时不要顺风,要逆风,只有这样才能自由。但这种自由还不彻底,因为鹏虽然不再跟风了,风却还要跟随鹏,如影随形,很难摆脱。就算鹏轻轻一振翼,风马上就从翅膀间滑出。依风而行,不是真正的飞翔。真正的飞翔是静止的飞翔。群星都是投身于轨道中,自然可随天运行。凡有翅膀的都飞不快。要想真正地飞就不能靠自己飞,要借助更大的力,那就是大道之运行,即大化,也即天时。大风很大,但它自己吹不起来,也要借天时。因此,与其借风,不如借风背后的风,那就是天时,只要像群星一样进入轨道,就可以无翅飞翔,就可以真正飞翔。我们弃风而行,可以不再因乘风而狂乱,以一颗宁静的心进入永恒。弃风是最高境界,弃风后鹏才是鹏,飞才是飞,逍遥游才是真正的逍遥游。一切自由自在,借天道婉转天地,实现自我之完美。

所以说,要想逍遥游,就要无所依赖。庄子说:"若顺着自然的规律,而把握六气的变化,以遨游于无穷的境界,还有什么依待呢!所以说:至人无己,神人无功,圣人无名。"在庄子看来,只有无所依赖,才能够达到真正的自由,麻雀、斑鸠和蝉达不到自由,就是大鹏鸟也还没有达到这种境界,因为它们都还有所依赖,都还处在相对的境界,而在相对的境界中,就必定受相对条件的限制。要想达到真正的无所依赖,就要按照自然的本性行事,乘着六气的变化,进入无穷的境界。只有在这无穷的境界中才能无所依赖,无所依赖就不受约束,自由也就出现了。达到了这种境界的人就是至人、神人、圣人。那么怎样才能成为至人、神人和圣人呢?

"无己",就是去掉主观的自我,恢复自然的本性。只有无我,才能够随物变化,一旦有我,就会执着。一旦执着,"我"就从世界中孤立了出来,站到了世界的对立面,从而就受"我"的对立面的约束,也就不自由了。人们之间的一切冲突都由于有了自我意识,有了"我""己",就会追求自我的利益和名声从而就会引来祸患和烦恼。因此忘却自我,是摆脱人生困苦的根本途径。

"无功",就是不要去人为地建功立业。历史上没有好下场的人大多是那些建功立业的人。要建功立业,就要与人争斗,就要斗智斗勇。其结果只有两种,要么伤害了别人,要么被别人伤害,这两种结果都是不可取的。被人所伤自然是悲剧,或遭受许多痛苦,或不能终其天年;而伤害了别人的人日子也并不好过。胜利者虽然看起来强大,但却时时受到暂时还不强大的对立一方的威胁,所谓树大招风也。胜利者正因强大而成为众矢之的,因此他生活于不安和恐惧之中,而一个不去建功立业的人就可以逍遥于这双方的争斗之外,过一种安宁的生活,建功立业的实质无非是追逐名利,而追逐名利必致伤身。比如战国七雄终被秦所统一,而秦只二世而亡。

"无名",就是不要追求名声,因为名声对人生同样也是有害的。庄子举了许多以名伤身的例子:关龙逢因尽忠进谏而被夏桀所杀,比干也因此而被商纣王挖心。他们都是以名害生的例子,是为"忠臣"这个名称所累。既然国君已经昏庸,忠谏又有什么意义呢?既不能改变昏君,也不能改变国家,只是白白搭上自己的性命而已。而商朝末年至死不食周粟的伯夷和叔齐,也同样是为名所累。周朝的粮食与商朝的粮食有什么区别呢?商朝的可以吃,周朝的就不能吃?不就是换了一个名称吗?粮食还是原来的那个味道。事实上,作为一个老百姓来说,做谁的臣民在大多数情况下是无关紧要的,他永远是被统治的对象。对于臣民面言,改朝换代,不过是换了一个名称,对于他们的实际生活能有什么意义呢?

"无己""无功"和"无名"实际上指出了阻碍实现自由的绊脚石就是自己的功利和名誉,以自我为中心就会掉入狭隘和自私的窠臼,从而失去辨别真实的能力;以功利的眼光看待世界,就会泯灭人性,丧失情感,甚至成为别人利益的牺牲品;过分追求名誉,甚至把名誉看成比生命还重要的东西,就会举步维艰,画地为牢。

总之,"己""功""名",这些东西都妨碍了人的独立与自由,对人生是有害的。一个人如果达到了这样一种"无己、无功、无名"的境界,就进入了独立与自由的状态了。为什么只有"游乎穷者"才能达到绝对的自由呢?因为只要我们还处在有限的境域之中,就难免去比较大小多少,难免有你我之分,于是就去追求大和多,追求自我的利益。这样就永远被那些更大、更多的利益所牵制。自由也就谈不上了。人们世世代代总是争来斗去,其根本原因就是由于他们处于这种相对的处境中,由于有了大小、你我之分。

逍遥虽然只是庄子提出的一种理想状态,但是它却给了我们思考问题的一个方法,就是当我们陷于失败之中而不能自拔,或者为一件事情迷惑不解时,不妨把它们推向极端,当混沌思想的烘炉加热到沸腾时,它就会变得清澈直白。而当我们从无穷的角度来看问题的时候,情况就截然不同了,是超乎大小和你我之分的,它是一种绝对的、终极的境界,以这终极的眼光去看世界,大小、你我之分就消失了。我们日常所追求的功名利禄都变得毫无意义了。我们所得到的一切最终都要归还给无穷,人们之间争斗的根本原因和人们所牵挂的无非是功名利禄,而当我们放弃它们的时候,也就从斗争中解放了出来,从而就无所牵挂了。无所牵挂了也就有了自由,而只有"游无穷者"才能够无所牵挂。

自由一直是人类追求的梦想,从原始社会发展至今,人类一次次地超越自身,在自由之路上勇敢前行,也不断给自由添加新的内涵。人类在通往自由的路上一般处于三个维度之内,即人和自然的关系、人和社会的关系、人和灵魂的关系。庄子的"逍遥游"展示了人和灵魂的关系中的自由,同时涉及人和自然的关系。庄子的逍遥游是无限的、超越性的精神之游,古人虽然没有对无限的精确定义,然而对无限的理解却是十分准确的,是指远远超出观测对象影响范围外的大、远、高等。在这其中,庄子为我们创造了鱼变为鲲,鲲又化为鹏的高远境界,庄子不满足于麻雀等所处的境地,而向往鹏所代表的日常无法看见或体验到的宏大事物,也就是向往超越、向往无限。

人类对自由的追求从来没有停止过,人类追求的是有一定限制因而也具有了意义的自由,它像太阳一样照耀着人类,也弄花了人类的眼睛,让人类不易看到。面对庄子的逍遥游,我们羡慕不已。也许人类的自由之路十分漫长,在全体人类抵达自由之前,我们可以在某些时刻仰望星空,进入冥想世界中的逍遥。

可见,一部《庄子》就是对追求精神自由的呼喊,体现了人类最崇高的追求。当人们都能够达到庄子的那种自由,社会将变得非常的和谐,那会是一个无与伦比的圣地,虽然事实上我们似乎永远也达不到,但我们需要一步步地去努力,"虽不能至,然心向往之"。

二、席勒论自由

庄子在《逍遥游》中所描绘的这个自由之境就是西方近代美学家所推崇的审美境界。什么叫作美?美的最基本的内涵究竟是什么?北京大学哲学系教授张世英在《美在自由》一文中总结道:从古希腊到近现代有不同的阐释。古希腊的思想文化尚处于人类的童年时期,苏格拉底主张"美在功用",柏拉图认为"美在理念",毕达哥拉斯学派认为"美在和谐",总体来说,在古希腊人的审美意识当中,美与物的现实性和功用性尚难以区分。在基督教神权占统治地位的中世纪,一般说来,人性中自由的特征受到压制,但美之超越感性、超越现实的特征也有所凸显。4—5 世纪

第一章 审美境界——逍遥游

的奥古斯丁虽主张美必须讲形式,但他又认为美的内涵主要还是在于美的形象受了神的"光"的照耀,因此"美在上帝"。至于明确地主张美必须具有理性、理想的内涵的思想,则是到近代才能完成的。文艺复兴以后,人的自由、理性的特征逐渐从基督教神权的统治下解放出来而赤裸裸地展现其自身。"美在自由"亦自文艺复兴开始而日益明确,成为西方近代美学思想的标志。①

首先是康德。在康德哲学中,自然与自由观念的分裂导致了康德去寻求二者统一的途径,从而诞生了康德的美学体系。作为康德哲学的重要组成部分,康德美学着力于解决人的认识与实践能力的完美结合,从而使人由分裂状态走向完整,在这个过程中,人要由自然人变成自由人,审美是其中必不可少的过程。

除康德外,自由是贯穿席勒美学思想始终的概念。席勒把人的本质归结为自由,认为其来源于人的理性与感性的高度统一,并希望借助希腊文明来恢复人的完整性。席勒认为只有通过审美,人才可以达到真正的自由,他提出"美育"理念,呼唤"游戏冲动",极力推崇艺术的教化作用。

把感性和理性结合起来去寻求自由,是整个德国古典美学的精髓。在席勒的美学思想中,"自由"是一个贯穿始终的概念,对其整个美学思想具有奠基作用。承接康德以人为中心的哲学自由观,席勒以恢复人性的自由完整为目的美学观念对之加以延伸改造,使其成为一个居于核心地位的要点:美是自由的形式或象征。

西方"人"的主体地位的上升和确立,是伴随着旧形而上学的本体论和宗教的衰落而启蒙的,是西方文艺复兴之后的现代话语构成。席勒处于一个高扬人的理性自由的时代,自由是其第一理想。

席勒把人的本质归结为自由,认为这种自由表现为一种全面发展的完整性,来自人的理性与感性的高度统一。18世纪的西

---

① 张世英.美在自由[J].社会科学战线,2011(1).

方人希望"个体本位"超越外在的权威,以便在资产阶级的"国家"神话中实现个人与社会的合理化至制。然而"合理化"一旦成立,个体的理性就已受制于"合理化"本身。在这样"国家"中,感性与理性、主体与客体、现象与本质被截然分开,变得泾渭分明。承载"理性"的人,则裹挟在宗教、道德、意识形态以及社会经济的洪流中,庸碌麻木,丧失个体的存在与自由。鉴于此,席勒指出:"正是文明自身,才给近代人性造成了这种创伤。"[①]人性本应是和谐完美的整体,此时却沦为可悲的"碎片"。所谓文明不仅未能给社会带来人性的完整自由,反而严重破坏了人性中原有的内在和谐与完整,也导致社会本身陷入野蛮和颓废两个极端。一言以蔽之,异化成了这个时代最普遍的现象。危急存亡,席勒对异化产生的原因进行了深入思索,并努力寻找可以解决社会矛盾弊端的方法。在他看来,唯有审美才能拯救人性,才能创造出一个新的"美的文明"世界来取而代之。席勒力图以希腊世界的"完美人性"为尺度,来解决近代社会人性"分裂"的问题,让人从异化的困境中脱离。他说:"我们有义务通过更高的文明来恢复被近代文明所破坏了的我们天性中的这完整性。"[②]席勒向往古希腊那种人与自然浑然一体、物我不分的生存状态。那时"希腊在人道中还没有丧失掉自然,所以在人道以外遇到自然,并不使他们惊奇,他们也没有迫切的需要,要去寻找足以见出自然的对象。他们还没有自己和自己分裂,因而自觉为人是快乐的,所以他们坚持人道为他们的大原则,使一切都接近这个原则。"[③]在席勒眼里,古希腊时代人与外在自然还处在统一体中,人的内在自然(感性和理性)也还没有分裂,人们还可以在自己的感性行动中充分体现理性的力量,把平静的自然转化为活动的自由。

启蒙运动者把昔日的偶像和神灵移出庙堂,而把理性安置其

---

① [德]席勒.审美教育书简[M].冯至,范大灿,译.上海:上海人民出版社,2003:39.
② [德]席勒.审美教育书简[M].冯至,范大灿,译.上海:上海人民出版社,2003:45.
③ [德]席勒.秀美与尊严[M].张玉能,译.北京:文化艺术出版社,1996:278.

第一章 审美境界——逍遥游

中,人性的最高准则变成了理性。然而当理性由目的走向功利、由功利变为工具时,只会产生单向度的人。历史上,人的本真自由与文明总是亦步亦趋,但这并不意味着文明每向前迈出一步,人类自由也向前发展一步,相反地,自由可能倒退许多。在席勒看来,人性教育的终极目的是审美的人而非道德的人,而只有审美的人才是自由的人。故而他特别指出"应当把美的问题放在自由的问题之前"。

与启蒙运动要求建立普遍的理性原则不同,浪漫主义强调个体内在的精神需求,极力推崇艺术的教化作用,反叛和颠覆各种盛行的"普遍性"要求。18世纪末的德国是一个缺乏诗意的时代,在这样的时代里,人类高度发展,但却面临着人性分裂和精神丧失的双重困境,美和艺术的人性功能或者人类学功能此时就显得弥足珍贵。席勒赋予艺术以全面改造社会和人的功能。他认为,在功利主义的强大冲击下,艺术的领地被科学侵占,慢慢失去了它本应有的意义,变得黯淡无光。但不可否认的是,只有艺术才能彰显事物的本质,呈现被遮蔽的意义,让人认识到"最广义的美"。

如何才能实现真正的自由?席勒在《审美教育书简》中提出"美育"这一概念,并且认为只有审美教育可以促使人性完善发展,使人获得自由。"正是通过审美,人们才可以达到自由。"[①] 受康德哲学思想的影响,席勒认为美"产生于人的绝对存在或理性本性,致力于使人处于自由,使人的表现的多样性处于和谐之中,在状态的变化中保持其人格的不变"。[②] 只有理性与感性实现统一,现实与必然才能获得统一,真理与正义才能得以呈现。审美教育是能够实现感性的人变成理性的人的唯一途径,两种特性相互统一,人才能将最大限度的独立性与最高度的自由完善地结合在一起,从而唤起一个新的冲动,即感性与理性相结合的那种冲

---

① [德]席勒.审美教育书简[M].冯至,范大灿,译.上海:上海人民出版社,2003:39.
② [德]席勒.审美教育书简[M].冯至,范大灿,译.上海:上海人民出版社,2003:75.

动,席勒把它称为"游戏冲动"。游戏冲动中的人是自由的,自由地面对美的对象,在审美活动中,获得了感性与理性的和谐,"达到人的自由"。

席勒的游戏观说有两个来源:一是他秉承了康德美学中游戏的观点;二是他理想中的希腊美的文明。他将这二者的精神内涵注入自己的美学之中,在前人思想成果的基础上对它们加以改造、提炼,从而推导出具有自己独特面目的"游戏冲动"的美学观。可以说,在康德那里的游戏,到了席勒这里变成了具有新的本体意义和审美价值的客观再现。这样席勒的游戏学说便成为标志着一种特殊的"实在",即感性与理性,物质与精神,形式与内容的完美结合与统一。只有通过这样的结合与统一,人类的自由幸福也才可得以实现。

美育是感性与理性、自然与人文、知识与道德、感性王国与理性王国之间的桥梁。艺术美是美育的重要手段。席勒认为理想的美育途径就是由优美到崇高,最终达到人的高尚。他说:"我将检验融合性的美对紧张的人所产生的影响以及振奋性的美对松弛的人所产生的影响,以及最后把两种对应的美消融在理想美的统一中,就像人性的两种对立形式消融在理想的人的统一体中那样。"[1]"融合性的美"内含着某种形式的认识因素,"振奋性的美"则是崇高,更多地趋于道德的象征。只有让美与崇高结合为一个整体的审美教育,才能使人性达到完整,进入美的王国,遇见自由。

概言之,席勒所说的"艺术""天禀""心灵""精神""美的力""游戏冲动""活的形象"等,都是指人类自然本性的内在放逐与超越所获得的生命质感与精神提升,即人类生命生存本质与真实的人性自由。席勒认为,只有在人性自由中,人才能既摆脱感性冲动的纯粹物质需要,也才能超越理性规范的约束;既克服"野人"的物欲横流,又消除"蛮人"的异己与宰制伦理,从而人性

---

[1] [德]席勒.审美教育书简[M].冯至,范大灿,译.上海:上海人民出版社,2003:94.

第一章 审美境界——逍遥游

才是完美的人性,生命才获得升华与净化,人才是真正自由的人。

黑格尔也明确提出,主体方面所能掌握的最高的内容可以简称为"自由"。而心灵的最高的定性是自由。"按照它的纯粹形式的方面来说,自由首先在于主体对和它自己对立的东西不是外来的,不觉得它是一种界限和局限,而是就在那对立的东西里发现它自己。"[①] 自由一方面包括本身就是普遍的、独立自在的东西,例如关于道德、法律、真理等的规律;另一方面也包括人类的种种动力,如情感、意向、情欲以及一切使个别的人动心的东西。黑格尔给自由以很高的定性,他说,"有了自由,一切欠缺和不幸就消除了,主体也就和世界和解了,在世界里得到满足了,一切对立和矛盾就已解决了"。[②]

在西方美学思想史上,"美在自由"的命题和思想自文艺复兴以后便长期处于主导地位,而这一思想在庄子哲学当中早已蕴藏其中。庄子认为我们一般人讲的形式美之美是与丑相对的,其间无绝对鸿沟,关键在于悟道。庄子认为,"道"才是"大美"——真正的美。"天地有大美而不言。"(《庄子·知北游》)能"游心"于"道",则"至美至乐"(《庄子·田子方》),那才是最高的审美享受。此种"至美至乐"的境界,乃是一种物我不分的天人合一境界。在此境界中,人能超越我与他物、他人之分,"外天下"即摆脱世事的纠缠,"外物"即摆脱物欲的诱惑,"外生"即摆脱生死的牵挂(《庄子·大宗师》),而成为"无己"之"至人","无功"之"神人","无名"之"圣人"。此种人才是"无待"之人、逍遥之人——真正自由之人。美在自由的思想,在庄子这里,似乎已得到了淋漓尽致的阐发和表述,为中华后世以审美境界具有不计较功名利禄乃至生死问题的自由精神的观点,起了光辉的先导作用。

张世英认为,和中国传统美学不同,西方传统美学特别是自文艺复兴以后,大体上以建立在主客二分思维方式基础上的美在自由的思想观点为主导,由于西方传统的自我专制主义过于跋扈

---

① [德]黑格尔.美学(第一卷)[M].朱光潜,译.北京:商务印书馆,1991:124.
② 同上。

了,需要有点中国式的"无我"之美加以节制,学习、吸收中国彼此融合、天人合一、重人生精神境界之美的传统思想。

三、小大之辩

如前所述,《逍遥游》是庄子强调人应该挣脱外部的束缚,让自由的精神处于毫无挂碍的境界,那么如何能够达到"逍遥游"的境界呢?仔细研读本篇,我们会发现庄子的"逍遥"之旨是通过"小大之辩"的寓言来揭示的。

《逍遥游》整篇多处反复描写"小"与"大"的比较。文章开篇就讲的"鲲鹏":"北冥有鱼,其名为鲲。鲲之大,不知其几千里也。化而为鸟,其名为鹏。鹏之背,不知其几千里也,怒而飞,其翼若垂天之云。是鸟也,海运则将徙于南冥。南冥者,天池也。"在这开篇部分介绍的就是"大"的概念,用"鲲""鹏"来说明世界中什么才是"大"的,在用自己的语言来赞美"大"所带来的壮阔的理想空间,使得人在面对"大"的事物的时候有种开阔的感觉。

而文章在接下来就论述了"蜩和学鸠",这是从"小"的方面来探讨。"蜩与学鸠笑之曰:'我决起而飞,抢榆枋,时则不至,而控于地而已矣,奚以之九万里而南为?'"这是庄子在"小"的方面用蝉和小鸠来说明和解释,这些蝉和小鸠是怎样看待大鹏的。从字面意思来看,很明显,文章的描述中总是表达着"崇大抑小"的情感。"小知不及大知,小年不及大年。"对待大鹏、冥灵者、大椿树、彭祖等"大者"表现出来的是一种崇敬之情,对待朝菌、蟪蛄等小的生命则表现出来的是一种不屑的感情。

麻雀曾嘲笑大鹏鸟说:"你究竟要到哪里去呢?我使出吃奶的劲往上飞,也不过飞几十丈那么高就得回来,在蓬蒿之间翱翔,已经是飞翔的最高境界了。而你究竟到哪里去呢?"

从总体上说,在庄子看来,无论是大鹏鸟还是麻雀,都还没有达到真正自由的境界,原因在于它们都仍然有所依赖。麻雀局限

第一章 审美境界——逍遥游

于丛林之中的狭小空间,根本谈不上自由;就是大鹏鸟也没有达到独立不依的程度,它之所以能飞那么高是借助于大风的力量。因此这二者都是需要超越的,只有达到了无所依的境界,才能够具有真正的自由。

在这二者当中,庄子对大鹏鸟显然是欣赏有加,而对麻雀的描述则充满了戏谑、嘲讽的语气。我们对大鹏鸟也会很自然地肃然起敬,因为它视野开阔,气魄宏大,有英雄气概;而麻雀在大鹏鸟面前如同小丑一般可笑,它鼠目寸光,即使尽力地翻飞跳跃,最高也不过数尺而已,有什么资格嘲笑伟大的鹏呢?

然而,这只是从比较、相对的角度得出的结论,如果我们从终极的角度来看,或者说从庄子所说的道的角度来看,则大鹏鸟与麻雀并没有实质性的区别,甚至于大鹏鸟的处境更加可悲!既然道是无限的,无始无终的,那么大鹏鸟无论飞多么高、多么远和多长时间,都不可能接近无限,无限是不可能接近的,可接近的则不可能是无限的。大鹏鸟飞了九万里那么高,已经够高的了,但与无限相比,仍不过是蓬蒿之间罢了。

庄子这里是在借"大"与"小"的相对性来阐释世间万物价值的相对性,这一点集中地表现在《齐物论》当中。他认为任何事物的属性都是在同其他事物的比较中确定的,孤立地看则无所谓大小、可否、生死、是非等。"物无非彼,物无非是。自彼则不见,自知则知之。故曰:彼出于是,是亦因彼。彼是方生之说也。虽然,方生方死,方死方生;方可方不可,方不可方可;因是因非,因非因是。"[1] 各种事物无不存在它自身对立的那一面,各种事物也无不存在它自身对立的这一面。从事物相对立的那一面看便看不见这一面,从事物相对立的这一面看就能有所认识和了解。所以说:事物的那一面出自事物的这一面,事物的这一面亦起因于事物的那一面。事物对立的两个方面是相互并存、相互依赖的。虽然这样,刚刚产生随即便是死亡,刚刚死亡随即便会复生;刚刚

---

[1] 《庄子·内篇·齐物论》。

肯定随即就是否定,刚刚否定随即又予以肯定;依托正确的一面同时也就遵循了谬误的一面,依托谬误的一面同时也就遵循了正确的一面。

庄子的相对论是对老子哲学辩证法的有力继承,《道德经》一书中列举了许多辩证命题,例如:

二十二章:"曲则全,枉则直,洼则盈,敝则新,少则得,多则惑。"

三十六章:"将欲歙之,必固张之;将欲弱之,必固强之;将欲废之,必固兴之;将欲取之,必固与之。"

三十九章:"故贵以贱为本,高以下为基。"

四十二章:"故物或损之而益,或益之而损。"

四十四章:"甚爱必大费,多藏必厚亡。"

四十五章:"大成若缺,其用不弊。大盈若冲,其用不穷。大直若屈,大巧若拙,大辩若讷。躁胜寒,静胜热。清静为天下正。"

五十八章:"祸兮,福之所倚;福兮,祸之所伏。"

六十三章:"图难于其易,为大于其细。"

六十四章:"合抱之木,生于毫末;九层之台,起于累土;千里之行,始于足下。"

任何事物的本质属性都和其他事物密切相关,它们相互依存,彼此关联,存在着不可分割的关系。这种事物普遍联系的、相辅相成的依存关系,正是朴素的辩证的思想的反映。

与此同时,在回答人能否认识客观世界这一根本问题时,庄子除了提出客体的不确定性外,同时提出由于主体的认识能力的差异也导致了世界是否可知的结论性差异。《逍遥游》中蜩与学鸠对鲲鹏的讥笑就是由于不同主体认识能力的差异导致的,因此庄子嘲讽道"之二虫又何知"。正如朝菌不知晦朔,蟪蛄不知春秋,不同的个体之所以对同一问题的看法有天壤之别完全是因为其所处的位置与视野全然不同。

在庄子看来,知识是一切不幸的根源。如果按照这个观点来衡量,那么大实际上是很不幸的,它的不幸正在于它的有知,在于它力量的强大,它知道在它面前永远有一个无穷的宇宙,而这个

第一章　审美境界——逍遥游

宇宙是可望而不可即的,在这个无穷的宇宙面前,它存在与不存在都是一样的,不管存在多长时间,都不过是一刹那而已。

人类之不幸在于有意识,当面对无穷时却不能游于无穷,渴望把握世界和人生却无法把握,面前永远存在着陌生的领域,这使我们永远生活在一个不确定的世界里。生活在这样一个不确定的世界里,总是充满了恐惧和烦恼,从而就不可能幸福和自由。当面对无穷的宇宙时,人类只能感到自己的孤独、无奈和渺小。全宇宙的沉默使人类恐惧。

只有无知才没有恐惧,才能够幸福和自由,但人不可能无知,因为人不可能没有意识。从这个角度说,人实在是一种悲剧性的存在,人类的悲剧不在于生活的艰难,也不在于他们的自相残杀,而在于这种与生俱来的、无法摆脱的意识。人类常常以嘲笑的口吻谈论那些微小的生命,可是,从广阔的宇宙视野来看,人类与那些生命并没有实质的区别。蚂蚁是一种匍匐在大地上的生物,它们的天空大概只有一厘米那么高,那以上的天空对它们来说是不存在的。还有一种花,叫挂叶菊,叶子差不多有巴掌那么大。在它们的叶子上生活着一种针眼大的动物,俗称"密虫子",它们一生都生活在一片叶子上,绝大部分时间是静止的,即使爬行起来,也极其缓慢和短暂。一片叶子大概就是它们的全部世界了,它们永远不知道是生活在一片小小的叶子上。它们由于无知而很少欲望,很少欲望也就很少痛苦。俯视着这小小的生命,想想人类,在这个无边无际,无始无终的宇宙中,人类不也是生活在这样一片小小的叶子上吗?

当我们认识到这一切时,我们就该抛弃一切的欲望,而从无待的境界中寻找自己的位置。要想逍遥游,就必须认识到自己的幸与不幸,并通过修养,来弥补自己的不幸。人不能只是活在自己所设置的目标中而自生自灭,要从现实中走出来,看一看外面的世界同样地宽广。一味地追求世俗的东西,到最后只能是烦恼越来越多,而不幸的成分也越来越大。

此外,庄子在《秋水篇》中还用河伯和东海的寓言说明了小大之辩这一问题：

> 秋水时至，百川灌河。泾流之大，两涘渚崖之间，不辩牛马。于是焉河伯欣然自喜，以天下之美为尽在己。顺流而东行，至于北海，东面而视，不见水端。于是焉河伯始旋其面目，望洋向若而叹曰："野语有之曰：'闻道百，以为莫己若者。'我之谓也。且夫我尝闻少仲尼之闻，而轻伯夷之义者，始吾弗信。今吾睹子之难穷也，吾非至于子之门则殆矣，吾长见笑于大方之家。"
>
> 北海若曰："井蛙不可以语于海者，拘于虚也；夏虫不可以语于冰者，笃于时也；曲士不可以语于道者，束于教也。今尔出于崖涘，观于大海，乃知尔丑，尔将可与语大理矣。天下之水，莫大于海，万川归之，不知何时止而不盈；尾闾泄之，不知何时已而不虚；春秋不变，水旱不知。此其过江河之流，不可为量数。而吾未尝以此自多者，自以比形于天地，而受气于阴阳，吾在于天地之间，犹小石小木之在大山也。方存乎见少，又奚以自多！计四海之在天地之间也，不似礨空之在大泽乎？计中国之在海内不似稊米之在太仓乎？号物之数谓之万，人处一焉；人卒九州，谷食之所生，舟车之所通，人处一焉；此其比万物也，不似豪末之在于马体乎？五帝之所连，三王之所争，仁人之所忧，任士之所劳，尽此矣！伯夷辞之以为名，仲尼语之以为博。此其自多也，不似尔向之自多于水乎？"①

秋天里山洪按照时令汹涌而至，众多大川的水流汇入黄河，河面宽阔波涛汹涌，两岸和水中沙洲之间连牛马都不能分辨。于是河神欣然自喜，认为天下一切美好的东西全都聚集在自己这

---

① 《庄子·外篇·秋水》。

第一章 审美境界——逍遥游

里。河神顺着水流向东而去,来到北海边,面朝东边一望,看不见大海的尽头。于是河神方才改变先前扬扬自得的面孔,面对着海神仰首慨叹道:"俗语有这样的说法:'听到了上百条道理,便认为天下再没有谁能比得上自己',说的就是我这样的人了。而且我还曾听说过孔丘懂得的东西太少、伯夷的高义不值得看重的话语,开始我不敢相信。如今,我亲眼看到了你是这样的浩渺博大、无边无际,我要不是因为来到你的门前,真可就危险了,我必定会永远受到修养极高的人的耻笑。"

海神说:"井里的青蛙,不可能跟它们谈论大海,是因为受到生活空间的限制;夏天的虫子,不可能跟它们谈论冰冻,是因为受到生活时间的限制;乡曲书生,不可能跟他们谈论大道,是因为教养的束缚。如今你从河岸边出来,看到了大海,方才知道自己的鄙陋,你将可以参与谈论大道了。天下的水面,没有什么比海更大的,千万条河川流归大海,不知道什么时候才会停歇而大海却从不会满溢;海底的尾闾泄漏海水,不知道什么时候才会停止而海水却从不曾减少;无论春天还是秋天不见有变化,无论水涝还是干旱不会有知觉。这说明大海远远超过了江河的水流,不能够用数量来计算。可是我从不曾因此而自满,自认为从天地那里承受到形体并且从阴和阳那里禀承到元气,我存在于天地之间,就好像一小块石子、一小块木屑存在于大山之中。我正以为自身的存在实在渺小,又哪里会自以为满足而自负呢?想一想,四海存在于天地之间,不就像小小的石间孔隙存在于大泽之中吗?再想一想,中原大地存在于四海之内,不就像细碎的米粒存在于大粮仓里吗?号称事物的数字叫作万,人类只是万物中的一种;人们聚集于九州,粮食在这里生长,舟车在这里通行,而每个人只是众多人群中的一员;一个人比起万物,不就像是毫毛之末存在于整个马体吗?五帝所续连的,三王所争夺的,仁人所忧患的,贤才所操劳的,全在于这毫末般的天下呢!伯夷辞让它而博取名声,孔丘谈论它而显示渊博,这大概就是他们的自满与自傲;不就像你先前在河水暴涨时的扬扬自得吗?"

河伯望洋兴叹,以海洋博大广阔的气势,引申出宇宙自然的广漠无限,反衬出人的渺小有限。说明只有走出世俗生活的小天地,迈向宇宙自然的无限时空,才能体会到宇宙万物的无穷无尽。

河伯在狭窄封闭的河道小天地中自我满足,自我陶醉,等到河伯顺流而到达大海之后,见到了大海的辽阔景象,才明白先前自己的自满是多么可笑,认识到井蛙之所以不足以论海,那是受空间的限制;夏虫之所以不可以语冰,那是受时间的限制;而曲士之所以不可以语至道,那是受自己的限制,偏见太深而不能接受相反还排斥最高的真理。总之,人因为受到各种限制或束缚而无法听闻大道,乃至于即使有机会听闻大道也加以排斥,所以老子说:"上士闻道,勤而行之;中士闻道,若存若亡;下士闻道,大笑之。不笑不足以为道。"[①] 河伯走出河道的小天地后,欣赏到了海洋的恢宏无限,才挣脱了狭窄视野的局限,认识到自己的渺小。"望洋兴叹"是河伯惊奇心的活脱表现;"见笑于大方之家"是对自己陈旧观念和封闭心灵的深刻反省和检讨。河伯不断地超越自我,所以,他才能聆听北海关于天人之辩的宏论。这里隐含的寓意是,超越社会,超越自我,虚而待物,便能体味宇宙自然的大道,达到"人与天合"的最高境界。

春秋战国时期,诸子百家相互争鸣,但往往囿于学派之见,自是而非他,以绝对真理标榜其学派思想的理论和现实价值,具有封闭排他的自我中心主义的流弊。同时儒、墨、阴阳、名辩、法家等都把注意力放在现实的社会问题的思考上,多是政治伦理学,他们几乎不约而同地忽视了人和宇宙自然的关系问题,理论是实际生活经验的总结,缺乏抽象性。唯有老庄道家能超越现实自我,在宇宙自然的高度探究天人之际,古今之变。较少掺杂个人成见,思维视野开拓,思想解放,不迷信盲从权威,具有怀疑权威,批判现实的勇气和开拓创新的探索精神。在思维的开放性这一点上,先秦诸子莫之能先。庄子强调人应从世俗狭窄的人间生活小天

---

① 《道德经》第四十一章。

第一章 审美境界——逍遥游

地的局限中走向无垠的宇宙自然,才能拓宽知识视野,使个人从封闭狭隘的传统观念中解放出来,去认识宇宙自然的无穷奥妙。庄子对传统世俗价值系统和思维方式的否定,是对人生价值的重新评估。他在批判传统文化时,又寻求符合自然规律和自然人性的人类价值目标和思维方式。

同类寓言还有以下两则:

其一为公孙龙向魏牟请教庄子之言的奥妙,魏牟以井底之蛙做比喻。

> 公子牟隐机大息,仰天而笑曰:"子独不闻夫埳井之蛙乎?谓东海之鳖曰:'吾乐与!出跳梁乎井幹之上,入休乎缺甃之崖。赴水则接腋持颐,蹶泥则没足灭跗。还虷、蟹与科斗,莫吾能若也!且夫擅一壑之水,而跨跱埳井之乐,此亦至矣。夫子奚不时来入观乎?'东海之鳖左足未入,而右膝已絷矣。于是逡巡而却,告之海曰:'夫千里之远,不足以举其大;千仞之高,不足以极其深。禹之时,十年九潦,而水弗为加益;汤之时,八年七旱,而崖不为加损。夫不为顷久推移,不以多少进退者,此亦东海之大乐也。'于是埳井之蛙闻之,适适然惊,规规然自失也。"①

浅井里的青蛙对东海的大鳖说:"我快乐极了!我在井栏杆上跳跃着,回去在破砖边上休息着。游到水里就浮起我的两腋,托着我的两腮,跳到泥里就盖没我的脚背。回头看看井里的赤虫、螃蟹和蝌蚪,却不能像我这样快乐。而且我独占一坑水,盘踞一口浅井,这也是最大的快乐了。你何不随时进来看看呢?"东海的鳖,左脚还没有伸进去,右脚已经被绊住了,于是回转退却,把大海的情形告诉它说:"千里路的遥远,不足以形容它的大;八千

---

① 《庄子·外篇·秋水》。

尺的高度,不足以量尽它的深。禹的时代十年有九年水灾,可是海水并不增加;汤的时代八年有七年旱灾,可是海岸并不浅露。不因为时间的长短而有所改变,不因为雨水的多少而有所增减,这也是东海的快乐。"浅井里的青蛙听了,惊慌失措,茫然自失。

这就是"井底之蛙"的故事,庄子以"浅井之蛙"明指公孙龙子名辩之流,实指百家诸子,明指能混淆黑白,颠倒是非的名辩之流的一曲之见、一孔之见,实喻诸子百家囿于"成见"的"俗辩""小辩"。井底之蛙,就是形容包括公孙龙子名家在内的诸子百家封闭保守的心灵。

庄子能以开放的心灵超越现实自我,以精神的自由开脱来体认广漠无垠的自然万物的真善美,这种开拓的精神气度,无疑具有解放思想、启蒙心智的积极意义。庄子人生创造的一大实绩,应推其超越自我的开放精神。它使人能冲破固有的规范框架,有所怀疑,有所批判,有所开拓,有所创新。给人的文化创造活动注入新鲜的血液,使人能不断地解放思想、更新观念、转换思维机制,创造美好的人生。如果把一个人的知识比作一个圆,圆内是他内在所学,圆的边缘代表他接触的未知的知识,那么知识越多,圆就越大,接触到的未知就越多,就越觉得自己学的远远不够,一个人的知识越少,圆就越小,接触到的未知就越少,就越容易满足。一个人的目光如果只在圆内,满足于现状,往往不思进取;而一个人如果能够突破自我,目光伸向更广阔的空间,心灵的境界将会无边无际。

也许我们都是生活在井里的青蛙,只是有的选择留在井底,有的选择跳出井口而已。囿于内心,把自己圈在自己的围城里,缺少与外界的交流,将不会适应千变万化的世界。这样的人只能郁郁寡欢,被社会所淘汰。只有心灵的富足,对人对事的宽容,才会拥有良好的人际关系,拥有丰富多彩的人生。这就是为什么有人享受人生,觉得人生是幸福的,而有些人则感叹人生,觉得人生悲苦无限的原因。

其二为惠子相梁,庄子将自己比作鹓鶵,将惠子比作鸱,把功名利禄比作腐鼠,表明自己鄙弃功名利禄的立场和志趣,讽刺了惠子醉心于功名利禄且无端猜忌别人的丑态。

> 惠子相梁,庄子往见之。或谓惠子曰:"庄子来,欲代子相。"于是惠子恐,搜于国中三日三夜。庄子往见之,曰:"南方有鸟,其名为鹓鶵,子知之乎?夫鹓鶵,发于南海而飞于北海;非梧桐不止,非练实不食,非醴泉不饮。于是鸱得腐鼠,鹓鶵过之,仰而视之曰:'吓'!今子欲以子之梁国而吓我邪?"①

惠子在梁国做宰相,庄子前往看望他。有人对惠子说:"庄子来梁国,是想取代你做宰相。"于是惠子恐慌起来,在都城内搜寻庄子,整整三天三夜。庄子前往看望惠子,说:"南方有一种鸟,它的名字叫鹓鶵,你知道吗?鹓鶵从南海出发飞到北海,不是梧桐树它不会停息,不是竹子的果实它不会进食,不是甘美的泉水它不会饮用。正在这时一只鸱鹰寻觅到一只腐烂了的老鼠,鹓鶵刚巧从空中飞过,鸱鹰抬头看着鹓鶵,发出一声怒气:'吓'!如今你也想用你的梁国来吓我吗?"

庄子或用生动寓言、或用形象的比喻,告诉人们,面对纷繁的客观世界,不同的人对其善恶美丑、是非功过、好坏优劣、贵贱荣辱,会有着不同的价值标准与判断。即使对于同一种事物或同一种现象,不同的人由于其社会地位、素养与身份的不同,也会作出截然不同的价值判断。归根结底,庄子认识论上的相对主义是为他所追求的"至人无己,神人无功,圣人无名"的崇高境界服务的,只有在主观认识上祛除是非对错和功名荣辱的区别心,才能在审美判断上进入"无所待"的自由之境。

---

① 《庄子·外篇·秋水》。

第二章 审美的主体间性——齐物论

一、主体性美学到主体间性美学的转向

主体间性(Intersubjectivity)是 20 世纪西方哲学中凸显的一个范畴,它的主要内容是研究或规范一个主体怎样与完整的作为主体运作的另一个主体互相作用的。主体间性是拉康提出来的,在阐述中他给现代性的主体性以致命的打击。他认为,主体是由其自身存在结构中的"他性"界定的,这种主体中的他性就是主体间性。进行这种分析的时候,他对黑格尔的《精神现象学》中的"奴隶和主人"进行了精神分析语言学上的重新描述。他认为,当看守为了囚犯而固定在监狱的位置上的时候,那他就成了囚犯的"奴隶",而囚犯就成了主人。在主体间性概念的形成历史过程中,事实上涉及了三个领域,从而也形成了三种含义不同的主体间性概念,这就是:社会学的主体间性、认识论的主体间性和本体论(存在论、解释学)的主体间性。

社会学的主体间性是指作为社会主体的人与人之间的关系,关涉到人际关系以及价值观念的统一性问题。其最早在伦理学领域内提出。近代、现代的哲学家在个体价值独立的基础上继续在伦理学的领域探讨这个问题,而且扩展为更为广泛的社会学领域。像康德、黑格尔直至马克思、哈贝马斯等都在社会学领域涉及主体间性问题。它关涉的问题是人的社会统一性问题。哈贝马斯认为在现实社会中人际关系分为工具行为和交往行为,工具行为是主客体关系,而交往行为是主体间性行为。他提倡交往行为,以建立互相理解、沟通的交往理性,以达到社会的和谐。包括

第二章 审美的主体间性——齐物论

哈贝马斯在内的主体间性理论都具有乌托邦的性质。

认识论的主体间性意指认识主体之间的关系,它关涉到知识的客观普遍性问题。最早涉及认识主体之间的关系的是现象学大师胡塞尔。胡塞尔建立了先验主体性的现象学,把先验自我的意向性构造作为知识的根源,这就产生了个体认识如何具有普遍性的问题。为了摆脱自我论的困境,他开始考察认识主体之间的关系。他认为认识主体之间的共识或知识的普遍性的根据是人的"统觉""同感""移情"等能力。胡塞尔的主体间性概念是在先验主体论的框架内提出的,只涉及认识主体之间的关系,而不是认识主体与对象世界的关系,因此只是认识论的主体间性,而不是本体论的主体间性。梅洛-庞蒂反对胡塞尔的先验现象学,主张知觉现象学,即身体—主体与世界的关系。认识论的主体间性仍然是在主客对立的框架中,仅仅考察认识主体之间的关系,而不承认人与世界关系的主体间性。

本体论的主体间性意指存在或解释活动中的人与世界的同一性,它不是主客对立的关系,而是主体与主体之间的交往、理解关系。本体论的主体间性关涉到自由何以可能、认识何以可能的问题。海德格尔后期建立了本体论的主体间性。更为彻底的主体间性理论家是神学哲学家马丁·布伯,此外,雅斯贝尔斯和马塞尔也提出了与马丁·布伯类似的主体间性思想。本体论的主体间性即存在论和解释学的主体间性进入了本体论的领域,从根本上解释了人与世界的关系。

厦门大学杨春时认为,20世纪末到21世纪初实现了从主体性美学到主体间性美学的重大转变。[①]主体性美学的思想基础是现代启蒙运动,启蒙运动的基本精神则是张扬人的主体性,认为人尤其是人的理性精神是自然的主宰,这一主张是对抗宗教统治的有力武器。与此相应,主体性美学认为审美是人重要的主体性活动之一,是人性的体现。康德建立了先验主体性的美学。他认

---

① 杨春时.中国美学的现代转化:从主体性到主体间性[J].湖北大学学报,2010(1).

为审美与一切精神活动一样，是以人的先验能力和先验结构为前提的主体性活动，审美作为情感活动是连接认知和伦理、现象和本体的桥梁。席勒在康德的基础上，认为审美是由感性到理性的中介，它能够消除感性与理性的对立，使人摆脱近代社会对人性的异化，成为真正自由的人。与康德不同，黑格尔的主体性美学体系建立在客观唯心主义的基础之上，把艺术与宗教、哲学视作"绝对精神"的三种表现形式，艺术是以感性的形式表现"绝对精神"，所以说"美是理念的感性显现"。马克思主义哲学则站在历史唯物主义的基础上阐释了美的主体性，他的美学思想集中地展示在《1844年经济学哲学手稿》一书中，认为美是人的本质力量的对象化。

中国美学在20世纪五六十年代以蔡仪的唯物主义美学为客体性美学的代表。在80年代的"美学热"中，李泽厚的实践美学成为新的热潮，他通过批判康德的先验主体性美学，同时吸收了大量的马克思主义美学思想，建立了以主体性实践哲学为基础的实践美学，认为美是人化的自然或自然的人化，这种观点高举新启蒙运动的旗帜，高扬人的主体性，推动了中国美学的新发展。

主体性美学的确立在美学史上无疑具有重要意义，它是对古代客体性美学的超越。在古希腊的哲学家眼里，美都是具有客观标准的，比如毕达哥拉斯学派认为美在于数字比例关系的和谐；柏拉图认为美是绝对理念，现实世界是对理念世界的模仿，而艺术是对现实世界的模仿；亚里士多德认为艺术是对现实世界本质和规律的模仿。这些观点都强调了审美活动中审美对象的客观实在性，但忽略了审美活动中审美主体的主观能动性。近代主体性美学把审美看作人类最富创造力的一种主体活动，从而前所未有地肯定了人类的主体地位，这无疑是历史的进步，但当历史的车轮滚滚向前，我们用现在的眼光回头再看，主体性美学也是具有其历史局限性的。无论是古代的客体性美学还是近代的主体性美学，都建立在主客对立的二元论基础之上，无论是片面地强调客体性还是主体性都会导致人与自然、人与社会的冲突。随

第二章 审美的主体间性——齐物论

着启蒙运动带来的理性觉醒,以及由此带来的科技与生产力的极大进步,外在的环境问题以及人内在的精神信仰都日益出现严重危机,这是现代性的胜利,也是主体性哲学的灾难。因此,在理论界展开了对于现代性的批判。

现代哲学不再把主体性看作存在的根据,而是把主体间性看作存在的根据,即自我主体与世界主体的共同存在。

在现代哲学的发展中,特别是从海德格尔开始,主体间性具有了哲学本体论的意义。海德格尔对主体性哲学给予了猛烈的批判,他认为从笛卡尔到康德,在理论核心中都隐藏着主体性概念,并以一种本体论意义上相互冲突的方式把"我"作为一个主体来看待。他认为,西方哲学是其形而上学的产物;而形而上学的思维方式又以主体—客体的对立为标志。作为存在哲学的代表人物,他批评了技术对人的统治和对自然的破坏,提出了"诗意地安居"的理想。他在《人,诗意地安居》一书中指出安居即"大地和苍穹、诸神和凡人,这四者凭原始的一体性交融为一"。这种天、地、神、人四方游戏的思想体现了一种主体间性的哲学。

以伽达默尔为代表的当代哲学诠释学以独有的方式考察了主体间性,他认为文本(包括世界)不是客体,而是另一个主体,解释活动的基础是理解,而理解就是两个主体之间的谈话过程。他认为理解和语言行为都是一种游戏,而游戏是无主体的,游戏本身就是主体。这实际上提出了一种主体间性思想,即阐释者和文本在解释中失去了主体性与客体性,而融合为交互主体即游戏本身。他认为解释活动不是对文本原初意义的再现,也不是解释者原有意见的表现,而是主体的当下视域与文本的历史视域的融合。"视域融合"是主体间性思想在解释学领域的体现。

现代主体间性美学克服了近代主体性美学的理论缺陷。在主体性存在中,客体是我的外在之物,物我之间不能沟通,主体不能充分把握世界。而在主体间性关系中,主体间的对话、沟通,表现为理解,理解最终打破了主客分界,沟通我与他者,达到了对世界的充分把握,解决了认识何以可能、自由何以可能以及审美何以可能的问题。因此,主体间性美学取代主体性美学是历史的必然,也是美学理论自身现代发展的要求。主体间性不仅是审美的规定,而且是哲学本体论的规定。所谓存在不是主体与客体的对立,而是主客不分、物我一体的"生活世界"。这个世界不是现实的、已然的、在场的世界,而是可能的、应然的、不在场的世界;不是现实的存在,而是本真的存在。只有把现实存在的主体与客体的对立转化为自我主体与世界主体之间的平等交往,建立一个主体间的生活世界,才能达到本真的存在。这就是说,现实主体必须放弃片面的主体性地位,改变对世界的主人态度,把异化的、现实的人变成自由的、全面发展的人;同时,现实的、异己的客体世界也变成有生命的、与自我主体平等的主体世界。现代生态哲学的兴起,就是对启蒙理性和主体性哲学的反思、对人与自然关系的重新定位。它认为人与自然的关系不是主体征服客体的关系,而应当是主体间性的关系,即把自然看成与人平等的主体,尊重自然、爱护自然,达到人与自然的和谐共存。当然,现实存在不可能真正是主体间性的本真的存在,这种本真的存在只有在审美中才能真正实现。

  主体间性理论也解决了审美何以可能的问题。审美是自由的生存范式,也是超越的体验方式(理解与同情的充分实现)。审美的主体间性是最充分的主体间性,它克服了人与世界的对立,建立了一个自我主体与世界主体和谐共存的自由的生存方式。在这种生存方式中,我对世界的体验是充分的理解与同情,而不是外在的认知和价值的隔膜。审美中世界不再是冷冰冰的死寂之物,也不再是与自我对立的客体,而是活生生的生命、主体,是与自我亲密交往、倾诉衷肠的知心者,不是"他"而是"你"。而自我也不再是异化的现实个性,而成为自由的审美个性。无论是艺术还是对自然的审美,都是主体间性活动。艺术品展开的世界不是客体,而是人的生活世界,我们不能像对待客体那样面对艺术品,而是把它当作真正的人的生活去体验,与之对话、交往,最后达到真正的理解和同情。审美作为对世界的最高把握,不是科学对客体的认识,它不能真正地把握世界;而是人文科学的理解,理解只能是主体间的行为,只有主体对主体才能理解,审美的交互体验、充分交流、互相同情达到了真正的理解,从而达到了对世界的最高把握。审美意义正是通过审美作为自由的实现,不是客体支配主体,也不是主体征服客体,而是自我主体与世界主体的互相尊重、和谐共存。总之,审美之所以可能,不是因为客体性,也不是因为主体性,而是因为主体间性。

总之,现代美学完成了由主体性向主体间性的转向。但如果说主体间性是现代西方美学的发展趋势的话,那么在庄子美学当中就已经具有了主体间性的内涵。由于天人合一哲学观念,中国古代哲学、美学没有割裂主体与客体,而是追求人与自然、人与人的和谐,从而建立了一个古典的主体间性的哲学和美学,庄子哲学中的诸多命题都体现了自我与世界的互相尊重、和谐共处和融合无间的思想,它可以成为并应当成为现代美学的主体间性转向的思想资源。

二、庄周梦蝶中的主体间性

庄子美学的主体间性思想在《齐物论》一篇当中表现得最为突出。所谓"齐物"就是指,庄子认为世界万物包括人的品性和感情,看起来是千差万别,归根结底却又是齐一的。这一思想是中国"天人合一"哲学思想的重要根基,自我与世界之间是平等的理解和交往,而不是自我主体对外在客体的一种工具性的利用关系,并通过个体的自然化和世界的主体化,自我主体与世界主体相互理解、相互感发,混同为一。个体达到物我两忘,在与世界的和谐共存中实现各自的逍遥,体现出主体间性的审美内涵。

齐物论包含齐物与齐论两个意思。庄子认为世界万物包括人的品性和感情,看起来是千差万别,归根结底却又是齐一的,这就是"齐物"。庄子还认为人们的各种看法和观点,看起来也是千差万别的,但世间万物既是齐一的,言论归根结底也应是齐一的,没有所谓是非和不同,这就是"齐论"。"齐物"与"齐论"是庄子哲学思想的又一重要方面,与"逍遥游"一并构成庄子哲学思想体系的主体。庄子看到了客观事物存在这样那样的区别,看到了事物的对立。但出于万物一体的观点,他又认为这一切又都是统一的,浑然一体的,而且都在向其对立的一面不断转化,因而又都是没有区别的。庄子还认为各种各样的学派和论争都是没有价值的。是与非、正与误,从事物本于一体的观点看也是不存在的。这既有宇宙观方面的讨论,也涉及认识论方面的许多问题,因而在我国古代哲学研究中具有重要地位。

齐物不只是庄子的看法,《天下》中就提到庄子之前的彭蒙、田骈、慎到"齐万物以为首"。他们的理由似乎是万物各有所长,譬如天能覆之而不能载之,地能载之而不能覆之,大道能包之而不能辨之,因此不分轩轾,以要齐。不过,齐物确实是因为庄子才闻名的。

齐物并不是说万物都整齐划一,它实际上是一种对待万物的态度。诚如孟子所说,"物之不齐,物之情也"。(《孟子·滕文公上》)有形有名的万物之间的区别是显而易见的。可是庄子要祛除这些区别,对万物等量齐观。他沿袭了彭蒙等关于万物相对性的强调,否认有一个关于万物的价值判断的公论。譬如就美而言,《齐物论》说:"毛嫱丽姬,人之所美也;鱼见之深入,鸟见之高飞,麋鹿见之决骤,四者孰知天下之正色哉?"就像没有对美的共同认识一样,也没有关于"物之所同是"的知识。每个事物都站在自己的角度看待这个世界,都以己为此,以他者为彼,因此有是非彼此的争论。在庄子看来,这些争论都没有了解世界的真相,我们该回到万物的本原处来了解这个世界,就会发现世界原本是相通的,是齐一,而不是分别的。"天地一指也,万物一马也。"并不是万物之间的区别真的消失了,只是你看这个世界的角度发生了变化。局限在万物中,身为万物之一,是不能齐物的。要齐物,先要让自己从物的世界中摆脱出来,游心于物之初,游心于道。所以齐物要先从"吾丧我"做起。吾丧我就是破除心对于物的执着

第二章　审美的主体间性——齐物论

或者坚持,从而可以超越这个有形的世界。

需要强调的是,齐物主要的并不是知识,它是一种生活态度。当庄子要求对世界随顺和不动心的时候,对万物进行区别就是没有意义的。这使齐物的态度成为可能。因此齐物并不真的改变万物,它改变的只是人们对于万物的看法。

对于物我来说,庄子认为是同一的,所以梦中的蝴蝶能梦到他,他也能知道鱼儿的快乐。对于生死,人们多是迷恋生命而害怕死亡。由于死亡往往和老病相连,与生离交关,所以人们认为死亡是一种莫大的痛苦。但庄子却将生死看成像四时变化一样自然,所以当妻子死后他鼓盆而歌,当自己死时,他主张薄葬。《齐物论》中说:

> 道行之而成,物谓之而然。恶乎然?然于然。恶乎不然?不然于不然。物固有所然,物固有所可。无物不然,无物不可。故为是举莛与楹,厉与西施、恢恑憰怪,道通为一。其分也,成也;其成也,毁也。凡物无成与毁,复通为一。

道路是人走出来的,事物的名称是人叫出来的,可有它可的原因,不可有它不可的原因;是有它是的原因,不是有它不是的原因;一切事物本来都有它是的地方,一切事物本来都有它可的地方。没有什么东西不是,没有什么东西不可。所以举凡小草和大木,丑陋的女人和美貌的西施,以及一切稀奇古怪的事物,从道的角度来看都可通而为一。万事有所分,必有所成;有所成必有所毁,所以一切事物从通体来看就没有完成和毁坏,都是复归于一个整体。

只有通达之士才能了解这个通而为一的道理,因此他不用固执自己的成见而寄寓在各物的功分上,这就是因任自然的道理。顺着自然的路径走而不知道它的所以然,这就叫作"道"。

古时候的人,他们的知识有个究极。有人认为宇宙初始并不存在万物,这便是知识的究极,到达尽头了,不能再增加了。次一等的人,认为宇宙初始存在万物,只是万物之间并不存在界域。再次一等的人,认为宇宙初始不但已存在万物,并且事物之间有分界,只是不计较是非。是非的造作,道就有了亏损。道的亏损是由于私好所形成的。

宇宙有一个"开始",有一个未曾开始的"开始",更有一个未曾开始那"未曾开始"的"开始"。宇宙最初的形态有它的"有",有它的"无",更有未曾有"无"的"无",更有未曾有那"未曾有无"的"无"。忽然间发生了"有""无",然而不知道这个"有""无"果真是"有"果真是"无"。现在我已经说了这些话,但不知道我果真说了还是没有说。

天下没有比秋毫的末端更大的东西,而泰山却是小的;没有比夭折的婴儿更长寿的,而彭祖却是短命的。天地和我并存,而万物和我合为一体。万物一体加上我所说的就成了"二","二"再加上"一"就成了"三",这样继续往下算,就是最巧善的计算家也不能得出最后的数目。从无到有已经生出三个名称了,何况从有到有呢!因任自然就是了。

道原本是没有分界的,语言原本是没有定说的,为了争一个"是"字而划出许多的界线,如有左,有右,有伦,有义,有分,有辩,有竞,有争,这是界线的八种表现。天地以外的事,圣人是存而不论的;天地以内的事,圣人只议评而不争辩。

大道是不必称扬的,大辩是不必言说的,大仁是无所偏爱的,大廉是不逊让的,大勇是不伤害的。"道"讲出来就不是真道,言语争辩就有所不及,仁常守滞一处就不能周遍,廉洁过分就不真实,勇怀害意则不能成为勇。这五者不要疏忽,那就差不多近于道了。

对于是非、对错的判断,有时人们太拘泥于是非上面,反而模糊了事情的本质。庄子提醒人们,有时我们已经偏离了事情本身而不自知,使得方法成了另一种障碍。与其争论不休,不如保持沉默。人们常用自己的标准来评量别人,岂知个人的标准不能一

第二章 审美的主体间性——齐物论

视同仁,人类的标准也不能放诸四海,所以河伯和井中蛙不知道大海的广阔。面对人生,庄子说人生如梦,自以为清醒的,或许正说着梦话。人生是一场梦,人生的理想,是一场梦中之梦,人们在梦中悲伤、哭泣、失落、懊恼,等到梦醒了,才发现一切都是梦。总之,庄子反对将真理绝对化,树立权威的独断论述,也反对将人的价值夸大,藐视其他物种的狂妄。他将是非的争论,看作一段喋喋不休的絮语;将贪生怕死的恐惧,视同一场美丽的梦幻。庄子以他高深的哲学论辩和精湛的语言能力,力驳一个包括天地的大论。然而,对他而言,这似乎不费吹灰之力,就像一只翩翩飞舞的蝴蝶,超越了一切凡尘俗世的纠葛,最终只为生之喜悦而飞舞。而我们,除了欣赏它华丽的身影外,也会赞叹它那轻盈的舞姿。

庄周梦蝶的寓言出自《齐物论》,是庄子哲学中的一个重要命题,庄子运用其浪漫的想象力和美妙的文笔,通过对梦中变化为蝴蝶和梦醒后蝴蝶复化为己的事件的描述与探讨,提出了人不可能确切地区分真实与虚幻和生死物化的观点。虽然故事极其短小,但由于其渗透了庄子诗化哲学的精义,包含了浪漫的思想情感和丰富的人生哲学思考,成为庄子诗化哲学的代表。原文为:

> 昔者庄周梦为蝴蝶,栩栩然蝴蝶也,自喻适志与!不知周也。俄然觉,则蘧蘧然周也。不知周之梦为蝴蝶与,蝴蝶之梦为周与?周与蝴蝶,则必有分矣。此之谓物化。[1]

庄周梦见自己变成蝴蝶,栩栩然飞向空中,简直就像是一只真正的蝶,觉得十分快乐。可以随心所欲,竟然忘了还有庄周的存在。但是,忽然醒来却发现栩栩如生的却是庄周本人。不知道是庄周梦见自己变成蝴蝶呢?还是蝴蝶梦见自己变成庄周呢?

---

[1] 《庄子·内篇·齐物论》。

庄周在梦中化蝶,醒后竟难以分清是自己梦到了蝴蝶,还是蝴蝶梦见了自己。通过现实与梦境的转换,给人留下无限想象和思考的空间。在这则故事中,除了表现庄子借梦抒发了对自由生活的向往之外,也蕴含了深刻的人生哲学,即自我主体与世界万物之间是和谐交往的。

唐代诗人李商隐写过一首七律诗云:"锦瑟无端五十弦,一弦一柱思华年。庄生晓梦迷蝴蝶,望帝春心托杜鹃。沧海月明珠有泪,蓝田日暖玉生烟。此情可待成追忆,只是当时已惘然。"其中的"庄生晓梦迷蝴蝶"就出自《齐物论》结尾的"庄周梦蝴蝶"的寓言。李商隐借此来表达自己怀才不遇、悲剧爱情的感慨之情以及人生如梦的伤感情怀。

从常人的情理考虑,庄周梦蝴蝶似有可能,但蝶梦庄周则纯属荒诞之言。其实人和对象的关系是对立统一的,既有相异的对立面,又有融通交合的统一面。同样,人认识把握客观事物的方法,既有逻辑推论式的理性思维,也有直接体悟式的直觉思维,前者偏重于理智,后者强调感情因素。庄周的"蝴蝶梦"实际上侧重于人和自然之间和谐统一的一面,运用艺术的直觉思维,通过情感体验,内在观省的认识方法,领悟人和自然在生命根源上的同根性的深刻哲理。

庄子说"非彼无我,非我无所取"。(《齐物论》)即"没有我的对立面就没有我本身,没有我本身就没法呈现我的对立面"。他认为这样的认识更能接近于事物的本质,并将自我与万物的关系比作人体的百骸、九窍、六藏与自己身体的亲疏关系,我们并不会认为自己跟它们中的哪一部分更为亲近或偏爱,我们与它们中的每一部分以及每个部分之间的关系都是平等的,而非君臣关系或仆属关系。

但是人的悲哀就在于人一旦禀承天地之气而形成形体,就不能忘掉自身而等待最后的消亡。"与物相刃相靡,其行尽如驰,而莫之能止"(《齐物论》),庄子说"不亦悲乎!""终身役役而不见其成功,苶然疲役而不知其所归"(《齐物论》),庄子叹"可不哀

第二章 审美的主体间性——齐物论

邪！"我们跟外界世界相互对立,产生摩擦,甚至背道而驰,但却没有什么力量能使我们止步,大多数人一辈子被外物所役使而看不到自己生命的精彩,一路疲于奔命,最终却不知道自己的归宿,这不是十分悲哀吗?!

于是我们就要从认识论的层面上解决主体间性的可能性问题。"齐物论"除了"齐物"之外还有"齐论",即人们的各种看法和观点,看起来也是千差万别的,但世间万物既是齐一的,言论归根结底也应是齐一的。我们之所以会对这个世界有各种各样迥异的看法,归根结底是由于每个个体所处的立场不同,而各种立场都是我们人为强行地将自然万物割裂开来而衍生出的各种利害关系。我们所要做的不是固守自己的狭隘立场,否则就会像《人间世》当中所讲的寓言那样,爱马的人,以精细的竹筐装马粪,用珍贵的蛤壳接马尿。刚巧一只牛虻叮在马身上,爱马之人出于爱惜随手拍击,没想到马儿受惊便咬断勒口、挣断辔头、弄坏胸络。意在爱马却失其所爱,不是因为他不够小心谨慎,而是他错误地以自身的立场来揣度马的立场。因此庄子说:"自其异者视之,肝胆楚越也;自其同者视之,万物皆一也。"(《德充符》)从事物千差万别的一面去看,邻近的肝胆虽同处于一体之中也像是楚国和越国那样相距很远;从事物都有相同的一面去看,万事万物又都是同一的。

这种"齐物论"的思想是中国古代"天人合一"哲学的基础。"天人合一"是中国古典哲学的一个重要思想,是指人与自然是一个整体,二者密不可分,因此应该和平相处。在《齐物论》中庄子说道:"天地与我并生,而万物与我为一。"这就是庄子"万物齐一"的思想,这种思想强调人与万物是平等的,天、地、人应该是和谐统一的,这种和谐统一也就是人与自然的和谐统一。人与自然本是一体的,但是由于各种制度束缚了人的天性,使人不能顺其自然本性发展,因此要打破种种限制,最终达到"天人合一"的境界。在个体看来,世界(自然和社会)并不是作为死寂沉沉的客体存在,它同自身一样具有鲜活的生命力和感悟力,与个体自身一样可以进行平等和谐的交往和理解。在自我主体与世界主体的交流和感应中,实现天人合一的境界。从庄周梦蝶的故事中,我们可以看出庄子希望与自然融合,与自然界万物和谐共舞的美好愿望,也就是希望达到"天人合一"的状态。这种状态就是海德格尔所说的"诗意地安居"与"天地神人"和谐共存。不论是"诗意地安居"的本真存在思想还是"天地神人"四重世界整体存在与相互转化的思想,都旨在言明人与世界之间是一种理解和交往的和谐平等关系,是人类对家园的一种归属感,对理想生活状态的一种向往。

在当今时代,随着科学技术的发展和社会的进步,人类的生活也随之发生了极大的变化,价值呈现多元化发展趋势;与此同时,人类也出现了一系列的精神危机,心为形役,心为物累,很难获得真正的自由。如何重建人类的精神家园,使人的心灵有所寄托,使人面对世间的烦琐之事能够超然对待,庄周梦蝶的故事可以给我们许多宝贵的启示。当自我主体与世界主体之间不再是一种对立与利用关系时,个体便能以本真地存在于世界中进行审美活动,最终实现个体的自由。个体主体不将个体的意志强加给世界主体,不侵凌自然,不将个体的地位凌驾于自然之上,个体与世界就能从相互的利用关系中解放,实现双方彼此间的自由。个体主体在与世界主体的交往过程中,不刻意拔高自己,也不有意贬低自己,而是在世界主体面前本真地显现自我,平等地与世界主体进行对话和交往,由此进入二者自由与和谐的本真共在。

三、子非鱼安知鱼之乐

《庄子·秋水》记载了一段著名的学术公案,即庄子与惠施之间的"濠梁之辩":

> 庄子与惠子游于濠梁之上。庄子曰:"儵鱼出游从容,是鱼之乐也。"惠子曰:"子非鱼,安知鱼之乐?"庄

第二章 审美的主体间性——齐物论

子曰:"子非我,安知我不知鱼之乐?"惠子曰:"我非子,固不知子矣;子固非鱼也,子之不知鱼之乐,全矣!"庄子曰:"请循其本。子曰:'汝安知鱼乐'云者,既已知吾知之而问我。我知之濠上也。"①

庄子和其好友惠施在濠水上的一座桥上游玩时,发生了这一段关于鱼之乐的辩论,史称"濠梁之辩"。庄子说:"鱼儿悠悠哉哉地游出来,这是鱼的快乐啊!"惠子问:"你不是鱼,怎么知道鱼是快乐的?"庄子回说:"你不是我,怎么知道我不晓得鱼的快乐?"惠子辩说:"我不是你,固然不知道你;你也不是鱼,那么你不知道鱼的快乐,是很明显的了。"庄子回说:"请把话题从头说起吧!你说'你怎么知道鱼是快乐的这句话,就是你已经知道了我知道鱼的快乐才问我,现在我告诉你,我是在濠水的桥上知道的啊!"

这个辩论从一个侧面反映了庄子和惠施截然不同的价值取向及思维方式。惠施从人与物对立的视角,说明人不能感知动物的喜怒哀乐;庄子从人与物的通融的角度,赋予鱼以人的情感意识。前者是纯理智的逻辑思维,后者是艺术审美型的直觉思维。

惠施是战国时期名辩学派的代表人物,具有杰出的政治才干,热衷于游说辅佐诸侯国君的社会活动。曾游魏,为惠王立法。与邓析齐名,谋划齐、魏国君相会于徐州称王;出使楚国,停止五国伐秦的计划;说服赵国,请伐齐存燕,是魏惠王、襄王时期魏国政治舞台上的风云人物。他和庄子都是宋国人,常在一起辩论,是学术研究的好朋友,但两人情趣、志向迥然不同,惠施想以雄才大略立功名于天下,而庄子则无意于当世。惠施是名辩大家,以雄辩的口才和论证逻辑称著当世,而庄子是富有艺术家气质的哲学家,喜沉思冥想,重意会轻言传,以直觉体悟事理。人能否"知鱼之乐"的论辩鲜明地反映了惠施功利性取向的价值观和重"言

---

① 《庄子·外篇·秋水》。

传"的逻辑思维,反衬出庄子超功利的艺术审美价值取向和重"意会"的直觉思维的独特之处。

　　从物和人相对立的视角分析,惠施的反诘是强有力的,他无疑是这场辩论的胜利者。人类认识与改造自然的目的是满足自己的需要,功利性是人类活动的基本动因。在这种生存意识的支配下,人是世界的主体,而自然是人征服占有的对象,人是有意识的存在物,有喜怒哀乐之情,而自然物没有情感意识,便不会有喜怒哀乐的心理感受,人也不能认识体味自然物的感受,这是人类的同感。如果有人说自然物有情有义,常人自然以为他是胡说八道。惠施便是从这简单的生活常识出发,否认庄子的感受的。惠施是从人和物对立冲突的角度理解问题的,实用性的功利价值态度和分析论证型的逻辑方法,使他把人仅仅理解为利益的动物、逻辑的工具,而不是活生生的全面的人。

　　若从人和物交融统一的角度深入思考庄子提出的问题,便会得出与惠施相反的结论,即庄子"知鱼之乐"的感受并非胡言乱语,而是人的真切的主观感受。正因为人是有意识的存在物,所以,他是有欲望、需求、激情、冲动和意志的活生生的存在物,不但有物质需要,也有精神需要。在特定的时间空间场合人们为了抒发自己强烈的主观感受,便把自己的喜怒哀乐之情移注到眼前的自然物身上,这样自然物便成了有情有义的生命物,它与人在心理默契中交流着各自的情感。庄子之所以在濠梁之上的优美自然环境中,能感受到平日在动荡现实中不曾有过的自在快乐,是怡然自得、无拘无束的"鱼",唤醒了庄子心灵深处渴望充满美和自由情趣的人生理想,借物生情,借物感怀。这种生命哲理的获得,不是通过品尝鱼肉的美味或者分析鱼的生理结构的方式,而是通过心理体验、直觉领悟的方式感受到的。

　　庄子和惠施是两种情趣相反的人格类型,惠施为功利性思辨型的人,不能理解并否定庄子的直观感受是意料之中的事情,而庄子是超功利性审美型的人,自然能知鱼之乐。有些人认为,庄子于此偷换论题,进行诡辩。其实是和惠施一样,是以己观物,而

第二章 审美的主体间性——齐物论

不是"以庄解庄",自然难得庄学之旨!

逻辑与直觉、言传与意会,是人类相辅相成的认识事物的思维方式,缺一不可。万不可否定直觉和意会,让逻辑和言传独占心灵,把自己变成纯理智的思维工具,扭曲了人性。西方科学主义文明的危机,非理性思潮和自然人文主义的勃兴,确证了完美的人性绝不是理智的科学和发达的物质文明所能塑造的,人类还需要真、善、美的高级精神享受,需要艺术和美的熏陶,需要人的灵性去意会,去直觉体悟宇宙自然的奥秘,倾听生命的呼声,用真情和爱去拥抱生活。

由于两人分别是道家和名家的重要代表人物,因此,历来被后世研究两家思想的研究者拿来玩味、比较,或者计较庄惠之间的辩论胜负,或者穷究其间的逻辑思维方式,乃至以现代逻辑认知方法做深入剖析,当然,这段有趣的辩论在美学研究中也不时被引述,研究者们一般都特别重视庄子对于鱼之乐的体验或描述。然而,这场辩论从主体间性的视角出发更容易进行思考或诠释。

庄子和惠施一来一回的诘问,就引出了两个问题:一者,庄子(即人)是否知道或真的体验到鱼的快乐,若知道,他又是如何体验到鱼的快乐的;二者,惠施能否知道庄子心中所体验到的鱼的快乐,或者说惠施能否通达庄子的心灵世界。对于前面的两个问题,惠施自觉满意地给出了自己的看法:"我不是你,我本来就不知道你(的内心体验);你本来就不是鱼,你不知道鱼的快乐,是完全可以肯定的!"针对这显得自信的回答,庄子回应道:"请返回到你开始问我的话。你说'你怎么知道鱼的快乐',说明你已经知道我知道鱼的快乐因而才问我。我是在濠水的桥上知道鱼的快乐的!"庄子给出的回答初听之,不免有诡辩之嫌,但不影响这场辩论所涉及的问题的严肃性和深刻性,因为它主要涉及认识论层面的主体间性问题,即不同认识主体之间的共识或知识的普遍性如何可能的问题,或者说,他人的心灵是否可以通达以及如何通达。惠施和庄子分别代表了关于这个问题的两种不同立场。惠施认为他人的心灵是无法通达或直接体验的,与此相反,庄子确信他人的心灵是可以直接通达的,而无须通过类比或外在表征的臆想去获得。

我们首先关注惠施的回答,惠施认为,庄子不是水中的鯈鱼,因此,不能说知道鱼的快乐。他直接表达了一种传统哲学或日常意识对于他人问题的一般看法。庄子接着反驳道,如果惠施的这个逻辑成立的话,那么惠施也不能说我(即庄子本人)不知道鱼的快乐,因为惠施也不是我。针对这一回答,惠施断言自己确实并非庄周,因而固然也不能知道庄周的内心体验。同样,庄周不是鱼,因而也不可能知道鱼的快乐。这实际上也是传统哲学中一种常见的看法,即我能够直接通达的心灵只是我自己的心灵,而无法实际地体验到他人的心灵状态,这实际是一种行为主义的观点。行为主义者认为,行为本身既不是表达性的也不是有意义的,因此心理与行为是同一的,心理就等于行为,二者之间并没有外显与内隐的复杂的因果关系。

相反,庄子认为他人心灵的状态是可以直接通达的,传统的美学理论将其解释为"移情"或"共情",即人在一定条件下感知自然景物时,不自觉地把自己主观的思想感情、意志品质等,赋予本来不具有人的感情色彩的外物,结果外物似乎也有了人的思想感情、意志品质等。在移情现象中,审美主体方面的情绪和情感与审美对象发生关系,必须通过对审美对象的联想和想象来实现。按照这种观点,鱼是无乐可言的,"鱼乐"实为庄子之乐,"鱼的从容出游的运动形态由于与人的情感运动状态有同构照应关系,使人产生了移情现象,才觉得鱼之乐。其实这并非鱼之乐,而是人之乐。人之乐通过鱼之乐而呈现,人的乐即存在于鱼之乐之中。所以它并不是一个认识论的逻辑问题,而是人的情感对象化和对象情感化,泛心理化的问题。"[1] 事实上,"移情说"者是以人类中心主义为本位,否认其他物种具有不同程度的感知能力的事实。而庄子这里已经把鱼从客体的位置转化为主体。在庄子眼

---

[1] 李泽厚. 华夏美学[M]. 天津: 天津科学院出版社, 2001: 136-137.

里,"天地与我并生,万物与我齐一"。这鱼具有双重的身份,绝不仅是他认识研究的对象,同时也是与之交流,感知的主体。《关尹子》曰:"物我交心生,两物摩火生。不可谓之在我,不可谓之在彼。不可谓之非我,不可谓之非彼。执而我别之,则愚。"宋代陈景元说:"在我逍遥,则见鱼之容与! 惠子以人鱼为异,故兴难辞,是失齐物之旨。惠不知庄,事故然矣。庄不知鱼,理岂然哉! 寻惠子本问安知鱼乐之句,是惠不知鱼而问庄也,是以儵鱼游泳从容者,唯庄子知其乐乎濠上耳,盖谓鱼乐与人乐虽异,其于逍遥一也。"因此,人和鱼感知的互通性仍然是以庄子万物齐一理论为指导思想的。

第三章 审美心胸——心斋、坐忘

一、康德：审美的超功利性

庄子美学中最富启发性的是其审美心胸理论,在庄子看来,我们怎样才能进入他所描述的那个"无所待"审美的境界呢？这就需要审美主体进入"虚静"的心理状态。中国美学中的审美心胸理论在西方美学体系中是审美态度的命题,审美态度是指在审美活动中形成的、对事物美的持久而稳定的心理反应倾向。审美态度既有别于科学态度,也不同于实用态度,表现在它不致力于解决理论和实践中的问题,也不关心行动的目的以及达到目的的手段。相反地,如果有意识地利用概念对审美对象进行分析、批判、肯定或否定,或把注意力转移到实用生活目的上,审美态度便立即消失。这种态度被康德称为审美的超功利性,它和在庄子美学当中涉及审美主体的心理状态方面的理论有着极其类似的地方,他们都认为,审美主体在面对审美对象时,内心应该达到一种超越一切利害关系的虚静自由的状态。因此,我们可以在比较的视野中,参照康德的审美态度理论来审视庄子的审美心胸理论,以便于更清晰地了解它的文化特色。

无利害性被公认为西方现代美学的标志,斯托尔尼兹指出："不理解'无利害性'概念,就无法理解现代美学。"美学史家们普遍认为,直到18世纪,西方才出现审美无利害性思想,才有相对成熟的现代美学。审美无利害性思想,源于18世纪英国经验主义美学,经过康德的理论化工作,成为现代美学的标志性理论。

在康德看来,审美经验中的愉快是不带任何利害的。他明确

第三章 审美心胸——心斋、坐忘

地将审美愉快与一般快感区别开来。康德认为分别在于一般快感都要涉及利害计较都只是欲念的满足，主体对满足欲念的东西只关心它的存在而不关心它的形式，换句话说，它的形式不能满足欲念（望梅并不真正能解渴），只有它的存在才能满足欲念（吃梅就要消灭梅的存在）。单纯的快感，作为欲念的满足，还是实践方面的事（以梅止渴要牵涉吃的行动）。审美活动却不能涉及利害计较，不是欲念的满足，对象只以它的形式而不是以它的存在来产生美感。审美只对对象的形式起观照活动而不起实践活动。美感即起于对形式的观照而不起于欲念的满足。所以美感不等于一般快感，美在性质上也不等于愉快。

美也不等于善，因为善是意志所向往的目的，要涉及利害计较的实践活动，和愉快的东西还是类似的。用康德自己的话来说："要把一个对象看作善的，我们就必须知道这对象是应该用来做什么的，对它就必须有一个概念。在对象中见到美，就无须对它有什么概念。花卉、自由的图案画，以及没有目的地交织在一起的线条（即所谓"叶状花纹"）都没有意义，不依存于明确的概念，但仍产生快感。"[①]

康德把愉快的、善的和美的三类不同事物所产生的情感也严格分开，他在其巨著《判断力批判》第五节中指出："愉快的东西使人满足，美的东西单纯地使人喜爱，善的东西受人尊敬（赞许），即被人加上一种客观价值。无理性的动物也可以感到愉快；美却只是对人才有效，'人'指既具有动物性又具有理性的东西，不单纯作为理性的东西（例如精灵），也作为动物性的东西；善则一般只对具有理性的人才有效……在这三种快感之中，审美的快感是唯一的独特的一种不计较利害的自由的快感，因为它不是由一种利益（感性的或理性的）迫使我们赞赏的。所以我们可以说，在三种快感之中，第一种涉及欲念，第二种涉及恩爱，第三种涉及尊敬。只有恩爱才是自由的喜爱。一个欲念的对象，以及一个由

[①] 朱光潜.西方美学史[M].北京：人民文学出版社，1979：351-352.

理性法则强加于我们,因而引起行动意志的对象都不能让我们有自由去把它变成快感的对象。一切利益都以需要为前提或后果,所以由利益来做赞赏的原动力,就会使对于对象的判断见不出自由。"① 这里康德所提出的"自由"这个概念是重要的,所谓"自由"就是审美活动不受欲念或利害计较的强迫,完全自发。康德又说:"一个审美判断,只要是掺杂了丝毫的利害计较,就会是很偏私的,而不是单纯的审美判断。人们必须对于对象的存在持冷淡的态度,才能在审美趣味中做裁判人。"② 说明了审美不涉及概念和利害计较以及美与感官的愉快和善都有分别之后,康德就审美判断的质的方面,对美下了如下的定义:"审美趣味是一种不凭任何利害计较而单凭快感或不快感来对一个对象或一种形象显现方式进行判断的能力。这样一种快感的对象就是美的。"③ 所以就质来说,美的特点在于不涉及利害计较,因而不涉及欲念和概念。

康德在比较快适、美、善这三种不同特性的愉悦的时候指出,与快适和善都跟对象的实际存在紧密相关、都与一定的利害关系结合着不同,美即"鉴赏判断则只是静观的,也就是这样一种判断,它对于一个对象的存有是不关心的,而只是把对象的性状和愉快及不愉快的情感相对照。但这种静观本身也不是针对概念的"④。经过康德的分析,将审美经验视为无利害的愉快就成了现代美学的第一原理。从此以后,美的本质问题退居次要地位,美学的首要问题是审美经验。正如朱光潜所总结的那样,"近代美学所侧重的问题是:'在美感经验中我们的心理活动是什么样?'至于一般人所喜欢问的'什么样的事物才能算是美'的问题还在其次。"⑤ 总之,无利害性概念的出现,表明现代美学转向了审美主体研究。

康德强调审美主体在欣赏审美客体时要保持心灵的纯粹性,

---

① 朱光潜. 西方美学史[M]. 北京:人民文学出版社,1979:352.
② 朱光潜. 西方美学史[M]. 北京:人民文学出版社,1979:353.
③ 同上.
④ [德]康德. 判断力批判[M]. 邓晓芒,译. 北京:人民出版社,2002:44.
⑤ 朱光潜. 文艺心理学[M]. 合肥:安徽教育出版社,1996:9.

第三章 审美心胸——心斋、坐忘

即达到不为审美对象以外的外物所动的静观状态,并且这种静观只指向审美形象特别是审美形象的形式,这与康德十分重视形式美有关。宗白华认为,照康德的意见,在纯粹美感里,不应渗进任何愿望,任何需要,任何意志活动。审美感是无私心的,纯是静观的,他静观的对象不是那对象里会引起人们的欲求心或意志活动的内容,而只是它的形象,它的纯粹的形式。

除此之外,与无利害性紧密相关的两个美学概念是趣味和崇高,它们连同想象、天才和艺术等概念,构成西方现代美学的基本术语。所谓无利害的态度,其实就是一种特别的趣味或者审美趣味,因此康德将审美判断称为趣味判断。趣味成了18世纪欧洲美学的一个重要话题。对于西方现代美学来说,由于审美态度在我们的审美经验和审美评价中具有至关重要的作用,不管何种风格的事物就都可以成为审美欣赏的对象。于是,现代西方人的欣赏领域从具有优美风格的事物,拓展到具有崇高风格的事物。由此,我们就不难理解,为什么崇高会成为18世纪西方美学的关注焦点。

通过以上我们可以发现,康德反复强调,审美判断是静观的,审美主体对审美对象的存在应该保持淡漠,审美须以静观的心意为前提并要维持着它,这种静观心境要求审美主体在欣赏审美客体时,不受审美客体以外的任何事物的干扰,只关心审美客体是否能给审美主体带来审美愉快,也就是要求审美主体摆脱一切外在功名利禄和利害毁誉关系的束缚,只指向审美客体的审美特征,对审美客体的实际存在也不关心,从而达到一种纯粹的自由无拘的心灵状态,这无疑很类似于庄子在《天道》中说的:"虚则静,静则动,动则得矣。"即要求审美主体的心境空明而清静,则活动而无不自得。审美主体在面对审美对象时,内心应该达到一种超越一切利害关系的虚静自由的状态。在这一点上,庄子和康德是一致的。庄子认为,道是天地万物的根源,而道的根本特点是虚静,如《天道》中说:"夫虚静恬淡寂漠无为者,天地之平而道德之至也。故帝王圣人休焉……虚则静,静则动,动则得矣……

夫虚静恬淡寂漠无为者,万物之本也。"也就是说,虚静、恬淡、寂寞、无为,是万物的根本,也是道德修养的最高境界。《人间世》中说:"唯道集虚。"只有大道才能汇集于凝寂虚无的心境,我们也必须像道那样达到虚静的状态,即保持内心的虚静,才有可能接近和体悟到道。

所以能否保持内心的虚静,是一个人是否具有审美心胸、能否进行审美观照的基本条件。在《庚桑楚》中,庄子还指出,各种现世化的情欲必然会影响人们的自然本性,导致人们丧失自己的审美观照能力。因此,我们要进入审美的状态,就必须彻底涤除内心各种现世化的情欲,所谓"贵富显严名利六者,勃志也。容动色理气意六者,谬心也。恶欲喜怒哀乐六者,累德也。去就取与知能六者,塞道也。此四六者不荡胸中则正,正则静,静则明,明则虚,虚则无为而无不为也"。[①] 可见,庄子的虚静观就是一种强调超越各种现实功利性的审美心胸,具备了这种审美的心胸,就能观照天地万物之美。

可见庄子关于审美态度的问题,其中许多看法跟康德的无利害性思想非常接近。庄子和康德美学思想的这种会通,体现了不同民族不同时代的理论家在探索美学问题上思考的一致性。虽然人类的审美观念、审美方式具有明显的民族性、地域性,但是,数千年来,人类的审美观念、审美方式也一直在相互沟通、相互影响、相互交流、相互吸引着。在全球化不断深化发展之际,不同文化之间的交互影响变得越来越明显和深入。我们不仅可以看到西方现代美学对中国美学的持续影响,同时也可以看到中国传统美学对西方现代美学的启示。北京大学叶朗把中国美学中的有关论述概括为审美心胸理论,叶朗发现从老子的"涤除玄鉴",庄子的"心斋""坐忘",到管子和荀子的"虚一而静",以及宗炳的"澄怀观道",郭熙的"林泉之心"等理论中都有一种强调审美观照和审美创造的主体必须超脱利害观念的观念。

---

① 《庄子·杂篇·庚桑楚》。

第三章 审美心胸——心斋、坐忘

但是,在现实生活中,我们每个人都"无往不在枷锁之中"(卢梭语),时时处处都会受到纷纭复杂的现实利害关系的干扰,怎么样才能进入虚静的心理状态呢?康德的审美静观说在其理论中并未充分展开,也没有用具体实例来对它进行详细解说,但康德的静观说对西方现代美学中影响很大的"距离说"也产生了直接影响。瑞士心理学家布洛用"心理的距离"来解释审美态度。所谓"心理的距离",就是指审美主体必须与实用功利拉开一定的距离。朱光潜在《文艺心理学》中对布洛的"心理的距离"的理论做了介绍。

朱光潜举海上遇雾的例子来说明布洛说的"心理的距离"。朱光潜说,乘船的人们在海上遇着大雾,是一件最不畅快的事。呼吸不灵便,路程被耽搁,使人心焦气闷。但是换了一个观点来看,海雾却是一种绝美的景致:"看这幅轻烟似的薄纱,笼罩着这平谧如镜的海水,许多远山和飞鸟被它盖上一层面网,都现出梦境的依稀隐约,它把天和海联成一气,你仿佛伸只手就可握住在天上浮游的仙子。你的四围全是广阔、沉寂、秘奥和雄伟,你见不到人世的鸡犬和烟火,你究竟在人间还是在天上,也有些犹豫不易决定。这不是一种极愉快的经验吗?"[①]这就是布洛说的"心理的距离"。"距离"含有消极的和积极的两方面。就消极的方面说,它抛开实际的目的和需要;就积极的方面说,它着重形象的观赏。它把我和物的关系由实用的变为欣赏的。这就是叔本华说的"丢开寻常看待事物的方法"。用寻常看待事物的方法,看到的是事物的"常态",例如糖是甜的,屋子是居住的,等等,都是在实用经验中积累的。这种"常态"完全占住我们的意识,我们对于"常态"以外的形象便视而不见,听而不闻。经验(实用经验)日益丰富,视野也就日益窄隘。所以有人说,我们对于某种事物见的次数越多,所见到的也就越少。但是我们一旦丢开这种"寻常看待事物的方法"即丢开从实用观点看待事物的方法,就能看到事物

---

① 朱光潜.朱光潜美学文集(第一卷)[M].上海:上海文艺出版社,1982:21.

的不寻常的一面,"于是天天遇见的、素以为平淡无奇的东西,例如破墙角伸出来的一枝花,或是林间一片阴影,便陡然现出奇姿异彩,使我们惊讶它的美妙"。[1]"这种陡然的发现常像一种'灵感'或'天启',其实不过是由于暂时脱开实用生活的约束,把事物摆在适当的'距离'之外去观赏罢了。"[2]

　　时间的距离和空间的距离也有助于产生美感,而时间的距离和空间的距离在实质上仍在于和实用拉开了距离。以空间距离为例。"我们在游历时最容易见出事物的美。东方人陡然站在西方的环境中,或是西方人陡然站在东方的环境中,都觉得面前事物光怪陆离,别有一种美妙的风味。这就因为那个新环境还没有变成实用的工具,一条街还没有使你知道银行在哪里,面包店在哪里;一棵不认得的树还没有使你知道它是造纸的还是造屋的,所以你能够只观照它们的形象本身,这就是说,它们和你的欲念和希冀之中还存有一种适当的'距离'。"[3]我们要注意,心理的"距离",只是说和实用功利拉开距离,并不是说和人拉开距离。事实上,实用的功利的眼光往往遮蔽了人的生活世界的本来面目,而审美的眼光由于超越了实用的眼光,所以反而能照亮世界的本来面目。朱光潜说:"莫奈、凡·高诸大画家往往在一张椅子或是一只苹果中,现出一个情趣深永的世界来。我们通常以为我们自己所见到的世界才是事实的,而艺术家所见到的仅为幻象。其实究竟哪一个是真实,哪一个是幻象呢?一条路是自有本来面目,还是只是到某银行或某商店去的指路呢?这个世界是有内在的价值,还是只是人的工具和障碍呢?"[4]

　　西方美学中的审美态度的理论,在中国美学中就是审美心胸的理论,中国美学中审美心胸的理论发源于老子的思想。老子认为宇宙万物的本体和生命是"道",所以对宇宙万物的观照最后都

---

[1] 朱光潜.朱光潜美学文集(第一卷)[M].上海:上海文艺出版社,1982:23.
[2] 同上。
[3] 同上。
[4] 朱光潜.朱光潜美学文集(第一卷)[M].上海:上海文艺出版社,1982:24.

第三章　审美心胸——心斋、坐忘

应该进到对"道"的观照。为了进行对"道"的观照,就应该在自己心中把一切利害得失的考虑都洗涤干净,使自己获得一个空明的心境,这就是老子提出的"涤除玄鉴"的命题。这个命题在魏晋南北朝的画家宗炳那里换了一种说法,就是"澄怀观道",其实意思是一样的。庄子进一步发挥了老子的思想。庄子提出"心斋"和"坐忘"的理论。"心斋""坐忘"最核心的思想是要人们从自己内心彻底排除利害观念,保持一个空明的心境。利害观念是与人的心智活动联系在一起的,所以为了彻底排除利害观念,不仅要"离形""堕肢体",而且要"去知""黜聪明",要"外于心知"。庄子认为,一个人达到了"心斋""坐忘"的境界,也就达到了"无己""丧我"的境界。这种境界,能实现对"道"的观照,是"至美至乐"的境界,是高度自由的境界。庄子把这种精神境界称为"游"。庄子书中提到"游"的地方很多,如"逍遥游",如"乘天地之正,而御六气之辩,以游无穷",如"乘云气,御飞龙,而游乎四海之外",如"游心于物之初",如"得至美而游乎至乐"等,都是指这种彻底摆脱利害观念的精神境界。所谓"游"本义是游戏。游戏是没有功利目的的。《庄子·在宥》有几段话对"游"作了解释,"游"是"无为",是"不知所求""不知所往"。游没有实用目的,没有利害计较,不受束缚,十分放任自由。庄子还用很多生动的寓言来说明这种"心斋""坐忘"的境界即"游"的境界是一个人获得审美自由的必要条件。庄子关于"心斋""坐忘"的论述,可以看作超功利和超逻辑的审美心胸的真正的发现。

而庄子的审美虚静说不但强调"静",而且强调"虚"。这个"虚"字特别强调审美主体对外在需求和内心欲望的超越,要求审美主体内心除了审美客体的形象外什么也不关注。"虚"同时也是"静"的前提和基础,心不"虚"则不会"静"。庄子的虚静说是一个以虚静为核心,以心斋为起点,以坐忘为中介,以物化为旨归的审美心胸的有机整体。庄子以虚静为核心的审美心理系统还展现了审美心理由低到高逐渐提升的发展历程,具体表现为由心斋→坐忘→虚静→物化。此外,庄子美学中还广泛运用了

"忘""外""丧""离""去""齐""无"等字眼来表示虚静之意。庄子美于"心斋""坐忘""虚静""物化"都有明确的定义,并有丰富的实际例子来佐证和说明,庄子对这种以虚静为核心的审美心理作了全面具体的探讨与论述,深入了审美心理的深层次,取得了很高的美学成就,在中国美学史上不但具有开创性的意义,而且产生了非常深远的影响。

从总体上看,庄子的审美虚静说和康德的审美静观说既有联系也有区别,二者讲的都是一种审美心胸,这种审美心胸是审美活动得以发生的心理基础。没有这种审美心胸,审美活动就无法产生和进行。只有当审美主体摆脱了功名利禄、成败得失和非誉巧拙等一切外在羁绊与内在束缚,不关心审美客体以外的任何事物,甚至对审美客体的实际存在亦不感兴趣,而只指向审美客体的形象本身,只关注审美客体的形象能否引起审美愉快,从而进入一种不计其他一切利害关系的完全自由的心灵状态时,审美活动才能真正得以顺利进行。区别在于,康德的静观说,主要是强调审美主体与审美客体之间保持一种无利害的有距离的淡漠的纯粹的审美关系,以审美观照为目的。而庄子的虚静说既强调审美主体对审美客体保持一种超功利的自由关系,又强调审美主体与审美客体相互交融、物我合一,并以达到审美主客体合二为一、不分彼此的完全物化状态为审美的最高峰状态和最后旨归。这种虚静观的最终目的是达到物我合一的互动互化,比康德单纯静观的审美观照理论更接近审美心理的实际状态。

二、无用之用

朱光潜在《谈美》的第一节就是谈审美态度。这一节中,朱光潜举了一个很有名的例子,就是我们对于一棵古松的三种态度:

> 假如你是一位木商,我是一位植物学家,另外一位
> 朋友是画家,三人同时来看这棵古松。我们三人可以说

第三章 审美心胸——心斋、坐忘

同时都"知觉"到这棵树,可是三人所"知觉"到的却是三种不同的东西。你脱离不了你的木商的心习,你所知觉到的只是一棵做某事用值几多钱的木料。我也脱离不了我的植物学家的心习,我所知觉到的只是一棵叶为针状、果为球状、四季常青的显花植物。我们的朋友——画家——什么事都不管,只管审美,他所知觉到的只是一棵苍翠劲拔的古树。我们三人的反应态度也不一致。你心里盘算它是宜于架屋或是制器,思量怎样去买它,砍它,运它。我把它归到某类某科里去,注意它和其他松树的异点,思量它何以活得这样老。我们的朋友却不这样东想西想,他只在聚精会神地观赏它的苍翠的颜色,它的盘屈如龙蛇的线纹以及它的昂然高举、不受屈挠的气概。[1]

朱光潜说,这个例子说明有审美的眼光才能见到美。"这棵古松对于我们的画画的朋友是美的,因为他去看它时就抱了美感的态度。你和我如果也想见到它的美,你须得把你那种木商的实用的态度丢开,我须得把植物学家的科学的态度丢开,专持美感的态度去看它。"[2]

朱光潜在这里强调,要有审美态度(审美眼光)才能见到美,而要有审美态度,必须抛弃实用的(功利的)态度和科学的(理性的、逻辑的)态度。实用的、功利的眼光使你只看到松树的实用价值以及和实用价值有关的性质,科学的、逻辑的眼光使你只看到松树在植物学上的性质,这两种眼光都遮蔽了松树的本来的美的面貌。

马克·吐温在1883年出版的《密西西比河上的生活》一书中也给我们提供了一个非常有趣的例子。马克·吐温谈到了他

---

[1] 朱光潜.朱光潜美学文集(第一卷)[M].上海:上海文艺出版社,1982:448-449.
[2] 朱光潜.朱光潜美学文集(第一卷)[M].上海:上海文艺出版社,1982:449.

对密西西比河的前后两种不同的感受。当他作为普通的旅客航行时,密西西比河日落的辉煌的景象使他酩酊大醉、狂喜不已:"宽阔的江面变得血红;在中等距离的地方,红的色调亮闪闪的变成了金色,一段原木孤零零地漂浮过来,黑黑的惹人注目。一条长长的斜影在水面上闪烁;另一处江面则被沸腾的、翻滚的旋涡所打破,就像闪耀着无数色彩的猫眼石一样;江面上红晕最弱的地方是一块平滑的水面,覆盖着雅致的圆圈和向四周发散的线条,像描绘得十分雅致的画卷;左边岸上是茂密的树林,从树林落下的阴森森的倒影被一条银光闪闪的长带划破;在像墙一样齐刷刷的树林上,伸出一根光秃的枯树干,它那唯一一根尚有树叶的枝桠在风中摇曳,放着光芒,像从太阳中流溢出来的畅通无阻的光辉中的一团火焰。优美的曲线、倒映的图像、长满树木的高地、柔和的远景;在整个景观中,从远到近,溶解的光线有规则地漂流着,每一个消失的片刻,都富有奇异的色彩。"但是当他成为汽船驾驶员后,这一切在他眼中都消失了。密西西比河对于他是一本教科书:"阳光意味着明天早上将遇上大风;漂浮的原木意味着河水上涨……水面上的斜影提示一段陡立的暗礁,如果它还一直像那样伸展出来的话,某人的汽船将在某一天晚上被它摧毁;翻滚的'沸点'表明那里有一个毁灭性的障碍和改变了的水道;在那边的光滑水面上圆圈和线条是一个警告,那是一个正在变成危险的浅滩的棘手的地方;在树林的倒影上的银色带纹,是来自一个新的障碍的"碎灭",它将自己安置在能够捕获汽船的最好位置上;那株高高的仅有一根活树枝的枯树,将不会持续太长的时间,没有了这个朋友好的老路标,真不知道一个人在夜里究竟怎样才能通过这个盲区?"

马克·吐温最初看密西西比河是用审美的眼光。后来驾驶员的职业训练使他采用了实用(功利)的眼光和科学(理性)的眼光。实用(功利)和科学(理性)是联系在一起的,你要使你驾驶的汽船安全行驶,你必须知道哪儿有暗礁,哪儿有浅滩,明天会不会起大风,这就要科学(理智)。科学(理智)的目标是认识真理(判

第三章 审美心胸——心斋、坐忘

断真伪),这是逻辑的"真"。实用的眼光和理智的眼光排斥审美的眼光,功利的"善"和逻辑的"真"遮蔽存在的"美"。

《庄子》中多处讲到了"无用之用"的问题。"无用之用"这个词语出自《庄子·人间世》:"山木自寇也,膏火自煎也。桂可食,故伐之;漆可用,故割之。人皆知有用之用,而莫知无用之用也。"一棵树,什么用处也没有,用它做成船定会沉没,用它做成棺椁定会很快朽烂,用它做成器皿定会很快毁坏,用它做成屋门定会流脂而不合缝,用它做成屋柱定会被虫蛀蚀。但正是因为没有什么用处,所以它才能免于匠人的斧斤。相反,那些可用之木,果实成熟就会被打落在地,打落果子以后枝干也就会遭受摧残,大的枝干被折断,小的枝丫被拽下来。这就是因为它们能结出鲜美果实才苦了自己的一生,所以常常不能终享天年而半途夭折。可见,山上的树木皆因材质可用而自身招致砍伐,油脂燃起烛火皆因可以燃烧照明而自取熔煎。桂树皮芳香可以食用,因而遭到砍伐;树漆因为可以派上用场,所以遭受刀斧割裂。人们都知道有用的用处,却不懂得无用的更大用处。除此之外,庄子还举了许多例子,比如"牛之白颡者""豚之亢鼻者"与"人有痔病者",因为古人祈祷神灵消除灾害,总不把白色额头的牛、高鼻折额的猪以及患有痔漏疾病的人沉入河中去用作祭奠,所以在平常人眼中的不吉祥这正是"神人"所认为的世上最大的吉祥。

"无用之用"在《外物》中也有提及:

> 惠子谓庄子曰:"子言无用。"庄子曰:"知无用而始可与言用矣。天地非不广且大也,人之所用容足耳,然则厕足而垫之致黄泉,人尚有用乎?"惠子曰:"无用。"庄子曰:"然则无用之为用也亦明矣。"[①]

惠子嫌弃庄子的言论没有用处,庄子说以大地做喻,大地不

[①] 《庄子·杂篇·外物》。

能不说是既广且大了，人所用的只是脚能踩踏的一小块罢了。既然如此，那么只留下脚踩踏的一小块其余全都挖掉，一直挖到黄泉，大地对人来说还有用吗？这就是"无用之用"。

此外，这个观点在《逍遥游》中就有相关论述：

> 惠子谓庄子曰："魏王贻我大瓠之种，我树之成而实五石。以盛水浆，其坚不能自举也。剖之以为瓢，则瓠落无所容。非不呺然大也，吾为其无用而掊之。"庄子曰："夫子固拙于用大矣！宋人有善为不龟手之药者，世世以洴澼絖为事。客闻之，请买其方百金。聚族而谋曰：'我世世为洴澼絖，不过数金；今一朝而鬻技百金，请与之。'客得之，以说吴王。越有难，吴王使之将。冬，与越人水战，大败越人，裂地而封之。能不龟手，一也；或以封，或不免于洴澼絖，则所用之异也。今子有五石之瓠，何不虑以为大樽而浮乎江湖，而忧其瓠落无所容？则夫子犹有蓬之心也夫！"

惠子对庄子说："魏王送我一个大葫芦的种子，我种植成长而结出果实有五石之大；用来盛水，它的坚固程度却经不起自身所盛水的压力；把它割开来做瓢，则瓢大无处可容。不是不大，我认为它没有用处，就把它打碎了。"庄子说："你真是不善于使用大的东西啊！有个宋国人善于制造不龟手的药物，他家世世代代都以漂洗丝絮为业。有一个客人听说这种药品，愿意出百金收买他的药方。于是他聚合全家来商量说：'我家世世代代漂洗丝絮，只得到很少的钱，现在一旦卖出这个药方就可以获得百金，就卖了吧！'这个客人得到药方，便去游说吴王。这时越国犯难，吴王就派他将兵，冬天和越人水战，大败越人，于是割地封赏他。同样一个不龟手的药方，有人因此得到封赏，有人却只是用水来漂洗丝絮，这就是使用方法的不同。现在你有五石容量的葫芦，为什么不系着当作腰浮游于江湖之上，反而愁它太大无处可用呢？

第三章 审美心胸——心斋、坐忘

可见你的心还是茅塞不通啊！"

庄子的意思是说，有用与无用是相对的。在一个地方有用，到另一个地方则可能无用；在可用的地方有用，在不可用的地方就无用。有用还是无用，全在自己是否用。可见，有用与无用并不在事物自身，而在于人们对于事物的运用。你用的地方合适，它就有用；用的不合适，就可能没用。

"用"的特征是，于合适的时间，在合适的地点，以合适的方式，做合适的事情。然而，究竟怎样是"合适"，这就需要每个人在具体的情况下去判断了。我们永远不可能找出一个固定不变的，对一切人、一切时间、一切地点都适用的普遍标准。人的智慧恰巧体现在这里。

事物的用处说到底是人的思维本身的用处，是我们能不能发现的问题。这取决于我们的思维方式，只要思维方式改变了，就可以发现以前没有看到的价值。不过，要对自己的思维进行这种突破或者超越是非常困难的，因为人们往往受到自己能力、短见、成见或习惯的限制，而看不到事物的用处。要破除我们自己现成的偏见、短见，需要创造性的思维，不仅要见人所未见，还要见自己所未见。创造之所以困难，就在于它是一种自我超越，超越别人或许容易，而超越自己则不然。超越自己是超越已经形成的现成思维，而进行这种超越的就是这个思维本身。这正是自我突破的困难之所在。像庄子提到的那位漂洗丝絮的人，永远不可能有那位外地人的智慧。他所能够具有的智慧也就是漂洗丝絮和制造那个药方，因而不可能会想到这个药方还会有别的用处。所以他得到一百两黄金也是适得其所了。

人总是习惯于以现成的眼光去看待事物，使事物的性质被固定、被僵化了，从而成了一成不变的东西。可事实一再证明，人们当时以为有用的未必有用，或许还有大害；而以为无用的则未必没有用，甚至还有大用。

同样是在《逍遥游》中：

惠子谓庄子曰:"吾有大树,人谓之樗。其大本臃肿而不中绳墨,其小枝卷曲而不中规矩。立之涂,匠者不顾。今子之言,大而无用,众所同去也。"庄子曰:"子独不见狸狌乎?卑身而伏,以候敖者;东西跳梁,不避高下;中于机辟,死于罔罟。今夫斄牛,其大若垂天之云。此能为大矣,而不能执鼠。今子有大树,患其无用,何不树之于无何有之乡,广莫之野,彷徨乎无为其侧,逍遥乎寝卧其下。不夭斤斧,物无害者,无所可用,安所困苦哉!"

惠子和庄子因为大树的作用发生了争执,惠子对庄子说:"我有一棵大树,人家都叫它为樗。它的树干木瘤盘结而不合绳墨,它的小枝弯弯曲曲而不合规矩。生长在路上,匠人都不看它。现在你的言论,大而无用,大家都抛弃。"庄子说:"你没有看见猫和黄鼠狼吗?卑伏着身子,等待出游的小动物;东西跳跃掠夺,不避高低,往往踏中机关,死于网罗之中。再看那斄牛,庞大的身子好像天边的云,虽然不能捉老鼠,但它的功能可大了。现在你有这么一棵大树,还愁它无用,为什么不把它种在虚寂的乡土,广漠的旷野,任意地徘徊在树旁,自在地躺在树下,不遭受斧头砍伐,没有东西来侵害它。无所可用,又会有什么祸害呢?"

庄、惠"大而无用"与否的辩论,实际上是指人的才能的社会价值意义,惠施是从功利性的立场来看的,他认为这些东西虚无缥缈,于世无补,既得不到社会的承认,也不可能实现自己的功利目的,改善自己的生存条件。庄子的价值论是以他对社会的批判为前提的,他把现实中的人比喻成为生存,"以候敖者"而"东西跳梁"的"狸",把诸侯王者的贪婪与奸诈之巧智比喻成了捕兽的"机辟"和"罔罟"。"狸狌"再机灵也逃不了捕猎者的追杀与残害,这就是人世间。生活在这种深重的难中,连自己的生命都保不住,哪还会奢望价值的实现。正因为庄子看透了统治阶级的丑恶面目,看破了人世间的种种利害冲突,所以,他无意于当世,不想通

第三章 审美心胸——心斋、坐忘

过任何途径实现自己的社会价值,不想为活命而殉利、殉名、殉天下。庄子虽然对人的社会价值持否定态度,但他并没有轻生,也没有依上帝把自己的命运交给冥冥的神去主宰,他否定了人的功利价值的同时,也肯定了个体的精神价值。这种精神价值的独特之处,即是对人生的真、善、美的理想追求,是现实生活破灭的期望在人的精神幻想中的一种补偿,即一种想象式的满足,在自由的精神追求中,虽然不能满足自己的功利需求,但却可以深入思考人生存的意义,反思人的真正价值所在。庄子价值论的意义在于,他在中国思想文化史上,第一次把自由视为人的天性。所以,庄子因大树无用而构想的"无何有之乡",并非虚无缥缈之处,而是他超越了世俗之境的理想的精神故乡,是他理念世界中绝对的精神自由。

由此可见,日常所说的"有用"与"无用"皆是从世俗的、功利的角度出发,当人一味地追求某种具体价值,终归会有耗尽、枯竭之时,甚至难免会惨遭世人的迫害和荼毒,最终会中道夭折,不能保全性命。因为我们有能力,所以按捺不住自己的进取之心,看到这个混乱的世界就想用自己的双手创造一个全新的世界。于是不停地进世入世,寻求大用。但是庄子看透了这个世界,上至国君大夫,下到普通百姓,都是那样的混乱不堪,人们仅能生活在水深火热之中。庄子看透了这一切,所以他冷淡地看着那些盲目追逐奔走呼号的人,告诫他们这是"杯水车薪""螳臂当车",是没有任何价值的。相较而言,"无用之用"是要人们回归到未被世俗政治的、功利的标准所扭曲的世界,砸碎人戴在物上的枷锁,从而通达于道,使物的自身意义得到保持和尊重,所以它是无限的。所以,无用之用与日常之用相对,是对日常之用的超越。人们日常的所谓有用其实伤害了物的本性,物的有用相对于无用之用来说只是极其有限的一部分。如果人们局限于日常之用而不知无用之用,不仅物的本性不能显露,同时也限制了人的自由。这是一种相互占用的关系,更是一种极其不稳定的关系。相对于此,无用之用所敞开的路径却通向无限之中。可见,无用之用的真实含义就是要求人们用无利害的态度体道,以获得一个不为世俗规范所扭曲的自由的心灵境界,而这种自由的心灵境界就是逍遥自得的审美境界。

三、老子：涤除玄鉴

如果说庄子的审美虚静观体现了中国古代美学中的审美心胸理论的精髓,那么这一理论观点无疑是受到道家思想的创始人老子的重大影响,老子在《道德经》中也强调了虚静、超脱、空明心境的重要,因此,老子"涤除玄鉴""致虚极,守静笃"的理论可以看作审美心胸理论的起源点,而庄子关于"心斋""坐忘"的理论则可以看作审美心胸理论的真正发现。审美心胸理论在历史流变过程中,经历了唐、宋、元、明、清时期的绘画、书法、人格素养及文艺理论的不断传承和创新,其内蕴得到了丰富的发展与充实,但其核心思想仍然与老庄的文艺美学思想息息相关。

"涤除玄鉴"是老子提出的一个重要理论命题,这一命题出自《老子》第十章：

> 载营魄抱一,能无离乎？专气致柔,能如婴儿乎？涤除玄鉴,能无疵乎？爱民治国,能无为乎？天门开阖,能为雌乎？明白四达,能无知乎？生之畜之,生而不有,为而不恃,长而不宰,是谓玄德。

"涤除"意谓洗清各种主观上的私心杂念和迷信偏见,还自己一若明镜般清净澄澈的本心。"玄鉴",通行本作"玄览",帛书乙种本作"玄监"。对"玄鉴"二字的解释,学者们之间的意见不甚统一,争议焦点落在这个"玄"字上,陈鼓应先生说"玄"乃"形容人心的深邃灵妙",由此"玄鉴"即是"喻心灵深处明澈如镜"。叶朗先生却认为"鉴"是观照,"玄"是"道","玄鉴"就是对于道的观照。陈先生认为这第十章着重是在讲修身的功夫,若单就这一章来看,此种看法不错,"涤除玄鉴"即是说"洗清杂念,摒除妄见,而返自观照内心的本明"。但若联系老子整体哲学思想及其对"玄"的专门论述,则陈先生的说法似欠妥,《老子》开篇有言:"道可道,非常道;名可名,非常名。无,名天地之始;有,名万物之母。故常无,欲以观其妙;常有,欲以观其徼。此两者,同出而异名,同谓之玄,玄之又玄,众妙之门。"这第一章里的"玄"即是指幽昧深远的"道","涤除玄鉴"里的"玄"同于此意,故"涤除玄鉴"应是"涤除以鉴玄"的意思,即洗清各种主观上的私心杂念和迷信偏见,还自己一若明镜般清净澄澈的本心,以实现对幽昧深远之"道"的本真观照。可见,叶先生的说法更贴近老子的本意。

虽说"涤除玄鉴"主要是一个哲学认识论范畴,但它对中国古典美学的影响也很大,所以也可以把它当作一个美学文艺学范畴来看待。

首先,"涤除玄鉴"这一命题认为对"道"之观照乃是认识的最高目的,同时也是最高的审美境界。"道"是老子哲学思想的中心概念,他的整个哲学思想系统都是由他所预设的"道"所展开的,"道"指的是万事万物的本体和根源,老子认为,任何认识活动的最高目的都在于对万事万物之本体和根源的把握,即对"道"的观照。同样,若要达到身心自在的最高审美境界,也必须涤除成见、私欲、巧智,以虚静之心鉴玄观道。

其次,"涤除玄鉴"这一命题对认识者所应具备的主观条件也做出了相应的规定,即要求认识者破除主观欲念、成见与巧智,保持内心的虚静空明,虚静空明的内心乃是认识者之所以能够实现对"道"之观照的前提条件。这无疑是对审美主体无功利性的倡导。一颗汲汲于功名,戚戚于富贵,被利欲熏黑了的、充满了私心杂念的凡心俗心,是不可能观道、体道进而得悟大道的。《老子》第十六章说:"致虚极,守静笃。万物并作,吾以观其复。""极""笃"皆极度、顶点之意。"作",指生成活动。"复",返,谓往复循环。此整句即是说只有"致虚极,守静笃",保持虚静空明的内心状态,才可以"观其复",即观照宇宙万物往复循环的变化及其本原。

最后,"涤除玄鉴"是一种重体验直观、轻理智理性的审美方式。老子反复申说的破除成见、克制欲念、祛除巧智、倡导虚静也无非就是说认识者要以虚静清明之心去直观体悟"道",而不是以逻辑思辨去描摹"道"。老子之所以重直观体验之法,除了深知成见、欲念、巧智、浮躁对观"道"之危害外,也是由"道"本身的特性所决定的。"道"乃是不可言说的、浑然一体的、无声无形的所在,它具有"有"与"无"的双重属性,是在场与不在场的结合,是显现与隐蔽的双重运作,不能通过名言思辨去认知,只能以直观体验去体悟。所谓直观体验,既不同于纯粹的理性认知,也有别于单纯的感性经验,它是一种情理混融、主客不分的天人合一状态,正是这种直觉体验之法令人心通于大"道",正所谓"同于道者,道亦乐得之"(第二十三章)。这种重体验直观、轻理智理性的方法是符合审美规律的,若要恢复人与"道"的本源性诗意关系,沟通人的自由与自然的必然,就须打破理性的独尊与主体性的迷幛,乞灵于审美体验。德国著名哲学家迦达默尔说:"生命和体验的关系不是某个一般的东西与某个特殊的东西的关系。由其意向性内容所规定的体验统一体更多地存在于某种与生命整体或总体的直接关系中。"[①] 这里的"某种与生命整体或总体的直接关系"也就是人之生命与"道""气"的一体化关系,在审美体验中,审美者"虚一而静",破除了主体性的迷幛,与"道""气"相接通,共处于"意义统一体"中。审美体验的发生要具备三个条件:一是有着"虚静"之审美心胸的审美者;二是具有审美特征和审美信息刺激丛的、"道"与"象"相交融的、生气贯注的物;三是在这二者基础上的物我两忘、交感互荡。在审美体验中,物与人、自然与人是没有界限的,都是有生命元气的,以至于可以在生命元气的大化流行中相交相游,相亲相近,交感互荡,达到"天人合一"。经过审美体验的灵光朗照,自然和生命挣脱了理性的遮

---

① [德]汉斯-格奥尔格·伽达默尔.真理与方法——哲学诠释学的基本特征(上卷)[M].洪汉鼎,译.上海:上海译文出版社,1999:88.

蔽,从而相互敞开、相互亲近、相互拥抱,获得更本真的联系,它们共处于"意义的统一体"中,浑然不分,"我在世界上,世界在我身上"(杜夫海纳语)。在交感互荡、交通和合的审美境界中,心物之间的界限彻底消除,心物交融共在,不在场者出场,被遮蔽者显现,"心神物"在审美中相遇照面,心神自在畅游于大道,"纵浪大化中,不喜亦不惧"(陶渊明语),获得真正的自由。由此可见,老子"涤除玄鉴"观重视审美体验直观的方法不仅对文学艺术创作与欣赏影响巨大,而且对于人与世界本源性诗意关系的重建、对于生命完满性的营构、对于人心之僵化与生存之沉沦的救赎、对于人的自由生命的唤醒等也具有重要的启发意义。

老子"涤除玄鉴""致虚极,守静笃"的"虚静说"对后世美学文艺学理论影响甚大,后继学说层出不穷。战国时期的管子、庄子、荀子、韩非等,对老子的这种学说都有所继承与发挥。管子和荀子讲"虚一而静",韩非子讲"思虑静则故德不去,孔窍虚则和气日入","虚则知实之情,静则知动之正"。庄子则把老子的"涤除玄鉴"命题发展为"心斋""坐忘"的命题,建立了关于审美心胸的理论。魏晋南北朝时期,老子的"涤除玄鉴"命题被直接引到文学艺术领域,画家宗炳有"澄怀味象""澄怀观道"的说法。陆机《文赋》开篇说:"伫中区以玄览,颐情志于典坟。"刘勰《文心雕龙·神思》篇中说:"陶钧文思,贵在虚静;疏瀹五藏,澡雪精神。"魏晋南北朝以后讲虚静的就更多了。唐代刘禹锡有诗:"虚而万景入",宋代苏轼诗云:"欲令诗语妙,无厌空且静。静故了群动,空故纳万境。"宋代画家郭熙所讲的"万虑消沉""胸中宽快,意思悦适"的"林泉之心",等等。老子"涤除玄鉴"命题对中国古典美学的影响很大,值得认真研究。

四、心斋、坐忘、吾丧我

如前所述,庄子美学除了强调审美心胸以虚静为核心外,还提出如何达到这种虚静状态,即通过"心斋""坐忘",最后达到"物化"的境界。

庄子的"心斋"说影响久远,作为《庄子》内篇的主要论述对象,是庄子美学思想的重要组成部分。"心斋"是获得精神自由的重要途径,是进入自由境界所必需的自我修养,心斋的关键是内心的虚静。那么什么是"心斋"?庄子在《人间世》中借孔子和颜回对话,阐明了他有关"心斋"的基本含义,颜回说:"我颜回家境贫穷,不饮酒浆、不吃荤食已经好几个月了,像这样,可以说是斋戒了吧?"孔子说:"这是祭祀前的所谓斋戒,并不是'心斋'。"颜回问什么是"心斋",孔子回答:

若一志,无听之以耳,而听之以心;无听之以心,而听之以气。听止于耳,心止于符。气也者,虚而待物者也。唯道集虚。虚者,心斋也。

这段文字借孔子之口讲明了"心斋"的过程和含义,必须摒除杂念,专一心思,不用耳去听而用心去领悟,不用心去领悟而用凝寂虚无的意境去感应!耳的功用仅只在于聆听,心的功用仅只在于跟外界事物交合。凝寂虚无的心境才是虚弱柔顺而能应待宇宙万物的,只有大道才能汇集于凝寂虚无的心境。虚无空明的心境就叫作"心斋"。

庄子通过颜回和孔子的对话,告诉了我们什么是心斋。颜回说:"请问什么是'心斋'?"孔子说:"你心志专一,不用耳去听而用心去体会,不用心去体会而用气去感应。耳的作用止于聆听外物,心的作用止于感应现象,气乃是空明而能容纳外物的,只要你达到空明的心境,道理自然与你相合。'虚'就是'心斋'。""心斋"具体是什么呢?孔子又说:"如能悠游于藩篱之内而不为名位所动,能够接纳你的意见就说,不能够接纳你的意见就不说。自己不要自闭,也不要暴躁,心灵凝聚而处理事情寄托于不得已,这样就差不多了。"这整个过程可以划分为以下几个步骤:

第一步是"若一志"。就是做心高时首先要心中思想专一,不

第三章 审美心胸——心斋、坐忘

要有许多杂念在里面打搅,杂念如果不扫除干净,心斋就很难做好。

"若一志"是指体道修道者在"心斋"之时,要集中心意专注于道的感知与觉解。"若一志"之"一",多被解释为心志纯一或专一。成玄英疏曰:"志一汝心,无复异端,凝寂虚忘,冥符独化。"体悟天道之志专一,就不会有异端思想进入内心,在凝寂中虚忘外物,自我才能独化入道,这种解释是符合庄子原意的。"一"即"道","专一"即专注于道,不是一些学人所解释的集中精神专一不纷的心意状态。老子将"道"解为"一",如"道生一"之"一",又"载营魄抱一"之"一"都是指"道"本身。《庄子》中将"道"说成"太一"和"一",如"太一形虚"(《列御寇》),"主之以太一"(《天下》)等,又说"一而不可不易者,道也"(《在宥》)。因此,这里的"一"应该作"道"来理解。心斋之时,人的感官和心志要集中在道的悟解上面。内心纯净如镜,才能照澈天道的本性,才能不被外物扰乱心智,也不被其他的学说、知识、经验等杂乱的思想充塞。

第二步是"无听之以耳,而听之以心"。普通所谓听,本是用两个耳朵听各种声音;而此处所谓听,绝不是听声音。如我们鼻中呼吸之气,都没有声音。虽然没有声音,但自己却能够知道鼻中气息一出一入,或快或慢,或粗或细,纵然是聋子,也会有这个感觉,所以说是用心去体会。

第三步是"无听之以心,而听之以气"。心是有知觉的,还可以说得上一个"听"字;气是没有知觉的,如何也能够用它来听?心所听的对象是气,气所听的对象是什么?原来听息的功夫做得时间长久,心和气已经打成一片,分不开了,气不能作为心的对象了,不能再说用这个心听那个气。所以说"无听之以心",此时身体中的神和气虽然团结在一起,尚未达到混沌境界,还稍微有点知觉,继续做下去,并不需要很多的时间,自然就完全无知觉了。从有知觉到无知觉这一段暂时的过程中,与其说以心听气,使心和气对立,不如说以气听气,使心和气二者之间泯去裂痕,所以说

"听之以气"。此处虽仍旧说"听",实际上就是不要再着意于"听",成语"听其自然""听之而已"中的"听"字是此处最好的解释。

"耳"是感官的代表,感官既常与无休止的欲望相关联,又让外部信息纷至沓来,常常会扰乱人的心灵的宁静;知解之"心"固然能认识事物,但局限于有限的领域,且往往服务于感性欲求,钻营于功利机巧。因此,只有超越感性之"耳"和知性的"心",才能达到无限的、个体与宇宙相通相洽的逍遥游的境界。这便是游于天地之一气,便是听气体道。这是庄子看出了人的感官和心欲在体道修道的虚静认知中具有局限性,从而强调以"气"来应对外事外物。其意是说,心斋之时,要消除感官和心欲对道性觉解的蔽障,涤除感官和心欲与外界事物之间的实用性、功利性和现象性联系,以"气"这个自然生命体官能应对外事外物。老子早就指出,人的感官和心欲是导致世俗社会贪欲与奢情膨胀的祸首,故曰"五色令人目盲;五音令人耳聋;五味令人口爽;驰骋畋猎令人心发狂;难得之货,令人行妨"。[①] 庄子认识得更加深刻彻底。《在宥》篇说:"无视无听,抱神以静。"要求体道修道之人,不要被视听等感官扰乱,要"抱神以静",才能与道相合。他还指出人的二十四种"心欲"是激发人世俗化贪欲与奢情的祸根,说:"贵富显严名利六者,勃志也;容动色理气意六者,谬心也;恶欲喜怒哀乐六者,累德也;去就取与知能六者,塞道也。"(《庚桑楚》)这二十四种心欲,或扰乱意志,或违逆心性,或拖累德性,或阻塞道性,都是认识道性的蔽障,因此要"彻志之勃,解心之谬,去德之累,达道之塞"。(《庚桑楚》),让心欲不再溢出性分之外,才能做到客观公正地认识事物、对待事物,故曰"此四六者不荡胸中则正,正则静,静则明,明则虚,虚则无为而无不为也"。(《庚桑楚》)可见,庄子对人的感官和心欲在体认道性中的蔽障有着相当深刻的认知。

第四步是"听止于耳,心止于符"。初做心斋时,注重在"一"字诀;等到念头归一之后,就注重"听"字诀;假使长久地抱住一

---

① 《老子》第十二章。

第三章　审美心胸——心斋、坐忘

个"听"字不肯放松,那就显得太过执着了。再后就要用"止"字诀了,所谓"听止于耳",就是教人不要再着意去听。此时已渐渐地入于混沌境界,身中是神气合一,心的知觉已不起作用,所以说"心止于符",这种神气合一的状态是无知无觉的,外表看来和睡着了一样,但内部的情况是不相同的。

第五步是"气也者,虚而待物者也。唯道集虚。虚者,心斋也"。以前由浅而深的境界,一步步地都经过了,最后到了"虚"的境界。这个"虚"是从无知无觉以后自然得到的,不是意识制造出来的。此时之"气"是自然之"气"与精神之"气"的统一,是生理和心理相统一的内在生命之气。

"唯道集虚。虚者,心斋也。"其意是说,道本性虚寂,故能集结于虚空明静之心;虚空清静掉贪欲奢情,让心境保持空明澄静的状态就是心斋。这里有两个"虚",前一"虚"字普遍被解释为虚空清明的心境,因而也就普遍将后一"虚"字理解为"虚空的心境",然而后一"虚"字不仅是形容词和名词,而且是动词,有虚空掉的意思。也就是说,做动词用的"虚",意为主动去涤除掉、清洗掉心中所积累的世俗化知识和欲望情感,即"洗心",从而获得内心的空明。这样,"虚"就同时兼有"去掉""革除""涤除""清空"之意,与老子所谓"涤除玄鉴"之"涤除"一样。这也符合"斋戒"之"戒"的含义,心斋也是一种斋戒,既为"戒",就必有戒除的活动和对象;心之"戒"的活动就是"虚",其戒除的对象即是扰乱迷惑心智的内在固有知识和外事外物,也包含"四六"之心欲。

接下来颜回讲了"心斋"的结果:

> 颜回曰:"回之未始得使,实自回也;得使之也,未始有回也;可谓虚乎?"夫子曰:"尽矣!吾语若:若能入游其樊而无感其名,入则鸣,不入则止。无门无毒,一宅而寓于不得已则几矣……瞻彼阕者,虚室生白,吉祥止止。"[①]

---

① 《庄子·内篇·人间世》。

"心斋"的结果,即"虚"的结果,它是忘我丧我这种虚静认知效果的获得。"心斋"之"虚"的结果是"丧我"或"忘我",即丧掉那个世俗化的"自我""小我""私我",而成为同于大道的"同我""物我""道我"。此外,《知北游》篇说:"汝斋戒,疏瀹而心,澡雪而精神,掊击而知!"这里的斋戒也是洗濯心灵、清洁精神,保守虚静之心精纯不杂,这也是"心斋"的意思。又有《达生》篇中讲的"梓庆削木为鐻"中,梓庆"斋以静心","斋三日","斋五日",至"斋七日"时,"辄然忘吾有四肢形体"。这个时候的梓庆"削木为鐻"才达到合乎天道的境界。这也是"心斋"。当我们达到了"心斋"的状态,我们就会进入一种"虚室生白""吉祥止止"的神附之境,即达到了"心斋"这样的"空明心境"和"凝静之心",内心就可以生出许多"光明"和"善福之事",这时我们就与道相合,进入体道的境界了,同时也达到了一种难以言传的审美境界。

综上所述,庄子之所谓"心斋",是从人的感官感知外在事物层面,告诉那些体道悟道之人如何抵达虚静之道境的方法。在庄子看来,世俗社会之人的感官和心性被情欲和功利等知识和成见障蔽,习惯于用这些实用、功利、现象性联系去感应外境事物,从而被凡俗利欲和形下之器的见识迷障。所以,体道悟道之人要从凡俗、形下的感官和心欲中走出来,用生命的自然吐纳之气来对待外境事物,改变感官和心欲与外境事物的俗缘联系,外境事物的来去对体道悟道之人心的感应就不会有利害感、形器感了,也就是虚空掉了世俗社会的实用性、功利性、现象性观念,"四六"者亦不荡于胸中,人心人性就会顺任自然,达到虚空明澈的境界。这样的境界就是虚空宁静之境,也就是道境。这是从如何能虚能静上来揭示抵达虚静道境的方法。修炼这种方法的结果就是丧我、忘我,让体道修道之人从私欲的自我、俗我中超越出来,同通于自然天道玄德的境界,从而成为"天人合一"的道我、道人。总之,以"虚"为最大特点的"心斋",就是审美主体在既摆脱了感官享受又超越了心灵羁绊之后达到的一种极为空明澄澈的审美心境。这种审美心境不同于世俗心境,它是超越了一切功利束缚和

第三章 审美心胸——心斋、坐忘

主客观条件限制的完全自由无碍的心理境界。在这种"心斋"的审美境界里,审美主体的心灵几乎切断了与外界的联系,而只指向审美对象本身。

为了达到虚静的心灵状态,庄子还提出了与"心斋"紧密相关的另一种心灵修炼方式,那就是"坐忘"。什么是坐忘?庄子在《大宗师》里通过颜孔对话的形式作了回答:

> 颜回曰:"回益矣。"仲尼曰:"何谓也?"曰:"回忘仁义矣。"曰:"可矣,犹未也。"他日复见,曰:"回益矣。"曰:"何谓也?"曰:"回忘礼乐矣!"曰:"可矣,犹未也。"他日复见,曰:"回益矣。"曰:"何谓也?"曰:"回坐忘矣。"仲尼蹴然曰:"何谓坐忘?"颜回曰:"堕肢体,黜聪明,离形去知,同于大通,此谓坐忘。"仲尼曰:"同则无好也,化则无常也。而果其贤乎!丘也请从而后也。"

颜回说:"我进步了。"孔子问道:"你的进步指的是什么?"颜回说:"我已经忘却仁义了。"孔子说:"好哇,不过还不够。"过了几天颜回再次拜见孔子,说:"我又进步了。"孔子问:"你的进步指的是什么?"颜回说:"我忘却礼乐了。"孔子说:"好哇,不过还不够。"过了几天颜回又再次拜见孔子,说:"我又进步了。"孔子问:"你的进步指的是什么?"颜回说:"我'坐忘'了。"孔子惊奇不安地问:"什么叫'坐忘'?"颜回答道:"堕肢体,黜聪明,离形去知,同于大通,此谓坐忘。""堕肢体""离形",指的是摆脱由生理而来的欲望;"黜聪明""去知",指的是摆脱普通所谓的知识活动。这就是说,只有当审美主体忘掉了仁义,忘掉了礼乐,才算达到了"坐忘"的境界。通过这两重去蔽,心灵便外生死而离是非,于是融入大化,呈现大道。孔子感叹道:"与万物同一就没有偏好,顺应变化就不执滞常理。你果真成了贤人啊!我作为老师也希望能跟随学习而步你的后尘。"

"坐忘"和"心斋"一样,是庄子闻道的重要方法之一。"坐为静坐冥想,"忘"为忘物,"丧我",去欲、去智,或者"无功""无名""无己"。"忘"为人生态度,"坐"为闻道的方法途径。在"忘"的境界,使自然之气不断向人的属性靠拢,使之与人的情感意识相容,生化成内在生命之气。这种"气"实际是一种虚静、空灵、明澈的心理状态,主体对客观哲理的认识,不是归纳或演绎的逻辑分析,而是越位内推、高度综合的直觉彻悟,并伴随着强烈的主观体验活动。

"坐忘"中"堕肢体"和"离形"指的是摆脱由生理而来的欲望;"黜聪明"和"去知"指的是摆脱普遍所谓的知识活动。庄子的"离形"并不是根本地否定欲望,而是不让欲望得到知识的推波助澜,以致溢出于各自性分之外。在性分之内的欲望,庄子视为性分之自身,同样加以承认。所以坐忘的境界中,以"忘知"最为主要。忘知,是忘掉分解性的、概念性的知识活动。

简言之,"坐忘"就是突然之间忘了我是谁。一个人活在这世界上,就像鱼活在湖里面一样,它根本忘记自己是一条鱼,当它记起自己是一条鱼的时候,代表它已离开了水。沙滩上的鱼,一直在挣扎着,因为它发现自己是一条鱼,需要水。在水里游的鱼,常不觉得自己是条鱼,它觉得自己就像处在"道"里面,完全忘记自己是谁。

关于庄学的"坐忘"说历来也是众说纷纭,各有所通。究其根本,"坐忘"和"心斋"都是体道修道者的一种虚静认知方法,目的都是通过洗心,革除凡心俗性,获得清澈澄明的道镜之心,以便认知天道玄德和道性人生。因此,"坐忘"与"心斋"在本质上是一致的,都是"洗心",都是要虚空掉、清静掉有违道性玄德的东西,"堕肢体"也是"洗心"的结果。正因如此,不少学人都认为庄子的"心斋"和"坐忘"是差不多的一回事。但庄子讲了"心斋",还要讲"坐忘",显然是各有侧重和特殊用意的,被这些相同性含义隐藏着的却是二者显著的区别。二者的区别就在于,"心斋"说主要是针对人的感官和心欲感知外境事物而言,"坐忘"说则主要是针对人的意志力对待自我和外物的认知态度而言。

第三章 审美心胸——心斋、坐忘

这段文字借颜回如何以"坐忘"的方法修炼道性,抵达虚静空明、无为自在的道境。这里的"坐"是修道之人在形体上以"静坐"的方式,来从心志和精神上悟解道性。从颜回所讲的心理活动状态看,他的坐忘是在心志活动中,通过不断舍弃世俗社会所遵循的文化秩序和价值观念来不断抵达心灵虚空静寂的境界,从而抵达道境的。这个过程是不断趋进的,具体可分为两个阶段、三个层次:第一阶段是两个层次,即先"忘仁义",后"忘礼乐";第二阶段是"堕肢体,黜聪明,离形去知,同于大通"。这是需要以"静坐"的形式来实现的。在"坐忘"的心理活动中,必须借助意志力来强制性洗心,所以,"坐忘"与"意志"密切相关。

首先,舍弃仁义之道。在庄子生活的时代及其之前的社会文化中,除道家文化外,儒家的礼仪、仁义之道这个以"仁义"为核心价值的仁学是普遍性世俗社会文化的根基,它代表的是世俗社会欲望功利的知识论、价值观和实践论,是体道修道者的知识性障蔽,因此必须一开始就要根除它们。有了儒学的仁义道德观,就会产生以功利、得失为是非准则来认知、判断事物的价值,它的知识论是建构在价值论基础上的,不具有绝对的客观性。而这种是非、善恶、美丑的价值判断又不断激发人的实用性和功利性欲望,导致等级制社会越来越趋向于以实用功利标准来判断事物的是非得失,从而不断激发人性中贪欲奢情的跃动,人性的贪婪和社会的纷争就会更加激烈。这一切都是道性人生观的对立面,所以要以虚静认知的方式革除它们。庄子说:

> 自虞氏招仁义以挠天下也,天下莫不奔命于仁义。是非以仁义易其性与?故尝试论之,自三代以下者,天下莫不以物易其性矣。小人则以身殉利;士则以身殉名;大夫则以身殉家;圣人则以身殉天下。故此数子者,事业不同,名声异号,其于伤性以身为殉,一也。[①]

---

① 《庄子·外篇·骈拇》。

这段文字可以说是对仁义学说最彻底的否定。"虞氏招仁义以挠天下"后,天下人都奔命于仁义,或为利死,或为名亡,或为家殁,或为天下殉。多数人都因汲汲于仁义而夭亡,不能享尽天年。又如曰:"是非之彰也,道之所以亏也。"(《齐物论》)又说:"自我观之,仁义之端,是非之途,樊然淆乱。"(《齐物论》)在庄学看来,儒家的仁义学说都是违逆自然天道之道性玄德的,它们汲汲于世俗社会的实用功利的仁义道德,所以要借助人的强力意志来忘掉它们,洗掉它们。庄子反复讲"相濡以沫,不如相忘于江湖"(《大宗师》《天运》)等道理,就是要告诉人们不要汲汲于世俗现实的功利性仁义,要追求顺任自然的以天道玄德为知识论和价值观的道性人生。

其次,忘掉礼乐文化。"礼"文化是周礼实施以来给文明社会制造的等级规范和行为模式,将天命平等自由的人们划定了不可逾越的等级鸿沟,人为地给人们套上了因地位等级而制定的物质和精神规范的枷锁。在庄学看来,这显然是对人的天性的违逆,因此要忘掉它们、舍弃它们。"乐"文化与"礼"文化是一体化的,但因为它是通过音乐歌舞、钟鼓丽人的表演形式来娱人娱神,虽然具有宗教敬畏神性的精神,但被后来的帝王公侯用为治政教化和声色享乐,不仅成为"礼"的附庸,也是人性欲望的帮凶。因此,在庄学看来,这也是祸害人心人性、激发纵欲享乐的东西,与道学的清心寡欲、虚静无为之宗旨背道而驰,因此必须忘掉、舍弃。《天运》篇中,庄子借孔子和老子的对话,将盛行于世的儒家"六经"的学说知识做了全面否定:

> 孔子谓老聃曰:"丘治《诗》《书》《礼》《乐》《易》《春秋》六经,自以为久矣,孰知其故矣;以奸者七十二君,论先王之道而明周、召之迹,一君无所钩用。甚矣夫!人之难说也,道之难明邪?"老子曰:"幸矣,子之不遇治世之君也!夫六经,先王之陈迹也,岂其所以迹哉!今子之所言,犹迹也。夫迹,履之所出,而迹岂履哉……"

第三章 审美心胸——心斋、坐忘

孔子研习六经典籍后自以为获得了先王之道,然后用它们去游说七十二个君主,没有一位听他的,他感到困惑,问之于老子。老子则说,这六经都是先王陈旧的足迹,孔子所言也是足迹,足迹不同于鞋,只有鞋才是面对全新的事物而与之相化。可见,在庄学看来,儒家六经之所言都是固化的旧有知识,不能与时俱进,从而是有违天道玄德的,也要借助人的强力意志来清洗它们。以上两个层次是"坐忘"的基础和前提,它们可以通过"坐忘"的方式实现,也可以不通过"坐忘"的方式实现。因为文中讲,颜回的"坐忘"是第二阶段的"忘我"。

是后,忘掉"自我"。这就是第二阶段第三层次的"忘",也就是"堕肢体,黜聪明,离形去知,同于大通"。"堕肢体"是遗忘了自己的肢体,"黜聪明"是舍弃了自己的智慧,"离形去知"既是对前两方面的综合说明,也表达出它是"同于大通"的最为紧要的前提条件。也就是说,体道修道之人,达到忘掉自我的身体和心智的境域时,也就达到了与物同化、物我合一的自然天道玄德之境了,也即"天地与我并生,而万物与我为一"(《齐物论》)之境,这就是"同于大通"。最后孔子讲的两句话"同则无好也,化则无常也"就是说颜回已经没有了自我的执着偏好而与造化同一了,他已经不再偏执于恒常性俗知而与大化周流不息了,这就是抵达了道境。成玄英疏曰:"体悟玄理,故荡荡而无偏,默默而无知,茫然坐忘,物我俱丧,乃不自得。"从不自感、不自知到不自得,最后就成为物我俱丧了。陈鼓应的解释与众不同,他说:"'离形',即消解由生理所激起的贪欲。'去知'即消解由心智作用所产生的伪诈。如此,心灵才能开敞无碍,无所系蔽,而通向广大的外境。"[①] 庄子所谓"心斋"之"实自回也"和"未始有回也"的比较,是以世俗社会的颜回和得道之颜回的比较,从而戒掉了那个实用功利和形器的"自我",获得了一个超越性的与道为一的"道我""他者",这才是"未始有回也"的真意,而不是说心中没有了

---

① 陈鼓应.庄子今注今译[M].北京:中华书局,1983:168.

这个活生生的人物。与此一样,这里所谓"离形去知"也不是说离开、丢弃了"我"这个身形和"我"的智思,而是离开、丢弃了世俗社会的实用功利这个"自我"之形智,变成一个超越性的与道合一的"道我"之形智。离开、丢弃了世俗社会之自我的那些实用功利的心智,就不再执迷于世俗的机心机事,将心智集中在道的悟解上。真正悟解了天道玄德的真谛后,就会一通百通,然后静定持守道性玄德,才能成为与道合一的道人。

　　庄学的"坐忘"和"心斋"之说,其目的都是丧世俗之我而得道我。只是在得道的方法、对象、过程上有所不同。方法上,坐忘除了要安静地坐而静思或无思而静坐外,就是要依靠意志力去忘掉那些难以忘掉的东西。这种清除的心智活动远远难于"心斋",所以需要"静坐",需要长时间在虚空静寂的心境中悟解,并用意志力强行熄灭那些躁动不安的世俗之欲求和智识,才能从世俗人性的习惯性中解脱或超越出来,真正获得洗心革性的效果。对象上,坐忘既要清除包含仁义、礼乐等外在事物对心性的扰乱,还要清除身体和心智所具有的原欲的过分外务,即清除身体和心智本身性分之外的欲求与外事外物之间的已然联系和未然干系,即"四六者不荡胸中则正"。过程上,运用意志力来清除身心的凡知俗念和行为习性则需要较长时间的静定持守,不断虚空掉世俗化的东西,直至与道合一。即使与道合一了,也还要静定持守虚空的本性,所以它是一个持续性的心理活动过程,也是通过意志力的克服而长期修持虚静而达道的心理认知活动过程。对于已经得道之人来说,则可以不需要意志力的强力清洗了,他们的心理已经是虚静的认知心理了,他们的心灵已然成了一面道镜,一颗道心。所以,他们会顺任自然地去观照宇宙人生的道性存在。

　　同时,在《庄子》中,除了"心斋""坐忘",庄子还提出"丧我""用心若镜"等修养虚静无为之道性人生的虚静认知方法。

　　庄子在《齐物论》中讲了"吾丧我"这样一个与"心斋""坐忘"高度一致的虚静认知以体道修道的方法。由于多数学者都将其看成与"心斋"和"坐忘"一样的悟道境界,所以,也就没有

第三章 审美心胸——心斋、坐忘

引起过多的关注。如徐复观先生说:"逍遥游的无己,即是《齐物论》中的丧我,即是《人间世》中的心斋,亦即是《大宗师》中的坐忘。"[①] 如果从体道悟道的目的和结果上来看,它们的确是可以看作一样的,都是悟解道体、道性、玄德的方法,都是为了抵达虚静无为的道境,从而使个体生命与道合一的。但是,"丧我"之论与"心斋""坐忘"之论作为体道悟道的虚静认知方法,它们在悟解的具体方法、对象和过程上还是略有不同。

庄子的"丧我"之论原出《齐物论》,该篇的主旨是讨论人与物之间的关系。从自然天道玄德的道性上看,天人、物我之间是平等关系,这是体道修道者绕不开的又一重要话题。人如果不能够处理好物与我、天与人之关系,便不可能真正理解道性玄德,当然也就无从获得道性人生观了。因此,我们应该从通篇文意整体上理解"丧我"的含义。"丧我"之论原文如下:

> 南郭子綦隐机而坐,仰天而嘘,嗒焉似丧其耦。颜成子游立侍乎前,曰:"何居乎?形固可使如槁木,而心固可使如死灰乎?今之隐机者,非昔之隐机者也?"子綦曰:"偃,不亦善乎,而问之也!今者吾丧我,汝知之乎?汝闻人籁而未闻地籁,汝闻地籁而未闻天籁夫。"

这段话中讲出了一种虚静坐忘的修道方式和状态,尽管文章的目的不在于具体阐述"丧我"的虚静修道方式和结果,而在于引出关于人籁、地籁和天籁这三者的看法,但其中所描述的状态与"坐忘"之论有着高度的一致性,从而引起学者的关注。文章描述的得道之人子綦凭几案而静坐,仰天缓缓呼吸,进入忘我的境界。此时,侍立在旁的弟子颜成子游问说:怎么回事啊,形体安定得好像枯萎的槁木,心灵静寂得一如死灭的灰烬,你今天静坐时的神情与往常静坐时的神情大不一样啊。子綦回答说:颜偃,

---

[①] 徐复观.中国人性论史·先秦篇[M].北京:三联书店,2001:398.

你问得正好啊！今天我忘掉了"自我"。这个"自我"就是曾经具有个体私欲和世俗成见的"欲之我""俗之我"，与心斋之结果时颜回所忘之"我"以及坐忘时摈弃的那个"我"都是一样的。洗净了这个凡心俗欲的"自我"，"我"便成了"天之我""物之我""道之我"。那么，这里的"丧我"有何不同于心斋和坐忘之处呢？这就要从虚静体道悟道的方法、对象、过程来比较分析了。

也许有人会觉得"吾丧我"的说法更像个文字游戏，吾不就是我，我不就是吾吗？当然不是。如果说"吾"代表着一个完整的人的话，这个要丧的"我"似乎是它的一部分。它究竟是什么呢？显然不是形体。丢掉了形体，"吾"都不会存在，更何论"我"？那会是心吗？是，又不是。那确实是一种心，或者心的某种状态，譬如所谓的成心。心该是虚的，像面镜子，万物在其中都可以呈现，却不留下任何痕迹。成心却是实的，它有自己的喜好或者厌恶，有自己的是或者非，它把世界区分为自己和他人或者他物。在接受某些事物的同时，它会拒绝另外一些事物。在成心中，"我"就出现了。相应地，"你"和"他"也就出现了。于是就有了关系，就有了对立、紧张和冲突。"我"其实就是一种对于自我的意识，这种意识将自己和世界区分开来，同时也按照自己的标准把世界区分开来。换言之，"我"就是一种执着于自我的心，一颗有"己"的心。吾丧我，也就是《逍遥游》中说的"无己"。

从方法上看，与"心斋"侧重感知、"坐忘"侧重意志不同，"丧我"主要是依靠理解力来解除形与神、物与我之间的依附和对立关系。从对象上看，"心斋"主要是排除一般性外事外物的扰乱，"坐忘"的对象是仁义礼乐和功利贪欲，而"丧我"的对象则是形与神、物与我之间的对立关系问题。从过程来看，文章没有对丧我的过程作出具体说明，但据"隐机而坐"看，与坐忘一致，而与心斋则不同。由此可见，"丧我"要消除的对象内容就是它与前二者的关键性区别。

综上所述，庄学之心斋、坐忘、丧我是三种修养虚静无为之道的虚静认知方法，它们在使用心理官能上、洗心革性的对象上、

第三章 审美心胸——心斋、坐忘

修炼的过程和形式上都具有各自的特定内涵,但在结果上是相同的,都是遗忘凡俗之"自我",抵达道性之"道我",这就是庄子提出的三种虚静认知方法之间的联系和区别。

老子提出了"涤除玄鉴"。"鉴"即"镜","玄"为形上之道,故"玄鉴"也就是"道镜"。高亨在《老子正诂》中说:"玄者,形而上也。鉴者,镜也。玄鉴者,内心之光明,为形而上之镜,能察照万物,故谓之玄鉴。"老子提出的"形上之镜"观念在庄子这里得到进一步发挥,他明确提出了"用心若镜"的观点:

> 无为名尸,无为谋府;无为事任,无为知主。体尽无穷,而游无朕;尽其所受乎天,而无见得,亦虚而已!至人之用心若镜,不将不迎,应而不藏,故能胜物而不伤。①

至人用心认知事物,犹如镜子一般,不执持不迎取而任物自由来去,照澈万物而没有隐藏,所以能够超越万物而不被万物损伤。罗安宪说:"至人之用心若镜,故而无为;因其无为,故能胜物而不伤,即不为外物而费心劳神。"② 这里将"不伤"理解为"不为外物而费心劳神"似有不妥,所谓"不伤"是不损伤人的自然生命本性。庄子强调"用心若镜",是将体道修道者的认知心理比喻为一面镜子,它的虚空和静定决定了它具有稳定性、清澈性、超越性,从而能够做到应物而不损,外物的来去无伤心性,烛照万物和大道而无阻滞。这面虚静澄澈的心镜实际上就是道镜,也即道心。

综上所述,庄子的虚静认知观是根源于庄学道性人生观的建构。庄子试图落实老子以来的道家人生观,这种道性人生观的形成是与世俗社会人生观大相径庭的。落实道性人生观的根本就在于认知心理和认知方法。庄子高度重视对世俗社会之人洗心革性,洗去世俗之人以实用功利和感性的"自我"形成的认知智慧,进而革除以此种认知实践建构起来的知识论和价值观,重建

---

① 《庄子·内篇·应帝王》。
② 罗安宪.虚静与逍遥——道家心性论研究[M].北京:人民出版社,2005:225.

体道修道者的虚静认知心理。心斋、坐忘、丧我、虚静等,都是洗心革性的具体方法,其根本目的就是希望体道修道者的认知心理达到"用心若镜"的状态,这就是客观认知的道镜、道心。只有以这种无欲无私、无偏无执的道心才能真正认识到自然天道玄德的本性,才能真正树立起物我齐一、天人相和、无为而无不为的道性宇宙观、玄德观、人生观,在"人法道""道法自然"的逻辑演进中,将它们落实到道性人生实践中去。由此可见,庄子的虚静认知论系列思想在其整体性道学思想体系中占据着重要位置,也发挥着核心作用。

在《大宗师》中,庄子还借一位得道者女偊之口,说明学道先要"外天下""外物""外生",然后才能"朝彻""见独":

> 南伯子葵问乎女偊曰:"子之年长矣,而色若孺子,何也?"曰:"吾闻道矣。"南伯子葵曰:"道可得学邪?"曰:"恶!恶可!子非其人也。夫卜梁倚有圣人之才而无圣人之道,我有圣人之道而无圣人之才,吾欲以教之,庶几其果为圣人乎!不然,以圣人之道告圣人之才,亦易矣。吾犹守而告之,吾守之三日,而后能外天下;已外天下矣,吾又守之,七日而后能外物;已外物矣,吾又守之,九日而后能外生;已外生矣,而后能朝彻;朝彻,而后能见独;见独,而后能无古今;无古今,而后能入于不死不生。杀生者不死,生生者不生。其为物,无不将也,无不迎也;无不毁也,无不成也。其名为撄宁。撄宁也者,撄而后成者也。"

庄子在此讲了闻道之法,即忘掉物我的存在,进入虚静的状态,由此达到物我浑然一体的境界,进而体悟到大道,进入无古今、不死不生的境界。

女偊就是"至人""神人""圣人"一类的人物。南伯子葵问女偊说:"你的年龄很大了,而面色如孩童,为什么呢?"女偊说

第三章 审美心胸——心斋、坐忘

"我闻道了。"南伯子葵说:"道可以学得到吗?"女偊说"不!不可以!你不是学道的人。卜梁倚有圣人的才智而没有圣人的根器,我有圣人的根器而没有圣人的才智,我想教他,或许他可以成为圣人了吧!即使不是这样的,以圣人之道告诉具有圣人才智的人,也容易领悟的。我告诉他而持守着,持守三天而后能遗忘世故;已经遗忘世故了,我再持守,七天以后就能不被物役;心灵已经不被物役了,我又持守着,九天以后就能无虑于生死,已经把生死置之度外,心境就能清明洞彻;心境清明洞彻,而后能体悟绝对的道;体悟绝对的道,而后能不受时间的限制;不受时间的限制,而后才能没有生死的观念。大道流行能使万物生息死灭,而它自身是不死不生的。道之为物,无不一面有所送,无不一面有所迎;无不一面有所毁,无不一面有所成,这就叫作'撄宁'。'撄宁'的意思,就是在万物生死成毁的纷纭烦乱中保持宁静的心境。"

　　道是庄子哲学的最高范畴,它既是世界的本源,也是人类实现价值目标的依据。从认识论的角度看,道也是主客体交融为一的精神境界。所谓"闻道",就是认识"道"的过程。

　　庄子"闻道"的关键是"忘"的人生态度和修养方法,并提出了七个步骤。第一步是"外天下"。"外"就是超越,"外天下"就是要把天下的名利权位都设法超越。第二步是"外物"。"物"就是物质、有形可见的一切。"外物"就是要超越有形可见的一切。第三步是"外生"。就是超越生命,不受生命和欲望的限制。其中"外天下"和"外物"即忘掉感知对象的存在;"外生"即忘掉自我的存在,亦即"忘物""丧我"。只有忘掉外物和自我的存在,才能排除任何杂念的干扰,使心灵由烦乱动荡归于虚静的状态。

　　虚静的状态经过长时间的酝酿发育,便会发生静极而动的逆向运动。即闻道者的心灵由灰暗转向光明,像一面光洁明亮的镜子,这面镜子拭去了世俗的尘垢,照亮了闻道者的心灵世界。这时就到达了第四步,叫作"朝彻"。意思是像朝阳东升,明澈于闻道者的心灵。第五步是"见独"。"独"是庄子对"道"的独特称谓,代表独一无二。"见独"就是认识了道,与道融为一体。

伴随着这种独特的精神体验,即主体与宇宙自然融为一体后,就到了第六步"无古今"。古今代表时间上的古代和现代,这时你已经超越了时间的限制,抵达永恒的境界了。第七步是"不死不生"。就是超越了生死,到达了神人的境界。此时感到与宇宙生命永存,物我为一、物我两忘而逍遥于天地之间。

当一个人通过"心斋""坐忘""丧我"等心灵修炼功夫,达到了"虚静"的状态,也就具备了进入审美境界的基本条件。但只有当我们进入了"物化"的状态,才算真正进入了审美的境界,并进而达到审美的激情和高峰状态。

庄子认为,既然美、道都蕴含在万物之中,所以只有与万物同化,才能体会其中之美、道。庄子在《齐物论》的篇末提出了"物化"说:"昔者庄周梦为胡蝶,栩栩然胡蝶也,自喻适志与!不知周也。俄然觉,则蘧蘧然周也。不知周之梦为胡蝶与,胡蝶之梦为周与?周与胡蝶,则必有分矣。此之谓物化。"庄子提出"物化"说,目的是说明"齐物"之理:人与万物平等相齐,没有差别。这里的"物化"也可指"体道"的境界,在这种境界中,人"物化"了,物也"人化"了,生与死、梦与醒、人与物的差别都消失了。这种物我两忘的"体道"境界,也就是一种审美的境界。这种"物我两忘"的"物化"境界,在《庄子》的其他一些篇目中也有涉及,《达生》说:"工倕旋而盖规矩,指与物化而不以心稽,故其灵台一而不桎。"另外,在《秋水》记载的庄周和惠施的"濠梁之辩"中,庄子曰:"鯈鱼出游从容,是鱼之乐也。"在这里,庄子也表现了"物化"的基本精神:我可以"物化"为鱼,所以我知鱼之乐。《养生主》中庖丁解牛时"以神遇而不以目视,官知止而神欲行",也可视为一种"物化"的境界。"所谓物化,是自己随物而化。"庄子的"物化"说,主要有两种含义:一是指自然事物具体形状的生息转换,如《天道》中说的"其生也天行,其死也物化";二是指虚静之心与物相合时产生的"主客合一",如"指与物化"。后者体现了"物化"与"心斋"、"坐忘"、虚静的紧密联系,是庄子"物化"说的主导含

第三章 审美心胸——心斋、坐忘

义,这也是"物化"说所潜含的主要美学价值。"造化之秘,与心匠之运,沉瀣融会,无分彼此。"(钱锺书《谈艺录》)这就是庄子"物化"说的核心精神。物化是人们心灵的最高境界,它是人的个体生命与博大精深的宇宙意识相融的一刹那,人的生命突然达到一种不生不死、物我不分的自由境界。在物化状态中,审美主体的心灵与审美对象融为一体、不分彼此,这是审美的高潮阶段,也是审美的最高境界。

以上所论的由"心斋"到"坐忘"再到"虚静"最后到"物化"这样一个复杂的审美心胸的发展历程,是一个有机的整体,并在庄子的一些寓言中得到了比较完整的体现。《达生》中讲了一个"梓庆削木为鐻"的故事,梓庆削木为鐻的技艺何以能高超到使"见者惊犹鬼神"? 那是因为,梓庆每次削鐻之前,"必斋以静心",他"斋三日,而不敢怀庆赏爵禄;斋五日,不敢怀非誉巧拙;斋七日,辄然忘吾有四肢形体也"。这就是说,梓庆通过"心斋",不但可以忘掉"庆赏爵禄",而且可以忘掉"非誉巧拙",甚至可以忘掉自己的"四肢形体",从而达到"坐忘"的状态。"斋以静心"即"心斋",就是要做到内心虚静,也就是把利害得失、成败誉毁甚至自己的身体都置之度外,只有这样,才能进行自由的审美观照,才能创造出美的艺术。《达生》中还讲了一个"工倕运旋"的故事:

> 工倕旋而盖规矩,指与物化而不以心稽,故其灵台一而不桎。忘足,履之适也;忘要,带之适也;知忘是非,心之适也;不内变,不外从,事会之适也;始乎适而未尝不适者,忘适之适也。

工倕随手画来就胜过用圆规与矩尺画出的,手指跟随事物一道变化而不须用心留意,所以他心灵深处专一凝聚而不曾受过拘束。忘掉了脚,便是鞋子的舒适;忘掉了腰,便是带子的舒适;知道忘掉是非,便是内心的安适;不改变内心的持守,不顺从外物的影响,便是遇事的安适。本性常适而从未有过不适,也就是忘掉了安适的安适。"忘足""忘要""忘是非""忘了安适的安适"就是"坐忘"。在这种"坐忘"的境界中,人与对象合而为一,即所谓"以天合天",也就是"物化"的境界。这就展示了由"坐忘"达到"虚静"的状态进而进入"物化"的境界的全过程。在这种境界中,人的心灵空前自由,不知何者为我、何者为物,主体与客体融合无间,这是艺术创造的最佳状态。以上寓言,就比较具体生动地展示了由"心斋"到"坐忘"再到"虚静"最后到"物化"这样一个复杂的审美过程的有机整体性。

从"心斋"到"坐忘"再到"虚静"最后到"物化"这样一个复杂的审美心胸活动的过程,还有其自身内在的发展逻辑。"心斋"强调内心空明澄澈,不为一切外物束缚,其重要特征就是保持内心的虚静。"坐忘"更强调要达到不受任何外物拘限的全忘状态,不但要忘形,而且要忘心。"虚静"强调摆脱一切外在功名利禄的搅扰,保持内心的澄明空寂。"物化"是在"心斋""坐忘""虚静"的基础上达到的主客体之间完全融合无间的心灵状态,这时审美主体已完全摆脱外物的束缚而与审美客体化而为一了。虚静是"心斋""坐忘"的结果,又是"物化"的起点。可以说,正是以虚静为核心,这种审美心境才能逐渐升级发展,最后达到物我完全不分的自由审美境界。审美主体通过"心斋""坐忘"的心灵修炼方式达到"虚静"的心灵状态,进而与审美对象、道"物化"为一,才能进入审美和体道的境界,领悟美和道的奥秘。

当一个人达到"形如槁木,心如死灰"(《齐物论》)的"丧我"状态时,就会"达生"。"达"指通晓、通达,"生"指生存、生命,"达生",就是通达生命的意思。《达生篇》中讲了这样一个故事:列子问关尹说:"道德修养臻于完善的至人潜行水中却不会感到阻塞,跳入火中却不会感到灼热,行走于万物之上也不会感到恐惧。请问为什么会达到这样的境界?"关尹以醉酒的人坠落车下,虽然满身是伤却没有死去为例,说明这样的人"是纯气之守也,非知巧果敢之列"。这是因为持守住纯和之气,并不是智巧、果敢所能做到的。由于守住了纯和之气,"彼将处乎不淫之度,而藏乎无端

第三章 审美心胸——心斋、坐忘

之纪。游乎万物之所终始,一其性,养其气,合其德,以通乎物之所造"。他们处在本能所为的限度内,藏身于无端无绪的混沌中,游乐于万物或灭或生的变化环境里,本性专一不二,元气保全涵养,德行相融相合,从而使自身与自然相通。虽然骨骼关节跟旁人一样而受到的伤害却跟别人不同,是因为"其神全也",因为他的神思高度集中,所以"乘亦不知也,坠亦不知也,死生惊惧不入乎其胸中",乘坐在车子上也没有感觉,即使坠落地上也不知道,死、生、惊、惧全都不能进入他的思想中,所以遭遇外物的伤害却全没有惧怕之感。"彼得全于酒而犹若是,而况得全于天乎?"从醉酒中获得保全完整的心态尚且能够如此忘却外物,何况从自然之道中忘却外物而保全完整的心态呢?

除此之外,庄子在《养生主》《达生篇》和《田子方》中还描写了许多类似的小故事,都十分形象地说明了如何摒除各种外欲,使心神宁寂事事释然,现整理如下:

故事一:庖丁解牛

> 庖丁为文惠君解牛,手之所触,肩之所倚,足之所履,膝之所踦,砉然响然,奏刀騞然,莫不中音,合于《桑林》之舞,乃中《经首》之会。文惠君曰:"嘻,善哉!技盖至此乎?"庖丁释刀对曰:"臣之所好者,道也,进乎技矣。始臣之解牛之时,所见无非牛者。三年之后,未尝见全牛也。方今之时,臣以神遇,而不以目视,官知止而神欲行。依乎天理,批大郤,导大窾,因其固然。技经肯綮之未尝,而况大軱乎!良庖岁更刀,割也;族庖月更刀,折也。今臣之刀十九年矣,所解数千牛矣,而刀刃若新发于硎。彼节者有间,而刀刃者无厚;以无厚入有间,恢恢乎其于游刃必有余地矣。是以十九年,而刀刃若新发于硎。虽然,每至于族,吾见其难为,怵然为戒,视为止,行为迟。动刀甚微,謋然已解,如土委地。提刀而立,为之四顾,为之踌躇满志,善刀而藏之。"文惠君曰:"善

哉！吾闻庖丁之言，得养生焉。"①

庄子借庖丁解牛的技艺修养，申说养生之道。庖丁"依乎天理""固其自然""以无厚入有间，恢恢乎其于游刃必有余地矣"的经验之谈，自然是因循天道，与天合一。故能有物我两忘的生命体验。

厨师给文惠君宰杀牛牲，分解牛体时手接触的地方，肩靠着的地方，脚踩踏的地方，膝抵住的地方，都发出砉砉的声响，快速进刀时騞騞的声音，无不像美妙的音乐旋律，符合《桑林》舞曲的节奏，又合于《经首》乐曲的乐律。文惠君说："嘻，妙呀！技术怎么达到如此高超的地步呢？"厨师放下刀回答说："我所喜好的是摸索事物的规律，比起一般的技术、技巧又进了一层。我开始分解牛体的时候，所看见的没有不是一头整牛的。几年之后，就不曾再看到整体的牛了。现在，我只用心神去接触而不必用眼睛去观察，眼睛的官能似乎停了下来而精神世界还在不停地运行。依照牛体自然的生理结构，劈击肌肉骨骼间大的缝隙，把刀导向那些骨节间大的空处，顺着牛体的天然结构去解剖，从不曾碰撞过经络结聚的部位和骨肉紧密连接的地方，何况那些大骨头呢！优秀的厨师一年更换一把刀，因为他们是在用刀割肉；普通的厨师一个月就更换一把刀，因为他们是在用刀砍骨头。如今我使用的这把刀已经十九年了，所宰杀的牛牲上千头了，而刀刃锋利就像刚从磨刀石上磨过一样。牛的骨节乃至各个组合部位之间是有空隙的，而刀刃几乎没有什么厚度，用薄薄的刀刃插入有空隙的骨节和组合部位间，对于刀刃的运转和回旋来说那是多么宽绰而有余地呀。所以我的刀使用了十九年刀锋仍像刚从磨刀石上磨过一样。虽然这样，每当遇上筋腱、骨节聚结交错的地方，我看到难以下刀，为此而格外谨慎不敢大意，目光专注，动作迟缓，动刀十分轻微。牛体霍霍地全部分解开来，就像是一堆泥土堆放在地

---

① 《庄子·内篇·养生主》。

第三章 审美心胸——心斋、坐忘

上。我于是提着刀站在那儿,为此而环顾四周,为此而踌躇满志,这才擦拭好刀收藏起来。"文惠君说:"妙啊,我听了厨师这一番话,从中得到养生的道理了。"

是什么让庖丁可以达到这样挥洒自如的境界？如果我们把实际的解牛过程称作"手解"的话,那么在"手解"之前,庖丁已经先有了"目解",而"目解"之前,则是"心解"和"神解"。如庖丁所说:"始臣之解牛之时,所见无非全牛者。三年之后,未尝见全牛也。方今之时,臣以神遇而不以目视,官知止而神欲行。"未尝见全牛的目无全牛,实际上就是"目解"。在庖丁的眼中,各种的关节骨骼纹理清晰地呈现,牛早已经被分解成不同的部分。他好像是带着一个透视镜,这个时候动刀已经不是盲目的行为,而是由眼而手的自由的实践。不仅如此,"目解"之上,还有"神解"。对于为文惠君解牛的庖丁来说,他和牛的接触是凭借神(以神遇)而不是目光(不以用视)。所谓的"官知止而神欲行"表达的是一种得心应手的状态。在这个时候,依赖于外物同时也是区分物我的感官已经退场了,取而代之的是可以通同物我的神气。庖人和牛浑然一体,于是解牛也就不完全是一种外在的活动、一种工作,而是一种艺术的表现。

手解、目解和神解,很容易让我们想起心斋。在那里,耳、心和气也构成了"听"的几种不同的境界。虽然"听之以耳"和"听之以心"也有着高下之别,可是在有"我"因此也就有着"物""我"区分这一点上它们是共同的。这里仍然存在着一个外在于我的对象,因此,在我和对象之间仍然没有真正的"通"。如果没有这种通的话,我和物之间能够有真正的理解吗？我能够理解那天籁之音吗？但是,听之以气就不同,这个时候,我被虚化了。我的虚化当然不是表现为身体或者生命的消失而是心的无何有的状态。在这个状态中,随着我的消失,物和我的界限也就消失了,世界通同为一个整体。就像是庖丁的解牛,在这个过程中庖丁、刀和牛已经融为一体。

这里庄子借解牛技艺的锻炼来体会自然天道的规律,所以,庖丁解牛实质上是炼技和"闻道"统一的修养活动,是修性的养生之学。首先,要有虚静的心理状态。即通过"忘"而使主体的认知思维由"以我观物"向"以物观物"转变。如同未体道时"见山是山,见水是水",体道时"见山不是山,见水不是水",得道时,"见山还是山,见水还是水"一样,这是由忘物、丧我而心理虚静的修养活动。其次,在体道过程中,物我既融为一体,自然在劳动创造活动中就伴随着彻悟生命哲理的直觉体验,它是一种审美性质的精神快感。庖丁解牛的过程之所以是美的,正是在对象中发现自我的创造本质的一种审美快感的流露。正因为"以天合天"的修养活动能使人精神快乐,永葆青春,所以,文惠君能在庖丁解牛的活动中领悟到养生之道。

故事二：佝偻承蜩

> 仲尼适楚,出于林中,见佝偻者承蜩,犹掇之也。仲尼曰："子巧乎！有道邪？"曰："我有道也。五六月累丸二而不坠,则失者锱铢；累三而不坠,则失者十一；累五而不坠,犹掇之也。吾处身也,若厥株拘；吾执臂也,若槁木之枝。虽天地之大,万物之多,而唯蜩翼之知。吾不反不侧,不以万物易蜩之翼,何为而不得！"孔子顾谓弟子曰："用志不分,乃凝于神,其佝偻丈人之谓乎！"①

"佝偻承蜩"讲的是凝神结虑,"形全精复,与天为一"的玄理。孔子到楚国去,走出树林,看见一个驼背老人正用竿子粘蝉,就好像在地上拾取一样。孔子说："先生真是巧啊！有门道吗？"驼背老人说："我有我的办法。经过五六个月的练习,在竿头累迭起两个丸子而不会坠落,那么失手的情况已经很少了；迭起三个丸子而不坠落,那么失手的情况十次不会超过一次了；迭起五个丸

---

① 《庄子·外篇·达生》。

第三章 审美心胸——心斋、坐忘

子而不坠落,也就会像在地面上拾取一样容易。我立定身子,犹如临近地面的断木,我举竿的手臂,就像枯木的树枝;虽然天地很大,万物品类很多,我一心只注意蝉的翅膀,从不思前想后左顾右盼,绝不因纷繁的万物而改变对蝉翼的注意,为什么不能成功呢!"孔子转身对弟子们说:"运用心志不分散,就是高度凝聚精神,恐怕说的就是这位驼背的老人吧!"

驼而又老,按一般情况说,做什么事都已很困难了。可是"佝偻丈人"却掌握了捕蝉"犹掇之也"的绝技。"佝偻丈人"之"巧"的获得,苦练技巧是其重要因素,但更为重要的还是对"道"的修炼,"虽天地之大,万物之多,而唯蜩翼之知";"不反不侧,不以万物易蜩之翼",实际上就是由技入道的境界,这种"道"就是"用志不分,乃凝于神"。它是一种忘物、忘俗、忘我的境界,在这种境界中,一切私心杂念都已被排除;一切世俗的名利是非都被抛弃。进入了"道"的境界,就不再受任何世俗干扰,不再为功名所诱,荣辱不惊,生死无变。这种"道"的境界,也可以说就是"无功""无名"的境界。庄子认为,人只要达到了"无功""无名"的"道"的境界,就可以摆脱外物的束缚,达到一种人生的超脱。这种超脱能使人心境空灵平静,精神凝聚专一,心无旁骛,专注于自己事业的有成。反之,一个人心中若填满了名利世故,是非得失,来留下一片虚灵之地,就不可能专注于在事业中开辟境界,也就难获得事业的成功。

故事三:津人操舟

> 颜渊问仲尼曰:"吾尝济乎觞深之渊,津人操舟若神。吾问焉,曰:'操舟可学邪?'曰:'可。善游者数能。若乃夫没人,则未尝见舟而便操之也'。吾问焉而不吾告,敢问何谓也?"仲尼曰:"善游者数能,忘水也。若乃夫没人之未尝见舟而便操之也,彼视渊若陵,视舟之覆,犹其车却也。覆却万方陈乎前而不得入其舍,恶往而不暇!以瓦注者巧,以钩注者惮,以黄金注者殙。其巧一

也,而有所矜,则重外也。凡外重者内拙。"①

津人之所以能操舟若神,贵在不为外物所牵累,无功无名,心境开阔,精神自由,故其操舟能达到出神入化的境地。

颜渊向老师孔子请教说:"有一次,我渡过一个叫觞深的深渊,那里摆渡的人驾起船来如有神助。我问他们:'这驾船的技术可以学习吗?'他们回答说:'可以,会游泳的人经过几次练习也就会了,如果是可以潜水的人,就算之前没有看过船,也能即刻上手。'我问他为什么,但他就不再告诉我了。请问这是什么道理呢?"

孔子说:"会游泳的人几次就能学会,那是因为他可以忘记水的可怕。至于那会潜水的人就算没有见过船也能驾驭,那是因为对他来说,深渊就像是陆地上的小山罢了,看待翻船也不过是车子在坡地上打滑倒退几步而已。所以,就算翻船退车这种事有万般危险在眼前,他也不会放在心上,这样,到哪里都能保持从容不迫了!那用便宜的瓦器当赌注的人,赌起来心里没有负担,技术就特别巧妙,但是用铜带钩当赌注的人,赌起来就胆战心惊。如果是用黄金下注的人,那赌输的恐惧会使他神志昏乱。其实赌博的技巧只有一种,但因为有所顾忌,被所看重的外物干扰了,所以结果不同。凡是过分重视外物的人,内心必定因受到牵绊而显得笨拙。"

津人操舟若神的深刻寓意是:贵在能忘掉外物,在人生的大风大浪磨炼中,不断熟悉水性,掌握水性,使之为人操舟服务。它有三层意思:

一是"操舟若神"并非神圣不凡,而是长期磨炼,在劳动实践中反复学习提高,经过无数次失败的惨痛教训得来的成功经验。直接的经验知识是熟练劳动技能形成的客观物质基础。脱离了这个实践基础,"技"与"能"便成为空中楼阁。

---

① 《庄子·外篇·达生》。

第三章 审美心胸——心斋、坐忘

二是熟练的劳动技能的培育过程,就是不断发现和掌握水性即流水运动变化的内在规律的过程。如在急流恶浪、狂风巨澜的危险情境中,怎能掌握避免翻船的高超技术,便是典型的问题之一。津人能达到不管翻船覆舟,还是逆水行舟,都能心中洞然无物,镇定自若,达到若神助其人的超凡入神的境界,说明他熟悉了水性,所以,建立在正确认识客观必然性基础上的操舟之法,便是对自由的现实获得,是一种难能可贵的劳动自由。

三是"进乎技,闻于道"的劳动技能修炼,是以"忘物"的人生态度为前提的。津人正是即于物而外物、心不为外物所动的无功利性的人生态度。凡是内心为外物所牵累的人,精神不自由,心灵不活脱,在方法上就显得很笨拙。只有无牵无挂,无烦无累,才能凝聚精神,认识掌握水的规律,为自己操舟服务,才能百炼成钢。

故事四:吕梁丈夫蹈水

> 孔子观于吕梁,悬水三十仞,流沫四十里,鼋鼍鱼鳖之所不能游也。见一丈夫游之,以为有苦而欲死也,使弟子并流而拯之。数百步而出,被发行歌而游于塘下。孔子从而问焉,曰:"吾以子为鬼,察子则人也。请问:蹈水有道乎?"曰:"亡,吾无道。吾始乎故,长乎性,成乎命。与齐俱入,与汨偕出,从水之道而不为私焉。此吾所以蹈之也。"孔子曰:"何谓始乎故,长乎性,成乎命?"曰:"吾生于陵而安于陵,故也;长于水而安于水,性也;不知吾所以然而然,命也。"[①]

吕梁丈夫高超游水技能的秘诀就在于忘掉"成心""私见",顺从自然,认识并掌握了自然的规律,所以才能无所不往,无所不得。

[①] 《庄子·外篇·达生》。

孔子在吕梁观赏，瀑布高悬二三十丈，冲刷而起的激流和水花远达四十里，鼋、鼍、鱼、鳖都不敢在这一带游水。只见一个壮年男子游在水中，还以为是有痛苦而想寻死的，派弟子顺着水流去拯救他。忽见那壮年男子游出数百步远而后露出水面，还披着头发边唱边游在堤岸下。孔子紧跟在他身后问他，说："我还以为你是鬼，仔细观察你却是个人。请问，游水也有什么特别的门道吗？"那人回答："没有，我并没有什么特别的方法。我起初是故常，长大是习性，有所成就在于自然。我跟水里的旋涡一块儿下到水底，又跟向上的涌流一道游出水面，顺着水势而不作任何违拗。这就是我游水的方法。"孔子说："什么叫作'起初是故常，长大是习性，有所成就在于自然'呢？"那人又回答："我出生于山地就安于山地的生活，这就叫作故常；长大了又生活在水边就安于水边的生活，这就叫作习性；不知道为什么会这样而这样生活着，这就叫作自然。"

　　吕梁丈夫在悬水三十仞的急流恶浪中，竟然心中洞若无物，宛如嬉戏，足见其游水技艺的高超，达到了惊犹鬼神的境界。那他游水的秘诀是什么呢？最关键的是他"从水之道而不为私"，"从水之道"即遵循水流动变化的规律，"不为私"即不存私心杂念，无功名利欲之心，忘却了身外存在的事物，只有流水。忘杂念而存一念，精神集中专一，便自然把全部身心投入熟悉掌握水之道的技能修养中。吕梁丈夫所谓"生于陵而安于陵""生于水而安于水"，便是这种聚精会神认识水性的"忘"的人生态度的修炼过程。正因为他是在认识掌握客观规律的前提下培养磨炼自己的游水技能的，所以便能得到一种由衷的精神快感。所以，吕梁丈夫披发行歌，是不由自主，具有不知所以，不先其具，不问其礼的特点。

　　这个寓言是"进乎技，闻于道"的典型实例，是在自然天道规律指导下掌握技能的实践修养，也是通过具体生活的劳动技艺实践活动来修道闻道的过程。但是，由于它具有超功利而合规律性合目的性的统一的审美体验的特点，故多为后世文艺创作所

第三章 审美心胸——心斋、坐忘

推崇。其中,"从水之道而不为私""生于陵而安于陵""生于水而安于水",都是文艺创作者素养的经验之谈。"不知吾所以然而然",是文艺创作过程中合规律性与合目的性相统一的艺术规律的典型概括。"被发行歌而游"是艺术创作中审美体验的表达方式。庄子本无心于艺术创作,但其问道方法和修养方法正是以移情、通感、超功利等为特征的艺术创作之道。

故事五:梓庆为鐻

> 梓庆削木为鐻,鐻成,见者惊犹鬼神。鲁侯见而问焉,曰:"子何术以为焉?"对曰:"臣工人,何术之有?虽然,有一焉。臣将为鐻,未尝敢以耗气也,必齐以静心。齐三日,而不敢怀庆赏爵禄;齐五日,不敢怀非誉巧拙;齐七日,辄然忘吾有四肢形体也。当是时也,无公朝。其巧专而外滑消,然后入山林,观天性;形躯至矣,然后成见鐻,然后加手焉;不然则已。则以天合天,器之所以疑神者,其由是与!"①

梓庆为鐻,既是体道的修养过程,也是艺术创造活动。从"忘"而致虚,由以物观物到艺术再现,因其成鐻在胸,故人有惊犹鬼神之叹。

有位名叫庆的木工削木做鐻,鐻做成了,看见的人惊为鬼斧神工。鲁侯见了问道:"你用什么技术做成的呢?"庆回答说:"我是个工人,哪里有什么技术!不过,我要做鐻的时候,不敢耗费精神,必定斋戒来安静心灵。斋戒三天,不敢怀着庆赏爵禄的心念;斋戒五天,不敢怀着毁誉巧拙的心意;斋戒七天,不再想念我有四肢形体。在这个时候,忘记了朝廷,技巧专一而外扰消失;然后进入山林,观察树木的质性;看到形态极合的,一个形成的鐻钟宛然呈现在眼前,然后加以施工;不是这样就不做。这样以我

---

① 《庄子·外篇·达生》。

的自然来合树木的自然,鐻所以被疑为神工,就是这样吧!"

梓庆动工前的斋戒其实就是斋心,一层层地将人的欲望斋除,一步步地接近于自然的本性,直到凝聚精神为止。这样心性才能和自然相冥合,选择出相应的木材。而在技术精良,质材合适的情况下,就能做出鬼斧神工的作品。

这则寓言是庄子艺术创作论的典型实例。首先是虚静的创作心态的培养,梓庆的斋戒即是由忘而致虚的修养过程。长期的超脱功名,超越自我的修养,使修养者主体心志专一,凝神聚意,进入了虚静的心理状态,这种心态是梓庆观察体味自然物的基本态度,唯其虚,便能虚而待物,以物观物。其次是观察认识自然物本质特征的艺术实践活动,即深入大自然,细致观察花草鸟兽的形体状态和内在神情的艰苦的体验生活。在不知不觉的刹那间,终于揣摩体悟到了艺术创造对象的形态和神态,如同生机勃勃的自然物一样,倏然呈现于个体的明澈如镜的心灵世界,这便是注入了人的情感意识的艺术创造的意象。最后是表达、再现艺术创造物的过程,即指把心灵世界中呈现出来的活脱脱的艺术形象转化为物的过程。

清人郑板桥在画竹的经验之谈中说:"江馆清秋,晨起看竹,烟光、日影、露气,皆浮动于疏枝密叶之间。胸中勃勃,遂有画意。其实胸中之竹,并不是眼中之竹也。因而磨墨展纸,落笔倏作变相,手中之竹又不是胸中之竹也。"

郑板桥系统论述了客观自然物、主观感受和艺术表达再现三者之间的关系。"胸中勃勃"说明艺术创作冲动来源于对自然对象的浓厚兴趣和好奇心。"胸中之竹"是对"眼中之竹"的观察认识和主观感受,而"手中之竹"又是对这种主观认识的客观表达,三者缺一不可。但是,他明确指出了三者之间的细微差别,这是人的主观能动性在艺术创造活动中的表现,是艺术创作,即艺术来源于生活,但高于生活。

第三章 审美心胸——心斋、坐忘

故事六：列御寇为射

> 列御寇为伯昏无人射，引之盈贯，措杯水其肘上，发之，适矢复沓，方矢复寓。当是时也，犹象人也。伯昏无人曰："是射之射，非不射之射也。尝与汝登高山，履危石，临百仞之渊，若能射乎？"于是无人遂登高山，履危石，临百仞之渊，背逡巡，足二分垂在外，揖御寇而进之。御寇伏地，汗流至踵。伯昏无人曰："夫至人者，上窥青天，下潜黄泉，挥斥八极，神气不变。今汝怵然有恂目之志，尔于中也殆矣夫！"①

列御寇为伯昏无人表演射箭的本领，他拉满弓弦，又放置一杯水在手肘上，发出第一支箭，箭还未至靶，紧接着又搭上了另一支箭，刚射出第二支箭而另一支又搭上了弓弦。在这个时候，列御寇的神情真像是一动也不动的木偶人似的。伯昏无人看后说："这只是有心射箭的箭法，还不是无心射箭的射法。我想跟你登上高山，脚踏危石，面对百丈的深渊，那时你还能射箭吗？"于是伯昏无人便登上高山，脚踏危石，身临百丈深渊，然后再背转身来慢慢往悬崖退步，直到部分脚掌悬空这才拱手恭请列御寇跟上来射箭。列御寇伏在地上，吓得汗水直流到脚后跟。伯昏无人说："一个修养高尚的'至人'，上能窥测青天，下能潜入黄泉，精神自由奔放达于宇宙八方，神情始终不会改变。如今你胆战心惊有了眼花恐惧的念头，你要射中靶不就很困难了吗？"

庄子说："凡外重而内拙。"（《达生》）"外重"就是功名心太重。太看重功名，就会使人患得患失，顾虑重重，压力太大，从而造成"内拙"。因此只有"无功""无名"，摆脱思想包袱、精神压力、外物束缚，超脱于利害得失之上，保持精神自由，才能畅达生命的弘致，正常良好地发挥自己。所以庄子把"无"作为"有"的前提，

---

① 《庄子·外篇·田子方》。

要求人们通过"无功无名"去获得"有功有名"。庄子的这一思想是非常深刻的。一般人只知通过"有"去达到"有",即抱着立功立名之心去追求功名,而不知迈过"无"去达到"有",即以无功名之心去获得功名。庄子的"无功""无名"实际上是引导人们,迈过超越功名去建立功名,这是人生的一种大智慧。

第四章　自然观——天地有大美

一、现代美学中自然美的困境

从美学史上来看，在 18 世纪确立的现代美学系统中，除了极少数美学家之外，自然美的问题不是处于极端边缘化的地位，就是被彻底遗忘了，艺术成了美学关注的唯一对象。比如，谢林就直接用艺术哲学为名来称呼他的美学讲演。尽管黑格尔并没有舍弃美学的名称，但他觉得最合适的名称应该是"艺术哲学"，他之所以用"美学"而不用"艺术哲学"完全是因为前者已经成为习惯的用法。尽管黑格尔的《美学》没有完全摈弃自然美，但是将它放到了一个极不恰当的位置上。黑格尔说："我们肯定地说，艺术美高于自然。因为艺术美是由心灵产生和再生的美，心灵和它的产品比自然和它的现象高多少，艺术美也就比自然美高多少。"[①]"只有心灵才是真实的，只有心灵才涵盖一切，所以一切美只有涉及这较高境界而且由这较高境界产生出来时，才真正是美的。就这个意义来说，自然美只是属于心灵的那种美的反映，它所反映的只是一种不完全不完善的形态，而按照它的实体，这种形态原已包涵在心灵里。"[②] 在阿多诺看来，启蒙时期的美学家之所以忽视自然美，完全是人理性过分的结果，"自然美之所以从美学中消失，是由于人类自由和尊严观念至上的不断扩张所致"。因为"自然美的继续出现会触动一个痛点，让人联想起每件艺术

---

① 黑格尔.美学（第一卷）[M].朱光潜，译.北京：商务印书馆,1991：4.
② 黑格尔.美学（第一卷）[M].朱光潜，译.北京：商务印书馆,1991：5.

作品作为纯粹的人工制品对自然的东西所犯下的暴力行为。完全人为的艺术作品,与似乎并非人造的自然截然对立"。启蒙思想家这种将人与自然对立起来的构想,被今天的思想家批判为人类中心主义。由于人类中心主义导致了严峻的生态危机,今天的思想家和艺术家都力图摆脱人类中心主义的局限,正是在这种新的时代背景下,自然美或环境美学开始成为当代美学的热门话题。

然而,环境美学的兴起,给以艺术为中心的现代美学提出了多方面的挑战。比如,从审美对象上看,环境就远不如艺术作品那样确定,这不仅因为环境一般来说都没有像艺术作品那样的明显的边界,而且因为欣赏者可以在环境之中而不能在艺术作品之中,在环境之中的欣赏者的任何举动,都会导致作为欣赏对象的环境本身的改变。由于作为审美对象的环境具有明显不同于艺术作品的特征,因此许多环境美学家主张,针对环境的审美模式应该不同于针对艺术作品的审美模式。由于在构成环境的诸因素中,与艺术作品形成典型对照的主要是自然物,因此这里将自然审美作为环境审美的典型来考察。就像绝大多数的环境美学问题的解决最终都牵涉美学基础理论的变革一样,对于环境审美模式的考察,最终将触及对美与审美经验这样的核心美学问题的重新思考。

事实上,西方美学史并不是从一开始就无视自然美的存在。就是在康德的《判断力批判》中,自然美仍然比艺术美占有更为优越的地位。自然美的失落是从康德之后的谢林、席勒、黑格尔等德国古典主义美学家那里开始的。而自然美终究不可以被取消。阿多诺指出:"自然美从美学中消失,是因为人的自由和尊严概念膨胀至极端的结果。"尤其是当人们开始以一种与理性文明迥然不同的眼光来欣赏周围世界的时候,当人们对现代理性文明进行怀疑、批判,进而对整个人类文明的发展方向产生困惑的时候,自然美的意义就显得尤其重要了。

"自然"是中国传统的最高审美理想。作为道家的庄子无疑继承了老子的自然观。老子的自然观是一种以自然为美的思想,

第四章 自然观——天地有大美

追求一种自然和谐、纯真素朴的境界。"自然"一词最先出现在《老子》中,是《老子》首创的概念。老子的"自然"就是按其本性天然自成,自然而然。

"道法自然"充分说明了自然与道的关系。《老子》第二十五章说"人法地,地法天,天法道,道法自然",认为道以自然为法,这样,自然就成为道的根本法则、根本性质,这就奠定了自然的崇高地位:万物崇尚自然,以顺应本性为法。《老子》所谓"道生一,一生二,二生三,三生万物。万物负阴而抱阳,冲气以为和。"强调阴阳化生的宇宙和谐之道。阴阳对立而统一,"冲气以为和",从中体现了宇宙和谐的生命精神,这是老子自然观的具体表现。老子从道法自然出发,认为只有在遵循自然这一普遍法则的前提下,万物才能够和谐共存。这对后世的艺术观和审美观产生了重要而深远的影响。

庄子认为自然是美的。《知北游》说:"天地有大美而不言,四时有明法而不议,万物有成理而不说。圣人者,原天地之美而达万物之理。是故至人无为,大圣不作,观于天地之谓也。"天地具有伟大的美但却无法用言语表达,四时运行具有显明的规律但却无法加以评议,万物的变化具有现成的定规但却用不着加以谈论。圣哲的人,探究天地伟大的美而通晓万物生长的道理,所以"至人"顺应自然无所作为,"大圣"也不会妄加行动,这是说对于天地作了深入细致的观察。

在庄子看来,美就在道中,我们如果接近和体悟到了道的境界,也就进入了审美的境界。《天道》中说:"言以虚静推于天地,通于万物,此之谓天乐。"意思是说,把虚静之心推广到天地之间,通达于万物,这就是天乐,也就进入审美的境界了。这就是说,一个人只有保持住了内心的虚静,才能感受到审美对象的生动形象,进而体悟到审美形象所蕴含的丰富意蕴。《齐物论》中说:"人籁不及地籁,地籁不及天籁。"人籁是从人造的各种不同的丝竹乐器里发出的声音,地籁是从自然界各种窍穴里发出的风声,天籁则是使所有的声音发生和停息的原因本身,是人籁和地籁得以萌生和日夜更迭的根本所在。

西方很多自然哲学家基本的精神和观点则和庄子有很大的不同。希腊人往往把自然界看成无意义的物质世界；中世纪更视之为实现人性虚荣欲望的活动场所，因而把它当作罪恶之城；及于近代，则把自然界看为数理秩序、物理秩序的中立世界，并排除一切真善美的价值，以视之为非价值的领域。西方的自然哲学，以客观世界为对象，人类处于卑微的地位。尤其是早期希腊哲学思想，均不出自然的范围，那些哲学家所注意的是外在的世界，并持科学的态度加以剖析了解。至于人类，则仅被视为自然的一部分，因而对人类生命的活动及价值，便忽略不谈。庄子的自然哲学则不然，他以人类为本位，并将生命价值灌注于外在自然。同时，复将外在自然点化而为艺术的世界。由是，在庄子的哲学中，人与自然的关系不似西方常处于对立的"分割"状态，而是融成一个和谐的整体世界。

许多西方哲学家，将自然视为价值中立的世界，更有不少人将自然视为负价值的领域，遂使人和自然的关系处于冲突与斗争中。罗素谈到人类的"三种冲突"时说："人的天性总是要和什么东西冲突的"，并视人的斗争有三种，第一种就是"人和自然的冲突"，而斗争胜利便是生存的要件，胜利者往往以征服者的姿态出现，他们将自然视为一种束缚，为了解除束缚，于是致力去认识它、克服它。西方科学知识与科学技术能够如此发达，大抵可说是这一态度所促成的。

综合来看，西方以往的形而上学家，对于自然均表现出一种超越的观念。他们常在自然之外，幻想另一超自然以为对立。到了近代，哲学家才借助于科学知识，就自然本身作出剖析，这是属于纯理论系统的建构，而他们和自然接触后的态度，却迥异于庄子。在庄子心目中，广大的自然乃是各种活泼生命的流行境域，所以庄子不凭空构造一个虚空的超自然，也不将现有的自然视为沉滞的机械秩序。

庄子认为自然是生我、养我、息我的场所，我们的衣食取之于

第四章 自然观——天地有大美

自然,游乐凭借着自然,阳光空气、春风秋月,都是大自然给我们的"无尽藏"宝物。所以在庄子心中,人和自然之间根本没有冲突,相反,彼此间表现着和谐的气氛。天籁与地籁相应,地籁与人籁相应,自日月星辰,山河大地,以至于人身也是一个大和谐。

庄子的自然观,影响后人很大,这种思想也可说代表了中国人心境上一个显著的特征。后世"游于万化"的艺术精神和"返回自然"的文学呼声,都是在庄子哲学中寻得启示。陶渊明"久在樊笼里,复得返自然"的感慨,亦道出了庄子的心声,同时也表明了人事无异于罗网,唯有自然乃最为赏心悦目的去处。"山林欤,皋壤欤,使我欣欣然而乐欤!"大自然对于庄子心境的熏染,无疑是深刻的,再加上他那独特的审美意识,所以在他看来,大自然就是一个美的境地,我们根本无须在世外另找桃源。他深爱这个自然世界,因而对它采取同情与观赏的态度。

二、自然美的观赏方式

关于自然审美,当代环境美学提出了许多模式,它们可以概括为分离和介入两类。

由于现代美学的主要研究对象是艺术而非自然,因此在对待自然的审美问题上,现代美学往往参照针对艺术的审美样式。现代美学要求我们将艺术视为一个自律的整体,用无利害的态度来静观它。现代美学确立这种关于艺术的审美模式,也影响到我们对自然的审美,换句话来说,我们是用欣赏艺术的方式来欣赏自然,由此形成了两种针对自然的审美模式,卡尔松称之为对象模式和景观模式。对象模式将自然环境视为雕塑,景观模式将环境视为绘画。我们在用对象模式来欣赏自然环境的时候,喜欢关注某些特别突出的自然对象(比如奇松异石),用物理的方法(比如加上围栏)或者从心理上将它们从周围环境中完全孤立出来,欣赏它们的形式特征。我们在用景观模式来欣赏自然环境的时候,则力图将自然环境视为"如画的"。如同"如画的"这个词语在字面上所意味的那样,我们需要将自然环境看作一幅图画。除了从心理上将自然环境加上边框以便它能从更大的环境中凸显出来之外,我们还要学会将它视为二维的画面。与对象模式一样,景观模式也着重关注自然的形式特征。在当代环境美学家看来,现代美学的这两种自然审美模式都是分离式的。

当代环境美学家都不太赞同用欣赏艺术作品的方式来欣赏自然环境,因为如果这样的话就不是将自然作为自然来看待。当代环境美学家从而从不同角度对自然审美的分离模式进行了批判,力图确立一种适合自然审美的新的审美模式。当代环境美学家所确立的新的自然审美模式,就是所谓的介入模式。柏林特是这种模式的有力倡导者,如上所述,分离模式强调审美主体与审美对象保持距离。作为与分离模式相反的介入模式,强调审美主体要全面介入对象的各个方面,与对象保持最亲近的、零距离的接触。

事实上,在现代美学中,早就存在两种审美模式的对立。比如,朱光潜在《文艺心理学》中采用德国美学家弗莱因斐尔斯的说法,将审美者分成两类,一类为"分享者",一类为"旁观者"。"'分享者'观赏事物,必起移情作用,把我放在物里,设身处地,分享它的活动和生命。'旁观者'则不起移情作用,虽分明觉察物是物,我是我,却仍能静观其形象而觉其美。"[1]这里的"旁观者"与"分享者"之间的区分,大致相当于当代环境美学中的分离模式与介入模式之间的区分。现代美学的主要任务,是剔除"分享者"的审美模式,维护"旁观者"的审美模式。因此,全面继承了西方现代美学的一般观念的朱光潜,表面上把这两种审美者看得同等重要,但实际上是重视"旁观者"的。朱光潜引用罗斯金、狄德罗等人的观点,说明"旁观者"要比"分享者"高一个层次。分享者"这一班人看戏最起劲,所得的快感也最大。但是这种快感往往不是美感,因为他们不能把艺术当作艺术看,艺术和他们的实际

---

[1] 朱光潜.文艺心理学[M].合肥:安徽教育出版社,1996:52.

人生之中简直没有距离,他们的态度还是实用的或伦理的。真正能欣赏戏的人大半是冷静的旁观者,看一部戏和看一幅画一样,能综观全局,细察各部,衡量各部的关联,分析人物的情理。"[1]

与属于哲学阵营的环境美学家喜欢用介入与分离来表达两种审美模式之间的差别不同,属于人文地理阵营的景观美学家则喜欢用内在者与外在者来表达这种差异。比如,布拉萨在《景观美学》中就强调内在者与外在者的区别。内在者通常被认为是长期生活在某个地方的本地居民,他们与周围环境有一种存在论上的密切关系;外在者通常被认为是旅游观光者,他们只是某处自然景观前的匆匆过客。人文地理学者强调内在者的感受具有优先性,因为我们毕竟更多时候是作为居民生活在某个环境之中,观光客不是我们的正常生存方式。

显然,导致柏林特主张介入的审美模式是这样一个事实:我们无法将环境作为对象来静观。将环境作为对象来静观需要我们站到环境之外,就像我们必须在一幅绘画的对面才能静观这幅绘画一样,但我们不可能在环境之外,我们总是在环境之中。因此,如果说我们可以采取分离模式来欣赏一幅绘画的话,我们绝不可以采取分离模式来欣赏环境,这就迫使我们去寻找适宜于环境的审美模式,在柏林特看来,这种适宜于环境的审美模式就是他所倡导的介入模式。

三、天人合一

钱穆先生认为,中国文化中,"天人合一"观是整个中国传统文化思想之归宿处,是中国文化对人类最大的贡献。从来世界人类最初碰到的困难问趣,便是有关天的问题。中国文化过去最伟大的贡献,在于对"天""人"关系的研究。中国人喜欢把"天"与"人"配合着讲。西方人喜欢把"天"与"人"离开分别来讲。换句话说,他们是离开了人来讲天。这一观念的发展,在今天,科学

---

[1] 朱光潜.文艺心理学[M].合肥:安徽教育出版社,1996:53.

越发达,越易显出它对人类生存的不良影响。

中国人是把"天"与"人"和合起来看。中国人认为"天命"就表露在"人生"上。离开"人生",也就无从来讲"天命"。离开"天命",也就无从来讲"人生"。所以中国古人认为"人生"与"天命"最高贵最伟大处,便在能把他们二者和合为一。离开了人,又从何处来证明有天。所以中国古人,认为一切人文演进都顺从天道来。违背了天命,即无人文可言。"天命""人生"和合为一,这一观念,中国古人早有认识。"天人合一"观,是中国古代文化最古老最有贡献的一种主张。

西方人常把"天命"与"人生"划分为二,他们认为人生之外别有天命,显然是把"天命"与"人生"分作两个层次、两个场面来讲。如此乃是天命,如此乃是人生。"天命"与"人生"分别各有所归。此一观念影响所及,则天命不知其所命,人生亦不知其所生,两截分开,便各失却其本义。决不如古代中国人之"天人合一"论,能得宇宙人生会通合一之真相。

所以西方文化显然需要另有天命的宗教信仰,来作他们讨论人生的前提。而中国文化,既认为"天命"与"人生"同归一贯,并不再有分别,所以中国古代文化起源,亦不再需要像西方古代人的宗教信仰。在中国思想,"天""人"二者间,并无"隐""现"分别。除却"人生",你又何处来讲"天命"。这种观念,除中国古人外,亦为全世界其他人类所少有。

总之,中国古代人,可称为抱有一种"天即是人,人即是天,一切人生尽是天命的天人合一观"。这一观念,亦可说即是古代中国人生的一种宗教信仰,这同时也即是古代中国人主要的人生观,亦即是其天文观。如果我们今天亦要效法西方人,强要把"天文"与"人生"分别来看,那就无从去了解中国古代人的思想了。

即如孔子的一生,便全由天命,细读《论语》便知。子曰:"五十而知天命","天生德于予"。又曰:"知我者,其天乎!……获罪于天,无所祷也。"倘孔子一生全可由孔子自己一人作主宰,不关天命,则孔子的天命和他的人生便分为二。离开天命,专论

第四章 自然观——天地有大美

孔子个人的私生活,则孔子一生的意义与价值就减少了。就此而言,孔子的人生即是天命,天命也即是人生,双方亦价值无穷。换言之,亦可说,人生离去了天命,便全无意义价值可言。但孔子的私生活可以这样讲,别人不能。这一观念,在中国乃由孔子以后战国时代的诸子百家所阐扬。

读《庄子·齐物论》,便知天之所生谓之物。人生亦为万物之一。人生之所以异于万物者,即在其能独近于天命,能与天命最相合一,所以说"天人合一"。此义宏深,又岂是人生于天命相离远者所能知。如果使人生离于天命远,则人生亦同于万物,与万物无大相异,亦无足贵矣。故就人生论之,人生最大目标、最高宗旨,即在能发明天命。孔子为儒家所奉称最知天命者,其他自颜渊以下,其人品德性之高下,即各以其离于天命远近为分别。这是中国古代论人生之最高宗旨,后代人亦与此不远。这可以说是我中华民族论学分别之大体所在。

钱先生晚年认为,近百年来,世界人类文化所宗,可说全在欧洲。最近五十年,欧洲文化近于衰落,此下不能再为世界人类文化向往之宗主。所以可说,最近乃是人类文化之衰落期。此下世界文化又将何所向往?这是今天我们人类最值得重视的现实问题。

以过去世界文化之兴衰大略言之,西方文化一衰则不易兴,而中国文化则屡仆屡起,故能绵延数千年不断。这可说,因于中国传统文化精神,自古以来即能注意到不违背天,不违背自然,且又能与天命自然融合一体。仅举"天下"二字来说,中国人最喜言"天下"。"天下"二字,包容广大,其含义即有使全世界人类文化融合为一,各民族和平并存,人文自然相互调适之义。其他亦可据此推想。

这种思想为中国古代对自然的审美方法提供了便利,使中国古代自然审美为后人提供了可资借鉴的重要方法。这一点突出地表现在庄子所提出的"游于物"的自然观赏方式。

中国人很早就发现了天地自然之美,"日月丽乎天,百谷草木丽乎土","日居月诸,出自东方","倬彼云汉,为章于天",那么古代中国人到底如何欣赏天地自然之美呢？《易传》说："易与天地准，故能弥纶天地之道。仰以观于天文，俯以察于地理，是故知幽明之故。原始反终，故知死生之说。""古者包牺氏之王天下也，仰则观象于天，俯则观法于地，观鸟兽之文，与地之宜，近取诸身，远取诸物，于是始作八卦，以通神明之德，以类万物之情。"因此"仰观"与"俯察"可用来指称古代中国人最早观察与欣赏自然的方式，南开大学薛富兴教授认为，"游物"是中国古代最重要的自然观赏方式之一。① "游物"观念起于庄子的"逍遥游"。"逍遥游"的主旨乃是人在天地自然中获得心灵自由。其理想义指人类悠游于无穷、无待之境，然无现实性。其现实义指个体人类暂时自觉地摆脱社会性事务，投身于自然环境，在游走、观赏和体验自然对象与环境的过程中获得一种心理放松或具陌生化效果之精神亢奋，从而达致心身两畅的状态。这无疑是一种"介入式"的自然审美方式。

此种语境下的自然欣赏所针对的不是单个自然对象，而是众多自然对象，所应用的不是静态观照，而是动态，且多感官的感知与把握方式，所涉及的不只是自然对象，而是由众多个体自然对象所构成的立体性时空——自然环境，因此它是一种更为复杂、综合的自然审美形态。

"游物"之法关键在于"游"字，它是一种主体在动态游走状态中感知、理解与体验自然的方法。欣赏者的身体与感官只要一动起来，所能感知到的便是众多的对象，众多的特性。随着身体的移动，欣赏视角也在变化，审美体验也会变化。庄子的"游物"之法与"游物"之趣在后世得到忠实继承，以至于士大夫普遍地培养起一种特殊的审美偏执——"烟霞痼疾，泉石膏肓"。由于"游物"是自然审美欣赏最质朴的一种观照方式——游走中观赏自然，因此，大部分山水文字均可视为"游物"之记录。

---

① 薛富兴.中国古代自然审美方法[J].云南师范大学学报（哲学社会科学版），2014（3）.

第四章 自然观——天地有大美

> 东郡趋庭日，南楼纵目初。浮云连海岱，平野入青徐。
> 孤嶂秦碑在，荒城鲁殿馀。从来多古意，临眺独踌躇。

> 楼观岳阳尽，川迥洞庭开。雁引愁心去，山衔好月来。
> 云间连下榻，天上接行杯。醉后凉风起，吹人舞袖回。

也许正是"游物"这一在游走中欣赏自然的独特方法导致了中国古代山水画散点透视法。由于画家的每一幅画均非固定地静观与再现某一特定的山水对象，而是回忆或想象了自己动态地感知与体验山水环境的一段过程，于是在画面中所呈现者众，视角亦随身体、意念之游走而时有变化，整个画面便具有了时间性，成为一种随游观者身体、视角和意念之变化渐次展开的环境自然，一种高度叙事化、时间化，因而也不可避免地主观化的自然景观。

> 世之笃论，谓山水有可行者，有可望者，有可游者，有可居者。画凡至此，皆入妙品。但可行可望不如可居可游之为得，何者？观今山川，地占数百里，可游可居之处十无三四，而必取可居可游之品。君子之所以渴慕林泉者，正谓此佳处故也。故画者当以此意造，而鉴者又当以此意穷之，此之谓不失其本意。[①]

如果说庄子的"逍遥游"观念为后人游走式地欣赏自然提供了一种方法原型；那么，当宋元山水画自觉地应用此观念，将它发展为一套成熟的散点透视法，一种综合性的"可行、可望、可游、可居"性景观构造法时，这些山水画作又反过来强化了我们独特的自然观照模式——"游物"——在动态游走中感知和欣赏自然的自然审美理念，这是一个双向回环的过程。

---

① 郭熙《林泉高致》。

《庄子》美学的现代解读

"游物"之深者又可谓之"物化"。"化"是庄子为后人提供的又一重要概念,它指主体自觉地去除了物我区别意识,有意识地与所观照对象在心理意识上融为一体,在心理状态上形成与物为一的境界。"物化"论是庄子天人观的最高级形态,是庄子万物一体学说的极致表达形式,其梦蝶故事成为此"物化"式审美的典型表述:

> 昔者庄周梦为蝴蝶,栩栩然蝴蝶也。自喻适志与!不知周也。俄然觉,则蘧蘧然周也。不知周之梦为蝴蝶与?蝴蝶之梦为周与?周与蝴蝶则必有分矣。此之谓物化。[①]

庄子的这种物化式态度,即审美欣赏主体在观照和欣赏自然对象与景观时在心理意识上自觉地去除物我之别,乐与物融为一体的审美态度,被后代文人自觉地继承:

> 花间一壶酒,独酌无相亲。举杯邀明月,对影成三人。

> 我见青山多妩媚,料青山见我应如是,情与貌,略相似。

化者,融也。在此情境下,自然欣赏者不只是游走于物间,还要在自我意识中自觉地放弃物我之别,实即放弃自我意识,自愿地在心理意识上化我为物,以求在潜意识中达到融化自我,与环境自然、天地万物融为一体的酒神迷醉状态,此乃游物之极境,自然审美之高峰体验,至少依道家自然审美传统来说是如此。

科技的飞速发展带来生态的严重危机和生态灾难,这是一个不争的事实。面对这种影响人类生存和发展的生态危机和灾难,人们不仅提出要树立生态文明观念,实行科学发展,构建和谐世

[①] 《庄子·内篇·齐物论》。

第四章 自然观——天地有大美

界,而且试图从古代东西方思想中吸收丰富的营养,以提高人类生存和发展的质量。

"天人合一"作为中国传统哲学的一个重要主题,既是儒家思想的核心内容之一,又是道家思想的一条主要线索。庄子既是中国道家思想的代表人物,又是一个自然主义哲学家。他是中国思想史上第一个揭示自然美的思想家,主张在自然中寻求自由与精神的寄托,实现人与自然之间心灵的融汇与情感的沟通。因此庄子自然哲学观特别注重"天人合一",它是以自然的生存状态和人的生存状态和谐统一作为其生态道德观的最好注解。

《庄子·马蹄》中的这段话正是庄子"天人合一"生态道德观的有力体现:

> 至德之世,其行填填,其视颠颠。当是时也,山无蹊隧,泽无舟梁;万物群生,连属其乡;禽兽成群,草木遂长。是故禽兽可系羁而游,鸟鹊之巢可攀援而窥。夫至德之世,同与禽兽居,族与万物并。恶乎知君子小人哉!同乎无知,其德不离;同乎无欲,是谓素朴。素朴而民性得矣。

上古人类天性保留最完善的时代,人们的行动总是那么持重自然,人们的目光又是那么专一而无所顾盼。正是在这个年代里,山野里没有路径和隧道,水面上没有船只和桥梁,各种物类共同生活,人类的居所相通相连而没有什么乡、县差别,禽兽成群结队,草木遂心地生长。因此禽兽可以用绳子牵引着游玩,鸟鹊的巢窠可以攀登上去探望。在那人类天性保留最完善的年代,人类跟禽兽同样居住,跟各种物类相互聚合并存,哪里知道什么君子、小人呢!人人都蠢笨而无智慧,人类的本能和天性也就不会丧失;人人都愚昧而无私欲,这就叫作"素"和"朴"。能够像生绢和原木那样保持其自然的本色,人类的本能和天性就会完整地留传下来。在这样一个理想的生态环境中,人与自然万物和谐共处,亲密无间。到处显示着勃勃生机,呈现出和谐的生态平衡之美。

　　毫无疑问,庄子所倡导的这种尊重自然,爱护自然,并实现人与自然的和谐,最终达到"天人合一"境界的生态道德观对于和谐世界的构建有一定的参考价值,对于树立生态文明观念、认识科学发展观和建立和谐世界,都有一定的时代意义。

第五章 审美的本质直观——莫若以明

一、现象学的本质直观理论

现象学美学（Phenomenological Aesthetics）是20世纪30年代初在西方崛起，迄今为止仍在广泛产生影响的重要美学流派。作为哲学现象学的一个分支，它是运用现象学的方法研究阐述美学和具体艺术理论诸方面问题的美学理论思潮。其主要代表人物为德国美学家莫里茨·盖格尔（Moritz Geiger, 1880—1937年），波兰著名美学家罗曼·英伽登（Roman Ingarden, 1893—1970年），以及法国著名美学家米凯尔·杜夫海纳（Mikel Dufrenne, 1910—1995年）。作为在世界美学界产生长盛不衰的巨大影响的美学流派，现象学美学不仅拓展和深化了人们对美学和文艺理论的具体研究，而且其从主体和客体统一的角度对人类审美活动进行的具体研究显示了研究角度和研究方法上的转折，是美学新研究方法的滥觞。

所谓"哲学现象学"，指的是人们一般所说的"广义现象学"。它不仅包括20世纪初由德国著名哲学家埃德蒙德·胡塞尔（Edmund Husserl, 1859—1938年）所创立的哲学现象学理论，以及他的早期追随者所研究论述的哲学理论，而且还包括在上述理论直接和间接的影响下产生的各种哲学理论，以及人们运用哲学现象学的原则和方法研究心理学、伦理学以及美学诸领域而创立的相应的理论体系。因此，我们从理论归属上把现象学美学看作哲学现象学的一个分支，但是真正对现象学美学研究产生巨大影响，构成其理论基础的，却是胡塞尔的早期哲学现象学理论。

　　胡塞尔是在奥地利著名哲学家、动作心理学派创始人弗朗茨·克雷门斯·布伦塔诺（Franz Clemens Brentano，1838—1917年）的影响下创立哲学现象学的。布伦塔诺在其《从经验的观点看心理学》（1874年）中阐述的描述心理学，以及概念的意向性和意识的意向性等基本概念均得到了胡塞尔的批判继承。在此基础上，胡塞尔通过批判心理主义、自然主义和历史主义，强调哲学应当是一门精确的科学，在1900—1901年问世的《逻辑研究》（第一卷）的结论部分，胡塞尔批评了包括逻辑学中的心理主义。在《作为严格科学的哲学》中，他又批判了自然主义和历史主义，认为前者试图把自然科学方法运用于包括意识领域在内的一切领域，使理性变成可以根据自然法则来解释的东西，后者则要求人们集中注意特定的历史背景，带有相对主义色彩。胡塞尔指出，哲学作为一门精确科学，其真正的研究主题是世界知识的产生方式，因此，哲学家不应当接受任何先在的假设，而应当努力寻求回到真理开端的方法。这就要使用描述现象学的"悬置"方法：把一切有关客观事物和主观事物实在性的问题存而不论，把一切有关存在的判断"括入括号"不予考虑，从而为哲学现象学的研究奠定具有普遍确定性的认识论基础。

　　胡塞尔指出，现象学研究的基本方法是"还原"，它共有三个步骤：第一步，现象学的还原。使一切已知的东西变存在于感觉之中的现象，使之能够通过直观被人们认识；直观在这里是主体对对象的直接领会，是具有特殊重要意义的第一认识活动，构成了其他一切认识活动的基础。第二步，本质的还原。通过直接而细致的内省分析，从复杂多变的意识中直观并获得其不变的结构和本质。在这里，胡塞尔侧重研究意识的意向性活动，他认为意向性活动既包括意向作用，同时也包括意向的对象；前者不是经验性的意识活动，后者也不是客观对象，它们都是意识的意向性活动的组成部分。第三步，先验的还原。是胡塞尔晚期现象学研究的主攻方向，即使现象学的还原深化到"纯粹意识"层面排除

第五章 审美的本质直观——莫若以明

一切经验性内容,只留下包括先验自我、意向作用和意向对象在内的"纯粹意识",以纯粹主观性为基础把知识的"客观性"确立起来。

现象学不是一种内容充实确定的理论,而是一种通过"直接认识"来描述现象的研究方法,正因如此,人们才能把它广泛用于数学、生物学、心理学、美学、伦理学、社会学等学科领域之中。但是由于胡塞尔后期的现象学研究以纯粹意识为主,转向主观先验唯心主义,所以他不仅受到现象学派内部成员的不断批评,而且有关现象学美学的研究基本上都是从反对这种论点出发的。

从方法论的角度来看,胡塞尔的早期现象学研究对以后的现象学美学研究主要有以下几个方面的影响:第一,反对心理主义。不论是盖格尔、英伽登还是杜夫海纳,也不论他们的研究是侧重于审美主体、侧重于审美客体还是侧重于审美主体和审美客体的协调统一,反对心理主义都是一条贯穿他们理论体系始终的主线,是他们的共同特色。第二,他们都继承了进行现象学研究的基本方法论特征:尽量在论述人类审美活动现象的时候排除尚未经过验证的假设和先入之见,不从因果关系的角度解释诸审美现象,而是对由审美主体具体体验到的现象进行尽可能直接、忠实的描述和研究。第三,在反对"先验的还原"的基础上(盖格尔、英伽登以及杜夫海纳莫不如此,只是具体情况略有不同),现象学美学的研究吸收了胡塞尔论述"现象学的还原"和"本质的还原"所取得的研究成果,把人类的审美活动也看作一种主体和客体相统一的、能动的意向性活动,一方面突出强调审美主体应当抛开任何先入之见,具体体验和直观呈现在面前的审美客体;另一方面也着重阐述审美主体的能动参与、对审美对象的"重建"是审美对象存在和"具体化"的基础和前提,从这里出发来阐述诸如审美对象、审美感知、审美享受、审美快乐、审美价值等一系列具体美学问题。因此,我们称现象学美学及其研究是"美学新研究方法的滥觞",并不是指他们首先提出从主体和客体统一的新角度来研究人类审美活动(实际上,黑格尔在其《美学》中早就提出过这一点,并且通过他那理念的历史与逻辑统一的辩证展开论述了这一点),而是指他们从现象学美学这个特定的角度把这种新方法具体贯彻到研究审美现象的过程之中,并且分别建立了系统严密的理论体系,取得了值得后继者从多方面批判吸收的丰硕成果。而黑格尔由于把审美领域的诸方面都归纳为客观唯心主义的"理念",并没有把这种新方法真正贯彻到底。虽然,就一种新学术研究方法而言,首倡之功固不可没,但是,只有当人们把它运用到具体研究过程之中并且得出了相应结果的时候,它的作用和意义才能真正充分显示出来,并且成为后人不断汲取启发和力量的源泉。

　　胡塞尔和许多现象学大思想家一样,要以新的方式重建普遍性。有古典普遍性覆灭的前车之鉴,怎样才能使普遍性重新令人确信不疑呢?要用最少的话说出胡塞尔的现象学的特点,有四字:本质直观。在古典普遍性的基础牛顿、黑格尔、上帝业已遭到普遍怀疑和批判的时候,如何才能使人重信这普遍性呢?古典哲学从逻辑、定义推出普遍性,在非欧几何和相对论的语境中,已经不可靠了,胡塞尔诉诸现象学直观,这可靠性就保住了。当我直观对象的时候,既确定了直观者的确实性,又确定了被直观对象的确实性。但是在以往的哲学中,人们一直认为,直观是个别的人面对个别的东西,仅从个别是不能得出普遍性的。而现象学恰恰就是要从个别中得出普遍性的东西。

　　人面对事物时,人,因为时代、环境、教育,心中已有许多先存之见;事物,在历史联系和时代文化中,也有了先存背景;具体的主体和客体已被赋予了各种定义和标签,被认定了各种特征和本质。而对现象学来说,要成为真正的现象学直观,而不是一般认识过程的感受,首先必须加括号。一方面把主体的各种先入之见括起来;另一方面把对象的各种背景知识括起来。加括号之后,用现象学的话来说,就成了主体直接面对事物本身,由于加括号,主体没有了任何先入之见,成了纯粹的主体,即没有任何个体特性、时代特性的主体;对象也没有了任何背景,成了纯粹的对象,

第五章　审美的本质直观——莫若以明

即不与任何具体时代的知识体系相联系的对象；以除去了各种成见的纯粹的主体直观去除了各种背景缠绕的纯粹的对象,所获得的当然就是一种普遍性的本质性的东西。普遍性的东西是如何显现出来的,胡塞尔有很繁复的论述,归其要点就是：本质直观是主体意识的意向性活动。现象学的意向性概念是对西方哲学意识理论的一种革新,意识不仅是主体的一种知识形态,更是一种朝向客体的意向性活动。意向性把主体与客体联系了起来,这种联系可以用两句话来概括：一切意向都是指向对象的意向,一切对象都是意向性的对象。在现象学的本质直观中,纯粹的意向性活动一方面使对象的构造结构显示出来,另一方面使主体的意向性活动结构也显示出来。意向性结构和对象结构是在本质直观中同时呈现出来的,对象结构就是事物中的普遍性的东西,而这普遍性东西是在主体的意向性活动中呈现的,客体的对象结构和主体的意向性结构都是在本质直观中出现的,是以单个人的亲身经历为其保证的,是确实的。而且一旦我看见了,我让你来看、他来看、她来看,都能看见。这普遍性是可以普遍验证的。现象学就是这样以个人的现象学直观而得出了普遍性的本质。

中国人民大学张永清认为,这种哲学思维方式实现了从实体到关系的裂变,而这种裂变是衡量哲学现代性的根本标志之一,即从抽象的自在的自然世界和观念世界回返到与人息息相关的现实生活世界,在二者的关系中来探究哲学所关注的各种问题。"如果说,传统形而上学的主体与客体是一种'血亲关系',即你生我我生你的关系,那么,现象学中的主客体就是一种'亲缘关系',二者可以互换位置,二者不是等级尊卑关系而是共生共存的平等关系,这一思想在美学领域就体现为：美不在我,也不在物,虽然它离不开物和我,它是意向性活动的结果,是一种关系性的存在物,它不属于本体论范畴,也不属于认识论范畴,它属于存在论和价值论范畴。换言之,美既不是物质,也不是精神,不是主观的也不是客观的,传统美学之所以以如此方式来论美,其根源是前提的误置。"[1]

从研究对象来看,现象学所说的"现象"既不是客观事物的表象,亦非客观存在的经验事实,而是一种不同于任何心理经验的"纯粹意识内的存有"。也就是说,现象学哲学关注的不再是抽象的客观物质世界,也不再是抽象的主观精神世界,相反,生活世界成为其关注的理论重心。海德格尔认为,此在与世界首先是一种存在关系,随后才派生出被传统哲学当作第一性存在的主客关系,对当下的超越不是跃进到抽象的理式世界,而是超越到尚未出场的感性的、具象的、变动不居的生活世界。

现象学的基本特点更主要地表现在方法论层面,正如海德格尔所说:"现象学这个词本来意味着一个方法概念。它不描述哲学研究对象所包纳事情的'什么',而描述对象的'如何'。"[2] 现象学不再以庞大的思辨体系来推演生活的逻辑,也不采用经验主义的归纳方法来解释生活,而是采用描述、本质直观等方法来还原生活世界的本相。正如胡塞尔所讲,现象学哲学不再需要大面额的钞票,它需要的是小零钱。伽达默尔说:"现象学曾是一种无先入之见的描述现象的方法态度,在方法上放弃对于现象的心理—生理根源的说明或者放弃向预设原理的返回。"[3] 用梅洛·庞蒂的话来说,现象学方法就是描述法,"要描述,不要解释,不要分析"。

直观理论是现象学的特色方法之一,也是胡塞尔对哲学的重要贡献。要理解胡塞尔直观理论的方法论体系要注意以下两点:首先,本质直观和本质反思不同。现象学不承认本质和现象的二分,认为本质就在现象之中,不是在现象的背后,甚而现象就是本质,事物对我们呈现的东西就是本质,因此直观可以对其把握。这是一种哲学思维方式的变革,有其重要意义。其次,本质直观和感性直观不同。通常来讲,直观具有感性直观与本质直观两种

---

[1] 张永清.现象学美学解读[J].山西师范大学学报(社会科学版),2003(4).
[2] [德]海德格尔.存在与时间[M].陈嘉映,王庆节,译.北京:三联书店,1987:35.
[3] [德]伽达默尔.伽达默尔集[M].邓安庆,等译.上海:上海远东出版社,1997:313.

第五章 审美的本质直观——莫若以明

含义,传统哲学所说的直观是一种感性直观,即对具体对象进行无中介的看,但这种"看"只具有个别性而无普遍性;本质直观同样也是一种"直接的看",但它不只是感性的、经验的看,而是"作为任何一种原初给予的意识的一般看,是一切合理论断的最终合法根源"。[①] 传统哲学对本质的把握主要通过经验的归纳、思维的抽象与推理来完成,胡塞尔则认为凭借知觉与想象这两种直观行为就可以获得本质,是一种无中介、直接性的看。

总之,"本质直观"是现象学在"回到事情本身"时所采用的主要方法。本质直观就是在直观中直接"看到"本质,不需要作任何形式的推理或归纳。本质是某事物在其本源上所固有的观念上的规定性,它使该事物是其所是而不是其他,它具有普遍性、一般性。为什么现象学能直接"看到"一般、"看到"本质呢?根据胡塞尔的意向性理论,直观的内容已脱离具体的感觉材料而超越为纯粹意识,它既包含个别,又包含一般,即本质。这种意识使得每个人的认识都具有了超越当下的可能,保证了个体能够形成关于认识对象的普遍性本质,这是我们能直观事物的基础。而意识指向和把握某个对象时具有"直接投射"的特点,中间不需要其他任何环节。直观的本质根本不需要我们作额外的抽象,它是如此明晰地被我们自然构成,这是与传统经验论和唯理论极大不同的地方。经验论认为,本质是从众多的个别中概括出一般,唯理论则是将对象的非本质因素排除掉,剩下的就是本质。

直观方法的提出本身就是为了反对传统哲学的反思方法。直观理论认为我们不需要经过反思直接就可以把握事物本身以及事物的本质。事物不存在现象和本质的截然区分,本质不脱离现象,本质在现象中,甚而本质就是现象,所以我们没有必要通过反思去把握现象背后的本质。传统西方哲学认为本质和现象是二分的,现象通过感知可以获得,而本质则"藏身于"现象之后,无法通过具体的感知把握,只能通过人类的高级认识来获得,那

---

① [德] 胡塞尔. 纯粹现象学通论 [M]. 李幼蒸, 译. 北京: 商务印书馆, 1992: 77.

就是"反思"。本质在不同的哲学那里,可能具有不同的名字,柏拉图的理念、亚里士多德的形式、斯宾诺莎的实体、康德的物自体以及黑格尔的绝对精神等都是它的别名。但不管怎样,在西方传统哲学中,本质对现象具有优越性是众多哲学家的共同信条,哲学的根本使命就是去把握事物的本质,因此如何通达本质就成了哲学家一生孜孜以求的事情。本质和现象的二分,便人为地在现象和本质之间设置了"障碍",若要通达事物的本质就要想办法去打通或者拔掉这道"障碍"。康德选择的是物自体不可知,进行了回避,而黑格尔则通过辩证法去"费劲地"打通这道障碍。胡塞尔则是选择"拔掉"障碍,提出大胆的变革,宣称现象就是本质,本质就是现象,本质寓于现象之中,二者不可分。既然事物对我们呈现出来的既是现象,也是本质,直观就可以直接把握本质,既简单又直接,这是一种哲学思维方式的变革。

胡塞尔之后,本质直观理论在两个维度发展:一是继续以胡塞尔的意识论现象学作为根基并有所修正,其代表人物是萨特。他对想象意识做了出色的现象学分析,这一思想集中反映在《想象心理学》中。一是以存在论为基础来修正,代表人物是海德格尔和梅洛·庞蒂,前者通过对康德《纯粹理性批判》的存在论解读,提出了此在的想象理论;后者则论述了原初的意识行为——知觉,把知觉行为化、存在化,这一思想集中体现在他的《知觉现象学》中。

以海德格尔为代表的此在现象学标志着现代哲学的真正转型。在海德格尔看来,人与自然、人与世界的关系首先不是认识的关系,而是存在关系。也就是说,人首先烦忙在世而非直观事物,而胡塞尔将本质与存在生硬分开,本质成了无根性的东西,直观也就失去了真正的依托。胡塞尔的学生 H.赖纳也曾经对两人的区别作了如下表述:"在胡塞尔看来,我们所有真正的认识都来源于(原本地自身给予着的、广义上的)直观。而海德格尔则解释说,我们并不是通过一种'盯视'而经验到,例如什么是一张桌子或一张椅子,而是在将它作为一个'在手之物'而与它打交道

第五章 审美的本质直观——莫若以明

时(例如坐在它旁边或坐在它上面)才经验到它。"[1]

海德格尔同时说明了怎样把存在的真理引入并唤起在场域之中。在西方的知识论、逻辑学和认识论视野中,现象学所考察的核心其实是认识的真理性问题。而这种认识真理的主体性条件特别是在本质直观方面,却只能是一种具体的、一次性的、当下的认识行为,这显然与西方逻辑学方法有所不同。按照胡塞尔,本质直观首先强调直观的主体,并且认为直观的过程本身又是一种具体的认识行为,进而将这种具体的认识行为普遍化和逻辑化。所以,本质直观一方面强调了直观的重要意义,另一方面也强调了这种直观必须是符合西方认识论和逻辑学传统的直观。然而在西方的知识论传统中,把这种具体的、一次性的认识行为逻辑化其实是很难完成的,这也正是胡塞尔的艰难之处。对于直观主体,包括康德在内的西方学术传统往往把它当作一种主观演绎,并且通常把它理解为心理学的问题。但事实上,由于本质直观涉及主体的具体认识行为问题,所以这种直观主体内在的认识条件就显得尤为重要。然而一直以来,西方的学术传统都缺少这种关于本质直观的主体性条件的思想维度。正如胡塞尔所揭示的,原因在于包括康德在纯粹理性批判中,都是把这种对主体性条件的分析当作一种主观演绎、心理机制或心理机能,并不具有在逻辑学中的那种推论性知识意义。而本质直观恰恰需要这种直观的主体性前提,即主体的前提性条件。从近代哲学的认识论路向看,胡塞尔的先验自我和先验意识很难成立,而这也正是海德格尔不同于胡塞尔转向生存论的原因。

在海德格尔那里,对于直观主体的前提性条件,首先应当确定的是主体所具有的直观只能是在特定场域中的直观,海德格尔称之为"在场",也可以说是一种"意识的原始涌现"。进一步说,在场即怎样把存在的真理引入并唤起在场域之中。伽达默尔曾经评价海德格尔经常使名词动词化,然后唤起生动的在场的印

---

[1] 倪梁康. 现象学及其效应[M]. 北京:三联书店,1994:167.

象。"在场"正是海德格尔的一个关键性术语。一旦名词动词化，那么这个场景就动了起来。当然，海德格尔做了很多考证，至少这里我们可以说明，这种生动的在场，是直观的条件。不在场看不到，就无法直观。怎样把存在的真理引入场域之中，把它唤起在场域之中，这是理解中国传统智慧的又一个现象学背景，这一背景还关乎海德格尔对真理的理解。海德格尔所理解的真理，即无蔽、自在的显露，没有遮蔽。如果真理是无蔽，是在一个场域中的澄明，那么就意味着真理有着自身的涌现。真理是自身涌现出来并可以被直观到的。

在不同的场域和境界格局中，如果直观的事情本身想要能够进入主题化，则需要事情本身无蔽地敞开。这种没有遮蔽的敞开实际上也是海德格尔所说的"澄明之境"。但是，这种"澄明之境"如何可能，以及怎样才能达到无蔽的状态，这些问题都需要对主体性条件进行追溯。根据海德格尔的启示，这里我们要特殊强调的是语词或语言本身的功夫。如果没有对于语言本身的高度修养，即便真理在那里发亮、澄明，也无法被捕捉并完全理解。真理总得进入语言之中，才能被语言所显露。苏轼形容语言可以像姑娘手中的绣花针一样，"纤毫毕现"。这就是讲语言的精准，任何最精微的东西都能够用语言准确地把它呈现出来。苏轼在谈到他的散文写作时说："行其所当行，止其所当止。"（《东坡志林·答谢民师书》）他在《后赤壁赋》里面的那句"山高月小，水落石出"，形容山势高显得月亮小，河水回落石头就露出来。后人曾评价说这是一种天然句法。这样的一些杰出的语言能力，把孔子所说的"不悱不发"中的"悱"，即想要说而又说不出来的困惑，启发出来，行之于人，从而真理才进入语言。

萨特和梅洛·庞蒂分别发展了胡塞尔的想象理论与知觉理论。拒绝先验论，认为反思意识必然由非反思的意识为根基，想象意识这种直观行为最本质的特征是它的超越性和否定性等，这些都是萨特对胡塞尔意识直观论的修正。与萨特那种胡塞尔式的意识想象理论相比，梅洛·庞蒂的知觉理论则被海德格尔化。

第五章 审美的本质直观——莫若以明

他的知觉不再是一种静观的意识行为,更重要的是一种动态的实践行为,知觉的首要地位是因为它是身体——主体在前意识状态中遭遇世界的原初"实践"方式。

概言之,现象学的本质直观法与经验论美学的归纳法相比,二者的共同点在于都注重知觉、想象等意识行为在审美活动的作用和功能,其差异性在于经验论美学所采用的是一种"归纳法",尽管它具有具体、生动、形象等鲜明的感性特征,但缺乏一种客观性、普遍性。与思辨论美学相比,二者都注重对本质的探究,都注重客观性与普遍性,根本区别在于思辨论美学主要采取的是一种"演绎法"。这种方法以概念作为逻辑基础,通过抽象的推理来阐释美学的一系列问题,缺乏具体性、生动性等美学自身应该具有的感性特征。本质直观则采取的是"显现法",即通过感知、想象等意向行为让本质如其所是地呈现出来,这种方法力图把具体与抽象、个别与普遍、感性与理性、现象与本质等有机地统一起来,在直观和体验中把握真理。

从根本上说,胡塞尔现象学方法能够成立的一个前提性基础,即推论的知识或规律不是最高的,因为推论是有前提的,最高的知识或规律只能是本质直观到的知识或规律。这是胡塞尔批判实证主义,也包括康德批判哲学在内的认识论中的心理主义倾向的必然结果。现象学给予我们的第一个启示就是这个所谓一切原则的原则:本质直观的知识的有效性在于它是最高的知识,也可以说知识的奠基是直观的。而中国传统哲学恰恰缺少西方哲学的推论性知识,它的很多知识都是本质直观的知识。

在西方的思辨哲学中,认知达到极致是理性思维的娴熟与缜密,与老庄哲学的智慧自明有所不同。不能说中国哲学没有逻辑学与纯理论思辨,只能说中国哲学主要不是纯抽象概念的演绎,不是为了逻辑而逻辑,不为了逻辑而逻辑却能体现其中的逻辑与理性。纯概念的思辨哲学强调用知性去把握对象,但人类知性具有局限性以及主客的二分之认知,所以康德预设的"自在之物"是人所不可能作为知识的对象去认识而被悬置,"自在之物"只能被划出思辨理性之外,世界的本来面貌仍然不可被整全呈现。老庄哲学的理性直觉思维,是自我在天人一体的整体观下通过觉悟者"集虚"的澄明智慧而使万物的本质涌现于心灵,觉悟者用"静观""玄览""心斋""坐忘"的体道方式直通"集虚"的本体,实现万物本真的当下自然呈现,从而实现"正则静,静则明,明则虚,虚则无为而无不为"(《庚桑楚》),这正冥合体道的"心斋"之"耳目内通而外于心知,鬼神将来舍,而况人乎"(《人间世》)的神妙无限的本体状态。

而基于万物一体的本体论,最终旨在明心见性落实为变化气质的修养论的中国传统哲学的定位就是一种可完成的形而上学。这就决定了中国传统智慧的修养功夫或说修养方法总体上具体而非抽象的特点。

老子以"道""德"为思想根基,主张"自然无为""柔弱不争""致虚极,守静笃""知雄守雌""知子守母"等,提出"为学日益,为道日损,损之又损以至于无为"。庄子主张"无待""逍遥游"式的人生观,为此,他主张"坐忘"即"堕肢体,黜聪明,离形去知,同于大通"。通过"虚""坐忘"等,老庄追求一种个人精神绝对自由的境界。

从修养的根本方法上看,在现象学的意义上,只有安定下来,宁静下来,我们才可能有本质的直观。否则即便直观到了,那也仅仅是一种感性的直观,真理不会向我们敞开。按道家的说法就是"静""空""虚"。有了这种"虚"才能接物,这个"虚"与现象学可以直接关联起来。海德格尔的"林中路"便是虚,如果没有虚,就不会有真理的显现。从本体论意义上看,世界就是一个连续和间断的统一。这个"虚"就是间断,是本体论的间断。如果世界是绝对充实的实体,也就没有了海德格尔的"林中路"。通俗地说,理性之光只有照入虚境的场域,才能使真理显现。这里所说的虚境,马一浮先生称为"虚以接物",拥有虚怀若谷的胸怀,才能让物进来,进而让物的真理得以显现。任何场域、任何主题都无法进入一个被琐碎充满着的心灵,还怎么能有大的格局和大的主题化

第五章 审美的本质直观——莫若以明

的真理。

二、庄子认识论的相对主义与不可知论

庄子的相对主义思想在本书第一、二章当中已经有所涉及，如前所述，庄子的相对主义集中表现在他的《齐物论》一篇中。他的相对主义是从事物的绝对运动揭示其相对性、不稳定性的。他认为，任何事物都包括有无、大小、然否、美丑、善恶等种种矛盾，人们在发现一方的同时，又可以发现与之对立的另一方，这样，每个事物既可说有，也可说无；既可说大，也可说小。

《秋水》篇说"以差观之，因其所大而大之，则万物莫不大；因其所小而小之，则万物莫不小"。就是说，根据"差"的观点来看，每个事物都比小于它的东西大，所以一切东西都可以说"大"；反之，每个事物又都比大于它的东西小，所以一切事物都可以说"小"，这样看来，一切事物就不存在大小的差别。不仅如此，庄子还认为"差别"完全是主观的。他说"天下莫大于秋毫之末，而泰山为小；莫寿于殇子，而彭祖为夭"，天下可以只限于秋毫之大，泰山也有看起来很小的时候；早夭的人可以视为长寿，而彭祖也能被说成短命。一切都是参照而言，万物皆为相对辩证，只在于角度不同。

在此基础上，他提出了一个"齐是非"的观点，来否定人类认识的可能性。

> 可乎可，不可乎不可。道行之而成，物谓之而然。恶乎然？然于然。恶乎不然？不然于不然。物固有所然，物固有所可。无物不然，无物不可。故为是举莛与楹，厉与西施，恢恑憰怪，道通为一。其分也，成也；其成也，毁也。凡物无成与毁，复通为一。唯达者知通为一，为是不用而寓诸庸。庸也者，用也；用也者，通也；通也者，

得也。适得而几矣。因是已,已而不知其然,谓之道。[①]

　　能认可吗?一定有可以加以肯定的东西方才可以认可;不可以认可吗?一定也有不可以加以肯定的东西方才不能认可。道路是行走而成的,事物是人们称谓而就的。怎样才算是正确呢?正确在于其本身就是正确的。怎样才算是不正确呢?不正确的在于其本身就是不正确的。事物原本就有正确的一面,事物原本就有能认可的一面,没有什么事物不存在正确的一面,也没有什么事物不存在能认可的一面。所以可以列举细小的草茎和高大的庭柱,丑陋的癞头和美丽的西施,宽大、奇变、诡诈、怪异等千奇百怪的各种事态来说明这一点,从"道"的观点看它们都是相通而浑一的。旧事物的分解,亦即新事物的形成,新事物的形成亦即旧事物的毁灭。所有事物并无形成与毁灭的区别,还是相通而浑一的特点。只有通达的人方才知晓事物相通而浑一的道理,因此不用固执地对事物作出这样那样的解释,而应把自己的观点寄托于平常的事理之中。所谓平庸的事理就是无用而有用;认识事物无用就是有用,这就算是通达;通达的人才是真正了解事物常理的人;恰如其分地了解事物常理也就接近于大道。顺应事物相通而浑一的本来状态吧,这样还不能了解它的究竟,这就叫作"道"。

　　庄子的相对主义观点几乎成了《庄子》一书的特点,他由此出发来追求精神自由,因此,把握庄子的相对主义思想也是理解庄子思想的关键。相对主义(Relativism),是一种认为观点没有绝对的对与错,只有因立场不同、条件差异而相互对立的哲学学说。历来人们对相对主义多有争议,尤其是在该学说涉及道德准则的场合,因为在相对的思维模式下,价值观和伦理学只能发挥有限的作用。与此同时,有人认为相对主义是一种诡辩论的哲学学说,它的主要特征是片面地夸大绝对运动而否认相对静止,抹

[①] 《庄子·内篇·齐物论》。

第五章 审美的本质直观——莫若以明

煞其确定的规定性,取消事物之间的界限,从而根本否定事物的客观存在。在认识论方面,相对主义夸大人们的认识的相对性,把相对和绝对完全割裂开来,否认相对中有绝对,否认客观的是非标准。相对主义是诡辩论的认识基础,它把一切都看作相对的、主观的、任意的,取消了真理和谬误的客观标准,为颠倒黑白、混淆是非大开方便之门,成为进行诡辩的最应手的工具。因此相对主义是"一顶令人不安的哲学帽子"。但事实上,我们应该首先澄清"客观性"的含义,相对主义的实质是:一个概念有确定的形象概念(即可以用数字表示),但没有确定的抽象概念(即不能用确定的数字表示),那么此概念就是相对概念。像这样的概念就没有绝对的对与错,只能根据抽象概念的大小来相对地判断对与错。但不可否认,一方面,事物的"是非标准"在一定时期内、一定条件下是确定的,即"真理标准"的客观性。这样确定的"是非标准"将指导我们积极地实践,不至于产生像庄子"辩无胜"思想由于"是非标准"的不确定而将人们的实践活动引向消极和无为。另一方面,事物的"是非标准"的确会随着条件的变化而变化,即"真理标准"的相对性,指导了我们在实践中不能一成不变地照搬教条,而要灵活地、创造性地进行实践。

以庄子的相对主义为前提,决定了他在认识论上持一种不可知论的观念。关于世界是可知的,还是不可知的问题,是古今中外的任何一个哲学家,在解决认识论的问题时所必然要回答的。在世界哲学的发展史上,我们可以清楚地看到,绝大多数哲学家都肯定世界是可知的,但仍有一些哲学家保留着不可知论的观点。在西方,以赫胥黎和康德为代表的哲学家认为世界是不可知的。而在中国,道家的思想中也充斥着不可知论的观念。道家的创始人老子主张摒弃一切知识、学问,要"绝圣弃智","绝学无忧"。他认为知道自己什么都不知道才是最好的境界。这可谓是中国不可知论的发端。庄子延续着老子的路径继续走下去。

首先,世界上的一切是瞬息万变的,我们很难把握这流动不息的宇宙万物。庄子说:"方生方死,方死方生。"正在生成的同时也是正在死亡,正在死亡的同时也是正在生成。所以世界的事物不断的变化中,人们很难确定地认识一个事物。用现在所看见的事情去认识这个事物过去或者将来的特性,或者总结出该事物的规律是很难的。《秋水》篇里还说"物之生也,若骤若驰。无动而不变,无时而不移",《知北游》篇里也说"人生天地之间,若白驹之过隙,忽然而已"。此即言生命瞬息即逝,没有质的稳定性。庄子在《齐物论》里写道:

> 有始也者,有未始有始也者,有未始有夫未始有始也者。有有也者,有无也者,有未始有无也者,有未始有夫未始有无也者。俄而有无矣,而未知有无之果孰有孰无也。

宇宙万物有它的开始,同样有它未曾开始的开始,还有它未曾开始的未曾开始的开始。宇宙之初有过这样那样的"有",但也有个"无",还有个未曾有过的"无",同样也有个未曾有过的未曾有过的"无"。突然间生出了"有"和"无",却不知道"有"与"无"谁是真正的"有"、谁是真正的"无"。各执一词的人们只不过是局限于自己的能力限制或者环境限制而产生的偏见。最明智的做法是不要超越自己的极限去探索和认识未知世界。

其次,人的认识能力有限,我们活在世界之中,拥有一种超乎世界范围的视角来认识世界是不可能的。对于人的认识能力问题,庄子从认识能力的有限、认识活动的局限、认识的变化等多个角度进行了讨论,最终否定人的认识能力能够获得确定的知识,并且认为对于人们的不同认识不存在确定的判断标准,得出了是非不定的认识理论。

因为个人的认识能力有限而需要认知的对象无穷,因此,庄子否定了认识活动的意义。庄子说:"夫物,量无穷,时无止,分无常,终始无故。"(《秋水》)万物的量是不可穷尽的,时间的推移是没有止境的,得与失的禀分没有不变的常规,事物的终结和

第五章 审美的本质直观——莫若以明

起始也没有定因。而与此相对的,人的生命却是有限的。庄子在《养生主》中讲:"吾生也有涯,而知也无涯。以有涯随无涯,殆已!已而为知者,殆而已矣!"生命有限而知识无限,以有限的生命去追求无限的知识,是非常危险的事情。庄子后学在《秋水》篇中对这一观点有更细致的发挥。

> 计人之所知,不若其所不知;其生之时,不若未生之时;以其至小,求穷其至大之域,是故迷乱而不能自得也。由此观之,又何以知豪末之足以定至细之倪?又何以知天地之足以穷至大之域?

算算人所懂得的知识,远远不如他所不知道的东西多,他生存的时间,也远远不如他不在人世的时间长;用极为有限的智慧去探究没有穷尽的境域,所以内心迷乱而必然不能有所得!由此看来,又怎么知道毫毛的末端就可以判定是最为细小的限度呢?又怎么知道天与地就可以看作最大的境域呢?庄子与庄子后学都以认识主体的有限性与认识对象无限性的对照否认了人的认识能力可以达到对认识对象的全面认识。

那么,在人的认识能力的限度内,能否达到对有限事物的确定认识呢?庄子同样加以否定。因为人们有限的认识能力还要受到各种限制。《逍遥游》讲:

> 小知不及大知,小年不及大年。奚以知其然也?朝菌不知晦朔,蟪蛄不知春秋,此小年也。
> 瞽者无以与乎文章之观,聋者无以与乎钟鼓之声。岂唯形骸有聋盲哉?夫知亦有之。

受到小知蒙蔽的人不能获得大的智慧,就如朝菌见日即死,因此不知道晦朔,蟪蛄只生长在夏季,因而不知道春秋。人的认识能力受到各种蒙蔽,不能获得正确认识,就像盲人不能看到文采的美观,聋子不能听到钟鼓之声。庄子后学对这一问题也有解说,《秋水》讲:"井蛙不可以语于海者,拘于虚也;夏虫不可以语于冰者,笃于时也;曲士不可以语于道者,束于教也。"这里将束缚人的认识能力的原因分为三类。井中之蛙不能和它谈论大海的事,是受到它居住的地域的限制;夏天的虫子不可以和它谈论冰冻的事,是受到时间的限制;持片面之见的人不能和他讨论大道,是受其所受教育的限制。时间、地点、教育背景都限制了人的眼界和视野,只能执着于从自己的狭隘视野出发而得出的是非之见。而人们对事物的是非之见并不确定。

　　同一认识主体在不同的时间,不同的地点会有不同的认识。《齐物论》讲:"丽之姬,艾封人之子也。晋国之始得之也,涕泣沾襟;及其至于王所,与王同筐床,食刍豢,而后悔其泣也。予恶乎知夫死者不悔其始之蕲生乎?"丽姬离开家时悲伤哭泣,而到宫中过上快乐的日子又转悲为喜。究竟离家来到晋宫是高兴的事还是悲伤的事?在不同的条件下会有不同的判断。庄子据此认为人们贪恋生存畏惧死亡的常识也不是确定的认识。外杂篇对这一问题亦有讨论。《寓言》篇用庄子的寓言表达人的认识随着时间不断发展变化的观点:"庄子谓惠子曰:'孔子行年六十而六十化。始时所是,卒而非之。未知今之所谓是之非五十九非也。'"《则阳》篇也讲到:"蘧伯玉行年六十而六十化,未尝不始于是之,而卒诎之以非也。未知今之所谓是之非五十九非也。"孔子和蘧伯玉活了六十年认识就随时间不断变化了六十年。没有不是开始认为对的,后来认为是错的。怎么知道今天所说的对不是五十九岁时认为错的呢?人对事物的认识会随着时间的变化而变化,开始认为对的可能变成错的,原来认为错的,可能变成对的。

　　《庚桑楚》篇将是非判断不确定的看法称为"移是":

　　　　有生黬也,披然曰移是。尝言移是,非所言也。虽然,不可知者也。腊者之有膍胲,可散而不可散也;观室者

第五章 审美的本质直观——莫若以明

周于寝庙，又适其偃焉，为是举移是。

祭祀的时候，需有牛的胃蹄，它们平时可以分散，此时则不可分散。可见，可散与不可散是不确定的。又如参观宫室，要看寝和庙，也要到厕所去，注意的中心是不定的。这就是"是非判断不确定"的道理。

庄子认为之所以对事物有不同的是非判断是因为每个认识主体都有成心存在。因为成心的不同，认识主体对相同的事物会产生不同的认识，并都认为只有自己的认识才是真理，因而引起无穷的争论。《齐物论》讲：

夫随其成心而师之，谁独且无师乎？奚必知代而心自取者有之？愚者与有焉！未成乎心而有是非，是今日适越而昔至也。是以无有为有。无有为有，虽有神禹，且不能知，吾独且奈何哉！

"成心"是指心理定式，先验观念，范畴。无论是聪明之人还是愚笨之人，作为认识主体，在认识活动开始之前，都已经有成心的存在。各人均以自我为中心，囿于一曲之蔽，而执一己之偏，也就有了是非判断的存在。因为每个人的"成心"不同，因而对相同的事物会产生不同的认识。

人们对相同事物的认识不同，因而，判断谁是谁非的标准就有重要的意义。但庄子否定这一标准的存在。《齐物论》里以人和动物的立场不同为例来说明这一问题：

啮缺问乎王倪曰："子知物之所同是乎？"曰："吾恶乎知之！""子知子之所不知邪？"曰："吾恶乎知之！""然则物无知邪？"曰："吾恶乎知之！虽然，尝试言之。庸讵知吾所谓知之非不知邪？庸讵知吾所谓不知之非知邪？且吾尝试问乎汝：民湿寝则腰疾偏死，鳅然乎哉？木处则惴慄恂惧，猿猴然乎哉？三者孰知正处？民食刍豢，麋鹿食荐，蝍蛆甘带，鸱鸦耆鼠，四者孰知正味？猿猵狙以为雌，麋与鹿交，鳅与鱼游。毛嫱丽姬，人之所美也；鱼见之深入，鸟见之高飞，麋鹿见之决骤，四者孰知天下之正色哉？自我观之，仁义之端，是非之途，樊然殽乱，吾恶能知其辩！"

啮缺问王倪："你知道各种事物相互间总有共同的地方吗？"王倪说："我怎么知道呢！"啮缺又问："你知道你所不知道的东西吗？"王倪回答说："我怎么知道呢！"啮缺接着又问："那么各种事物便都无法知道了吗？"王倪回答："我怎么知道呢！虽然这样，我还是试着来回答你的问题。你怎么知道我所说的知道不是不知道呢？你又怎么知道我所说的不知道不是知道呢？我还是先问一问你：人们睡在潮湿的地方就会腰部患病甚至酿成半身不遂，泥鳅也会这样吗？人们住在高高的树木上就会心惊胆战、惶恐不安，猿猴也会这样吗？人、泥鳅、猿猴三者究竟谁最懂得居处的标准呢？人以牲畜的肉为食物，麋鹿食草芥，蜈蚣嗜吃小蛇，猫头鹰和乌鸦则爱吃老鼠，人和麋鹿、蜈蚣、猫头鹰、乌鸦这四类动物究竟谁才懂得真正的美味？猿猴把猵狙当作配偶，麋喜欢与鹿交配，泥鳅则与鱼交尾。毛嫱和丽姬，是人们称道的美人了，可是鱼儿见了她们深深潜入水底，鸟儿见了她们高高飞向天空，麋鹿见了她们撒开四蹄飞快地逃离。人、鱼、鸟和麋鹿四者究竟谁才懂得天下真正的美色呢？以我来看，仁与义的端绪，是与非的途径，都纷杂错乱，我怎么能知晓它们之间的分别！"

庄子否定万物有共同的标准，知与不知的标准也不能确定。人与动物属于不同的类别，具有不同的身体条件，因而对事物的感知有所不同。但并不能够确定人与动物谁是正确的感觉。庄子通过人和各种动物对"正处""正味""正色"会有不同的认知来论证认识主体因为自身的局限会产生不同的认识，且并不存在一个标准可以确定哪种认识为正确认识。因此，庄子认为人们对

第五章 审美的本质直观——莫若以明

于善与恶、是与非的种种分歧和争执无法建立客观的判定标准，因而就不可能得到辨明。

庄子同时否定通过辩论可以分辨不同认识的是与非。他在《齐物论》中讲：

> 既使我与若辩矣，若胜我，我不若胜，若果是也？我果非也邪？我胜若，若不吾胜，我果是也？而果非也邪？其或是也？其或非也邪？其俱是也？其俱非也邪？我与若不能相知也。则人固受其黮暗，吾谁使正之？使同乎若者正之，既与若同矣，恶能正之？使同乎我者正之？既同乎我矣，恶能正之！使异乎我与若者正之？既异乎我与若矣，恶能正之！使同乎我与若者正之？既同乎我与若矣，恶能正之！然则我与若与人俱不能相知也，而待彼也邪？

倘使我和你展开辩论，你胜了我，我没有胜你，那么，你果真对，我果真错吗？我胜了你，你没有胜我，我果真对，你果真错吗？难道我们两人有谁是正确的，有谁是不正确的吗？难道我们两人都是正确的，或都是不正确的吗？我和你都无从知道，而世人原本也都承受着蒙昧与晦暗，我们又能让谁作出正确的裁定？让观点跟你相同的人来判定吗？既然看法跟你相同，怎么能作出公正的评判！让观点跟我相同的人来判定吗？既然看法跟我相同，怎么能作出公正的评判！让观点不同于我和你的人来判定吗？既然看法不同于我和你，怎么能作出公正的评判！让观点跟我和你都相同的人来判定吗？既然看法跟我和你都相同，又怎么能作出公正的评判！如此，那么我和你跟大家都无从知道这一点，还等待别的什么人呢？

论辩的胜负不能判定是非。胜利一方的认识也不一定正确，失败一方的认识也不一定错误。论辩主体并不能够证明自己认识的正确性。如果请第三者来评判，或者与论辩的一方意见相同，或者与论辩双方的意见都不相同,或者与双方的意见都相同。但是无论在哪一种情况下,第三者本身已经成为论辩过程中的一方,因此不可能对存在于你我之间的意见分歧和是非争执作出客观的判定。因此,论辩双方究竟谁是谁非,都不存在可以判明的标准。此处论辩中还涉及对共识的真理性的看法。在关于论辩无法加以客观判定的第二个证明中,庄子就曾说过:"既同乎我与若矣,恶能正之?"所谓"同乎我与若"者,就是你我他持相同的意见和看法,这就表明在论辩过程中主体间能够达成一定程度的共识。不过,他认为共识的达成这一事实并不能保证这个共识本身的真理性,这里仍然存在一个对共识的是非加以判定的问题,因此,共识并不具有真理性。

最后,人探知事物的时候都是从个人主观的意愿来判断的。"狙公赋芧,曰:'朝三而暮四。'众狙皆怒。曰:'然则朝四而暮三。'众狙皆悦。名实未亏而喜怒为用,亦因是也。"[①] 意思是说,养猴子的人在给猴子们橡子吃的时候,对它们说:"早晨给你们三升,晚上给你们四升。"所有猴子都愤怒了。养猴子的人就换了一种说法:"那么早晨给你们四升,晚上给你们三升。"所有的猴子们都欢喜了。因为猴子的情绪,导致了它们对这件事的认识有所偏差。人何尝不是这样呢?由于情绪或者一些外界因素的干扰,也会导致人对事物认识的偏差。

总之,庄子的哲学思想中分别从事物多变性、事物的相对性、人类主观认识的局限性、世界的无限与人类的有限等方面阐述了这个观点。他的思想对我们现在发展也有很多积极作用。尤其是在科技发达的当今社会,存在着一个未加审视的观点:人类中心主义和技术万能论。即,所有问题都可以由人来解决、许多问题都可以由技术来解决。凭借技术,人类得以认识自然,利用自然,凭借人类的卓越天慧,技术可以不断进步并终将完备得足以应对所有问题。正是由于人类的这种自信,在地球上大肆破坏,

---

[①]《庄子·内篇·齐物论》。

把天地当作仅仅是人类单独的财富。庄子的不可知论告诉我们,天地间的万物都是世间的主人,少了哪一样,天地间必将毁灭。人们一直都是在不断的改正错误中慢慢接近答案,却永远达不到最后的答案。

三、言意之辨

认识和语言是不能分开的两个问题。认识必须通过语言来表达。甚至古代学者明确用"言"来表述我们今天所说的认识的意义。庄子在讨论认识问题的过程中也对语言问题有所涉及。他肯定语言对传道有一定的媒介作用。《大宗师》讲:

> 南伯子葵曰:"子独恶乎闻之?"曰:"闻诸副墨之子,副墨之子闻诸洛诵之孙,洛诵之孙闻之瞻明,瞻明闻之聂许,聂许闻之需役,需役闻之於讴,於讴闻之玄冥,玄冥闻之参寥,参寥闻之疑始。"

副墨之子与洛诵之孙是对口头语言与书籍文字的称谓。南伯子葵问:"你偏偏是怎么得'道'的呢?"女偊回答说:"我从副墨(文字)的儿子那里听到的,副墨的儿子从洛诵(背诵)的孙子那里听到的,洛诵的孙子从瞻明(目视明晰)那里听到的,瞻明从聂许(附耳私语)那里听到的,聂许从需役(勤行不怠)那里听到的,需役从於讴(吟咏领会)那里听到的,於讴从玄冥(深远虚寂)那里听到的,玄冥从参寥(高旷寥远)那里听到的,参寥从疑始(迷茫而无所本)那里听到的。"

庄子认为闻道可以以语言为起点。但是,语言与道之间还需要有许多的步骤连接,二者还存在较远的距离。在更多的场合,庄子否定了语言表达对象的有效性。《齐物论》讲:

> 既已为一矣,且得有言乎?既已谓之一矣,且得无

言乎？一与言为二，二与一为三。自此以往，巧历不能得，而况其凡乎！故自无适有以至于三，而况自有适有乎！无适焉，因是已。

　　天地万物，以及万物中的我，都是源于道，没有差别而融为一体。既然说是"一"，原来的"一"加上作为语言符号的"一"，就成为"二"。由这个"二"又生出一种言论来，就成为"三"。从无言到有言，尚且至于"三"，何况自有言至有言呢？言言相生以至于无穷。庄子认为如果用"一"之言来表达"一"，就会产生"二"，这是强调语言与对象的对立，换言之，语言不能充分表述认识对象。《齐物论》中又讲："夫言非吹也，言者有言。其所言者特未定也。""言未始有常。"言语不是风吹，因为语言有表述的对象，而这个被语言所表述的对象是不确定的，语言与其所表述的对象无法相符，而且，语言对对象的表述本也没有确定性，此时可能为"是"，彼时则表述为"非"，此人将其表述为"是"，彼人则将其表述为"非"。总之，庄子认为论辩中使用的语言在表达对象时具有一种遮蔽性，言说出来的不是真实的对象本身。因此，庄子提"不言"，主张"大道不称，大辩不言"。这与庄子以不知为真知的认识理论相一致。

　　语言是表述对象、表达思想的形式，语言所表述的内容就是表达者的思想、意图。言与意是形式与内容的关系，二者并不能完全同一。这就涉及言与意的关系问题。"言意之辩"是哲学史上的基本论题之一。先秦时期以儒、墨为主导的"言尽意"论和老子主张的"言不尽意"论相继提出。在二者基础上，庄子对言意问题进行了更加深入的讨论，明确提出了"得意忘言"论。

　　言意关系理论在魏晋尤其得到重视。但先秦思想家对这一问题已有明确的认识。先秦明确讨论言意关系的还有《系辞》，作者依托孔子提出了"言不尽意"的命题：

　　　　子曰："书不尽言，言不尽意。"然则圣人之意，其不

第五章 审美的本质直观——莫若以明

可见乎？子曰："圣人立象以尽意，设卦以尽情伪，系辞焉以尽其言。"

《系辞》作者认为设立卦象可以克服"言不尽意"的局限。庄子后学也同样持"言不尽意"的看法，但他们的解决办法是"得意忘言"，认为通过言这一媒介把握意，但要淡化、消解语言工具的束缚，给予主体自由的空间来领会"意"。但二者有共同的思想背景。

庄子的言意观以"言不尽意"为前提，《则阳》中说：

> 吾观之本，其往无穷；吾求之末，其来无止。无穷无止，言之无也，与物同理；或使莫为，言之本也。与物终始。道不可有，有不可无。道之为名，所假而行。或使莫为，在物一曲，夫胡为于大方？言而足，则终日言而尽道；言而不足，则终日言而尽物。道物之极，言默不足以载；非言非默，议有所极。

我观察事物的原本，事物的过去没有穷尽；我寻找事物的末绪，事物的将来不可限止。没有穷尽又没有限止，言语的表达不能做到，这就跟事物具有同一的规律；而"或使""莫为"的主张，用言谈各持一端，又跟事物一样有了外在的终始。道不可以用"有"来表达，"有"也不可以用无来描述。大道之所以称为"道"，只不过是借用了"道"的名称。"或使"和"莫为"的主张，各自偏执于事物的一隅，怎么能称述于大道呢？言语圆满周全，那么整天说话也能符合于道；言语不能圆满周全，那么整天说话也都滞碍于物。道是阐释万物的最高原理，言语和缄默都不足以称述；既不说话也不缄默，评议有极限而大道却是没有极限的。"言而足，则终日言而尽道；言而不足，则终日言而尽物。"十分明确地肯定了"不足"之"言"，是局部、片面之"言"也即"小言"，是可以"尽物"的，也是能充分地表达"物之粗"的形而下之意的。因而可以说,庄子承认在形而下的名理范围内,言是可以尽意的,在此意义上庄子是个"言尽意"论者,但这不是他言意观中的主导方面,而只能说是其"言不尽意"论和"得意忘言"说的基础和初级阶段。

在此基础上,庄子中提出了"大言""至言""高言"的概念,这些概念恰是与形而上的世界所对应的。我们日常生活中所提的一般的"言"则是"小言""俗言",与形而下的名理世界相匹配。这样来说,庄子中所说的"言"事实上是给出了差别于我们日常所用语言的另一种世界的语言。"大言炎炎,小言詹詹"(《齐物论》),"大言"与"小言"是截然不同的,小辩不休的"小言"看似说得更多,实际上却多为冗杂无用之言,在境界上离"道"更远。"大言"则不然。综观《庄子》,其中还有两个与"大言"相近的概念,即"高言""至言":"是故高言不止于众人之心;至言不出,俗言胜也。"(《天地》)陋巷世俗之人只满足于民间俗乐,对那些格调高雅的乐声听之不闻。因此,"高言""至言"也不能进入世俗之人的心中,至理之言无法盛行于世。"大言"与"小言"的根本区别在于,"大言"具有纯粹的普遍性、一般性、包容性、完整性,能与"道"相连接,而"小言"则囿于形而下的名理世界。

道家学派以"道"为理论核心,其对本体论的思考是推动中国古代哲学向前迈出一大步的先行力量,并以此为基础建立了相对完备的形而上的哲学体系。在道家看来,"道"是世界的本源,是万物存在的根本和内在本质。道家学派赋予了"道"以最高层面的普遍性和抽象性,使之成为通过将本体抽象化来确立的最高哲学范畴。抽象化的"道"本身虽不能言说,但却不得不说,只能通过"强字曰道"的方式来加以表达。因此在形而上的世界里,"道"处于言能否意的困境中。他说:"道恶乎隐而有真伪?言恶乎隐而有是非?道恶乎往而不存?言恶乎有而不可?道隐于小成,言隐于荣华。"他认为形而上超验领域与道相通之"意"是日常名理语言所不可企及、无法表达的,若执意去表达,只能在日常名理语言的"荣华"的遮蔽下,使道"隐于小成",从而损伤道旨、

第五章 审美的本质直观——莫若以明

道意,使伪道盛行于天下。庄子为申明这个观点举了很多生动而富有说服力的例证,最典型、最为人们所熟知的是"轮扁斫轮"的故事:

> 桓公读书于堂上,轮扁斫轮于堂下,释椎凿而上,问桓公曰:"敢问:'公之所读者,何言邪?'"公曰:"圣人之言也。"曰:"圣人在乎?"公曰:"已死矣。"曰:"然则君之所读者,古人之糟粕已夫!"桓公曰:"寡人读书,轮人安得议乎!有说则可,无说则死。"轮扁曰:"臣也以臣之事观之。斫轮,徐则甘而不固,疾则苦而不入,不徐不疾,得之于手而应于心,口不能言,有数存焉于其间。臣不能以喻臣之子,臣之子亦不能受之于臣,是以行年七十而老斫轮。古之人与其不可传也死矣,然则君之所读者,古人之糟粕已夫!"①

齐桓公在堂上读书,轮扁在堂下砍削车轮,他放下椎子和凿子走上朝堂,问齐桓公说:"冒昧地请问,您所读的书说的是些什么呢?"齐桓公说:"是圣人的话语。"轮扁说:"圣人还在世吗?"齐桓公说:"已经死了。"轮扁说:"这样,那么国君所读的书,全是古人的糟粕啊!"齐桓公说:"寡人读书,制作车轮的人怎么敢妄加评议呢!有什么道理说出来那还可以原谅,没有道理可说那就得处死。"轮扁说:"我用我所从事的工作观察到这个道理。砍削车轮,动作慢了松缓而不坚固,动作快了涩滞而不入木。不慢不快,手上顺利而且应合于心,口里虽然不能言说,却有技巧存在其间。我不能用来使我的儿子明白其中的奥妙,我的儿子也不能从我这儿接受这一奥妙的技巧,所以我活了七十岁如今老了还在砍削车轮。古时候的人跟他们不可言传的道理一块儿死亡了,那么国君所读的书,正是古人的糟粕啊!"轮扁砍制车轮的技巧需

---
① 《庄子·外篇·天道》。

《庄子》美学的现代解读

要心领神会,而不能够通过语言传授给儿子。同理,桓公所读之书也不能够完全表达圣人的深意,用文字写在书上的不过是圣人思想中的糟粕。可见,庄子后学所主张的是"言不尽意"。

轮扁斫轮不是从书本上得到的间接理论知识,而是从现实的劳动实践活动中得来的直接经验。它有赖于个体的身心存在,是直觉体悟,具有不可言传的性质。世人最珍爱圣人之言、圣人之书,但不曾意识到语言本身的问题,即语言最重要的是表达意义,但意义有所指向,意义所指向的东西,却不是语言可以传达出来的。轮扁批评桓公读书,正说明了语言的限制与难处。

天地万物的大道,是可以论说的,但论说出来的道,却不是客观现实实际存在着的道。大道中最精粹的东西,必须靠个人修养去体会,不能以言论索求,任何流于知识形式的东西都已经远离了道。因为道是因人而异,是每个人自然本性的呈现,无人可取代,无人可为师,这其间的奥妙只有自己能知道。

轮扁以自己斫轮的经验为例,说自己在斫轮的过程中能做到得心应手,恰到好处,是心中有"数"的缘故。这"数"即在长期实践中获得的对"道"的领悟,是已进入精神境界的一种直觉状态,是"口不能言"的,即"不能以喻臣之子"的,是不可传的。这样,庄子便借轮扁之口说出了道不可言、体道之意不可以言传的道理:

> 世之所贵道者,书也。书不过语,语有贵也。语之所贵者,意也,意有所随。意之所随者,不可以言传也,而世因贵言传书。世虽贵之哉,犹不足贵也,为其贵非其贵也……则知者不言,言者不知,而世岂识之哉![1]

世上人们所看重的称道就是书。书并没有超越言语,而言语确有可贵之处。言语所可看重的就在于它的意义,而意义又有它

---

[1] 《庄子·外篇·天道》。

第五章 审美的本质直观——莫若以明

的出处。意义的出处,是不可以用言语来传告的,然而世人却因为看重言语而传之于书。世人虽然看重它,我还是认为它不值得看重,因为它所看重的并不是真正可以看重的。所以,用眼睛看而可以看见的,是形和色;用耳朵听而可以听到的,是名和声。可悲啊,世上的人们满以为形、色、名、声就足以获得事物的实情!形、色、名、声实在是不足以获得事物的实情,而知道的不说,说的不知道,世上的人们难道能懂得这个道理吗?在此,庄子又一次将言不能尽形而上的"意之所随者"之"意"这个层面展示出来。这说明庄子已认识到了语言在交际和文化传递、经验积淀过程中的有限性,这是道家学派的一大贡献。从这些观点可知,"言不尽意"论是庄子言意观中的主导倾向,庄子以此和老子一起成为"言不尽意"论的鼻祖。

"道不可言",在有些情况下也是因为"道"是通过直觉主义的感悟方法得到的。在形而上的超验世界,体道之意往往无法言之于口,语言与意识不能相沟通。因此,对于语言、文字不能执着,而应以语言文字为媒介,体会言外之意。庄子已经敏锐地注意到了这一点。庄子后学与庄子相比,对语言相关的问题有了更全面的讨论,涉及语言的有效性和语言的形式,最后提出超越语言形式把握真意的"得意忘言"理论,比较好地解决了语言问题中的诸多矛盾。《外物》篇提出了著名的"得意忘言"的理论:

> 筌者所以在鱼,得鱼而忘筌;蹄者所以在兔,得兔而忘蹄;言者所以在意,得意而忘言。吾安得夫忘言之人而与之言哉![1]

在这里,"筌"和"蹄"分别是捕鱼和兔的工具,将二者与"言"相并列,便是将"言"也定义为得"意"的工具。"言者所以在意"不仅肯定了心之所悟对语言的指向作用,也意味着在庄子看来,

---

[1] 《庄子·杂篇·外物》。

"言"与"意"存在着一定程度的分离,"意"可以离开"言"而存在,因此才可以"得意而忘言"。成玄英将此解释为:"意,妙理也,夫得鱼兔本因筌蹄,而筌蹄实异鱼兔,亦犹玄理假于言说,言说实非玄理,鱼兔得而忘筌蹄,玄理明而名言绝。"运用语言是为了表达真意,领会了真意,就应该把语言忘掉。庄子本人认为语言对传道有媒介的作用,但又否定语言的有效性。庄子后学认为语言作为媒介不能完全表达真意,人们不能执着于语言的形式,而应着力体会其中的深意。一旦把握了言中(外)之意,就要忘记作为媒介的语言对思想的束缚。

庄子在多处对"得意忘言"问题进行了进一步形象化的阐明。在《田子方》中,庄子叙述了孔子见温伯雪子的故事:

> 温伯雪子适齐,舍于鲁。鲁人有请见之者,温伯雪子曰:"不可。吾闻中国之君子,明乎礼义而陋于知人心。吾不欲见也。"
>
> 至于齐,反舍于鲁,是人也又请见。温伯雪子曰:"往也蕲见我,今也又蕲见我,是必有以振我也。"出而见客,入而叹。明日见客,又入而叹。其仆曰:"每见之客也,必入而叹,何耶?"曰:"吾固告子矣:'中国之民,明乎礼义而陋乎知人心。'昔之见我者,进退一成规、一成矩,从容一若龙、一若虎。其谏我也似子,其道我也似父,是以叹也。"
>
> 仲尼见之而不言。子路曰:"吾子欲见温伯雪子久矣。见之而不言,何邪?"仲尼曰:"若夫人者,目击而道存矣,亦不可以容声矣!"

温伯雪子到齐国去,途中在鲁国歇宿。鲁国有人请求拜会他,温伯雪子说:"不行。我听说中原国家的读书人,明瞭礼义却不善解人心,我不想见他们。"

去到齐国,返回途中又在鲁国歇足,这些人又请求会见。温

第五章 审美的本质直观——莫若以明

伯雪子说:"先前要求会见我,如今又要求会见我,这些人一定是有什么可以打动我的。"温伯雪子于是出来接见了这些客人,可是回到屋里就叹息不已。第二天再次会见这些客人,回到屋里又再次叹息不已。他的仆从问道:"每次会见这些客人,必定回到屋里就叹息不已,这是为什么呢?"温伯雪子说:"我原先就告诉过你:'中原国家的人,明瞭礼义却不善解人心。前几天会见我的那些人。进退全都那么循规蹈矩,动容却又全都如龙似虎,他们劝告我时那样子就像是个儿子,他们开导我时那样子又像是个父亲,因此我总是叹息不已。"

孔子见到温伯雪子时却一言不发。子路问:"先生想会见温伯雪子已经很久很久了,可是见到了他却一句话也不说,为什么呢?"孔子说:"像他那样的人,目光方才投出大道就已经在那里存留,也就无须再用言语了。"

温伯雪子实际是道之化身,孔子见之而得道,颇有些后世禅宗"顿悟"的味道,然而孔子这种得"道"意的状态是"不可以容声"的,是一种"忘言"的状态。这里庄子便借仲尼之口为"得意忘言"做了一个精彩的注脚。类似的例子还有《知北游》中"知"向"无为谓""狂屈"和"黄帝"问"道"的寓言:

> 知北游于玄水之上,登隐弅之丘,而适遭无为谓焉。知谓无为谓曰:"予欲有问乎若:何思何虑则知道?何处何服则安道?何从何道则得道?"三问而无为谓不答也。非不答,不知答也。知不得问,反于白水之南,登狐阕之上,而睹狂屈焉。知以之言也问乎狂屈。狂屈曰:"唉!予知之,将语若。"中欲言而忘其所欲言。知不得问,反于帝宫,见黄帝而问焉。黄帝曰:"无思无虑始知道,无处无服始安道,无从无道始得道。"
>
> 知问黄帝曰:"我与若知之,彼与彼不知也,其孰是邪?"黄帝曰:"彼无为谓真是也,狂屈似之;我与汝终不近也。夫知者不言,言者不知,故圣人行不言之教。

道不可致，德不可至。仁可为也，义可亏也，礼相伪也。故曰：'失道而后德，失德而后仁，失仁而后义，失义而后礼。礼者，道之华而乱之首也。'故曰：'为道者日损，损之又损之，以至于无为。无为而无不为也。'今已为物也，欲复归根，不亦难乎！其易也，其唯大人乎！生也死之徒，死也生之始，孰知其纪！人之生，气之聚也。聚则为生，散则为死。若死生为徒，吾又何患！故万物一也。是其所美者为神奇，其所恶者为臭腐。臭腐复化为神奇，神奇复化为臭腐。故曰：'通天下一气耳。'圣人故贵一。"

知谓黄帝曰："吾问无为谓，无为谓不我应，非不应我，不知应我也；吾问狂屈，狂屈中欲告我而不我告，非不我告，中欲告而忘之也。今予问乎若，若知之，奚故不近？"黄帝曰："彼其真是也，以其不知也；此其似之也，以其忘之也；予与若终不近也，以其知之也"。

狂屈闻之，以黄帝为知言。

知向北游历来到玄水岸边，登上名叫隐弅的山丘，正巧在那里遇上了无为谓。知对无为谓说："我想向你请教一些问题：怎样思索、怎样考虑才能懂得道？怎样居处、怎样行事才符合于道？依从什么、采用什么方法才能获得道？"问了好几次无为谓都不回答，不是不回答，而是不知道回答。知从无为谓那里得不到解答，便返回到白水的南岸，登上名叫狐阕的山丘，在那里见到了狂屈。知把先前的问话向狂屈提出请教，狂屈说："唉，我知道怎样回答这些问题，我将告诉给你，可是心中正想说话却又忘记了那些想说的话。"知从狂屈那里也没有得到解答，便转回到黄帝的住所，见到黄帝向他再问。黄帝说："没有思索、没有考虑方才能够懂得道，没有安处、没有行动方才能够符合于道，没有依从、没有方法方才能够获得道。"

知于是问黄帝："我和你知道这些道理，无为谓和狂屈不知

第五章 审美的本质直观——莫若以明

道这些道理,那么,谁是正确的呢?"黄帝说:"那无为谓是真正正确的,狂屈接近于正确;我和你则始终未能接近于道。知道的人不说,说的人不知道,所以圣人施行的是不用言传的教育。道不可能靠言传来获得,德不可能靠谈话来达到。没有偏爱是可以有所作为的,讲求道义是可以亏损残缺的,而礼仪的推行只是相互虚伪欺诈。所以说,'失去了道而后能获得德,失去了德而后能获得仁,失去了仁而后能获得义,失去了义而后能获得礼。礼,乃是道的伪饰、乱的祸首'。所以说,'体察道的人每天都得清除伪饰,清除而又再清除以至达到无为的境界,达到无所作为的境界也就没有什么可以作为的了'。如今你已对外物有所作为,想要再返回根本,不是很困难嘛!假如容易改变而回归根本,恐怕只有是得道的人啊!"生是死的同类,死是生的开始,谁能知道它们的端绪!人的诞生,是气的聚合,气的聚合形成生命,气的离散便是死亡。如果死与生是同类相属的,那么对于死亡我又忧患什么呢?所以,万物说到底是同一的。这样,把那些所谓美好的东西看作神奇,把那些所谓讨厌的东西看作臭腐,而臭腐的东西可以再转化为神奇,神奇的东西可以再转化为臭腐。所以说,'整个天下只不过同是气罢了'。圣人也因此看重万物同一的特点。"

知又对黄帝说:"我问无为谓,无为谓不回答我,不是不回答我,是不知道回答我。我问狂屈,狂屈内心里正想告诉我却没有告诉我,不是不告诉我,是心里正想告诉我又忘掉了怎样告诉我。现在我想再次请教你,你懂得我所提出的问题,为什么又说回答了我便不是接近于道呢?"黄帝说:"无为谓他是真正了解大道的,因为他什么也不知道;狂屈他是接近于道的,因为他忘记了;我和你终究不能接近于道,因为我们什么都知道。"

狂屈听说了这件事,认为黄帝的话是最了解道的谈论。

在这个寓言中,庄子借黄帝之口说出了"忘言"的高论:无为谓"不知"而不言,是"真是也"即真得道;狂屈欲言而忘言是近道而未得道,如成玄英所疏:"彼无为谓妙体无知,故真是道也。此狂屈反照遣言,中忘其告,似道非真也。"而黄帝和知则因"以其知之也"而终不近"道"。庄子还通过"以黄帝为知言"的定论来肯定这就是他的"知言"观点。庄子在这里重申了"言"的最高境界即体"道"之言的境界是无为谓那样"不知"不言,也就是"大辩不言",但这主要是从传达主体的角度来说的。次之的情况则是如狂屈般的"中欲言而忘其所欲言"的"忘言"境界。所以庄子说:

> 六合之外,圣人存而不论;六合之内,圣人论而不议。春秋经世先王之志,圣人议而不辩。故分也者,有不分也;辩也者,有不辩也。①

天地四方宇宙之外的事,圣人总是存而不论;宇宙之内的事,圣人虽然细加研究,却不随意评说。至于古代历史上善于治理社会的前代君王们的记载,圣人虽然有所评说却不争辩。可知有分别就因为存在不能分别,有争辩也就因为存在不能辩驳。"故曰:辩也者,有不见也。"所以说,大凡争辩,总因为有自己所看不见的一面。

天下熙熙攘攘,人们每天都在争论着对错,好像真的可以争论出个谁是谁非似的。在庄子看来,这是徒劳无益的,因为在这个世界上没有任何人能够制定评判是非的标准,能够作为是非的评判者。现在假设我与你在进行辩论,假如你胜了,而我没有胜你,你就一定是对的,而我是错的吗?或者反过来,我胜了你,而你败了,那么我就真是对的,而你是错的吗?是其中一方对呢,还是其中的一方错呢?是我们俩都对呢,还是我们俩都错误呢?这些问题我们两个都不可能知道。可见,争论的双方之间是无法确定是非的,因为,双方中的任何一方都认为对方是错而自己对,各自有各自的是非标准,处于尖锐对立之中,因而就无法达到统一,也就难以确定谁对谁错。用我的标准来衡量,你不同意,用你的

---

① 《庄子·内篇·齐物论》。

第五章 审美的本质直观——莫若以明

标准来衡量,我也反对,双方怎么可能统一起来。当然,在现实生活中常常可以看到双方统一的情况,但那通常是在不平等的情况下出现的,也就是说,是以强权来确定对错的。这就不再取决于辩论本身,而是取决于权力的大小了。如果不是这样,便很难出现这种双方"一致"的结果。那么第三方是不是可以作为评判的标准呢?不可以。因为别人本来也稀里糊涂,我们要谁来进行评判呢?让与你观点相同的人来评判,已经与你相同了,怎么能够作出公正的评判?让与我观点相同的人来评判,既与我相同,又如何能有公正的评判?让与你我观点不同的人来评判,既然已经不同,判断怎么可能公允?让与你我相同的人来评判,既然已经相同,怎么可能有公允的判断?这就是说,没有人能够确定是非的标准,也没有人能够判定谁对谁错。因此庄子主张不要陷入这种无谓的辩论,这种辩论对人生不仅无益,而且有害,解决不了任何问题,徒然浪费宝贵的生命。

公正的评判之所以不可能,根本上是由于人的自我肯定,每个人都认己的所作所为是正确的,任何人实际上都把自己看作世界上最好的人,虽然有些人也进行自我批评或批判,但无论怎么批判还是觉得自己的行为合情合理。人不可能从根本上否定自己。人都渴望世界上的人和自己一样,天下从此就太平无事了。之所以如此,就在于他用来评判的逻辑或标准依然是自己的逻辑,用自己的逻辑来评判自己,当然总是正确的。争辩为什么不能达到真理、不能确定是非呢?庄子认为,凡是分别,一定伴随着无差别,在辩论中也必定有不可辩论的东西。因为辩论中的任何一方都从自己的角度出发来看问题,因而只能看到一个方面,而看不到另外的方面,既然他有看不到的方面,也就不可能辨别清楚。再者,就双方都有看不到的方面而言,他们是没有分别的,即都是片面的。从这种片面的观点出发,是达不到真理的。既然没有谁能够判别真假、决定对错,是不是就没有真理了呢?非也。真的境界还是存在的,但它存在于言辞和辩论之外,而不存在于辩论的任何一方之中。真理具有居中的性质和不可说的性质。当我们"说"真理的时候就已经不是真理了。庄子称这种真的境界为"大道",所以他说"大道不称",大道无须宣扬,因为能够说得清楚的就不是道。而且道既然是真的,它就是一定要实现和展示自己的,因而就具有不可抗拒的力量。我们所说的"事实胜于雄辩"就是这个道理。在它面前任何的"说"都显得苍白无力。大道本身也是无法说清楚的,越说反而越不清楚,所以他说"大言不辩",即最高的辩论就是不争辩,因为争辩总是片面的不能达到真理。最高的道的境界只能用心体会,不是争辩出来的;能够争辩得清楚的东西都不是根本,而只是一些枝节的东西,而且争辩只能陷入无穷的是非。因此这种"不辩"是最高的辩论。"不言之辩,不道之道"的境界,是超越于我们的任何现成的思维之上的,想用我们现成的、僵化的思维去把握它是不可能的,我们日常的思维总是固定在现成的规定上,而这种现成规定必定是一些个人的偏见,把这种偏见强加于人确定为人们行为的规范,就是强权。有了强权,真理就没有了,光明就被隐藏起来,人们看到的就只是个人的黑暗了,"不言之辩,不道之道"的境界,就好像座天然的府库,无论注入多少也不会满溢,无论取出多少也不会枯竭,但是它是从哪里来的我们却不知道,它好像隐藏着光明,不断地显耀出来,照亮我们的心灵。

至此,庄子从"道无"的本体论出发建构了在形而下领域"言可尽意",而在形而上领域"言不尽意",进而要求"得意而忘言"的较完整的言意观。庄子的言意观对后世思维方式、审美意识、审美心理、审美感受等诸多方面都产生了难以估量的巨大影响。特别是"言不尽意"和"得意忘言"说在文化艺术领域的流行,使中国古代艺术理论中逐渐形成了"意在言外"的传统。

但是,庄子所主张的"不言"同样也依赖于言语的表达,对于这一矛盾,庄子也有所认识,《齐物论》讲:"今且有言于此,不知其与是类乎?其与是不类乎?类与不类,相与为类,则与彼无以异矣。虽然,请尝言之。"现在我在这里发表言论,我的言论与我所批评的言论是同类吗?还是不同类呢?既然都是语言,那就与

第五章 审美的本质直观——莫若以明

其他的言论没有区别了。即使这样,我还是要用言语表达。但是,庄子并没有努力解决这一矛盾。庄子后学从道与物的界限出发,认可感性认识和理性认识对物的有效性,同时也为语言设定了界限,肯定语言能够表述具体有形的事物,但不能表述本原之道。《则阳》篇提出"丘里之言"与"道"的关系:

> 少知问于大公调曰:"何谓丘里之言?"大公调曰:"丘里者,合十姓百名而为风俗也,合异以为同,散同以为异。今指马之百体而不得马,而马系于前者,立其百体而谓之马也。是故丘山积卑而为高,江河合水而为大,大人合并而为公。是以自外入者,有主而不执;由中出者,有正而不距。四时殊气,天不赐,故岁成;五官殊职,君不私,故国治;文武殊材,大人不赐,故德备;万物殊理,道不私,故无名。无名故无为,无为而无不为。时有终始,世有变化。祸福淳淳,至有所拂者而有所宜,自殉殊面;有所正者有所差,比于大泽,百材皆度;观于大山,木石同坛。此之谓丘里之言。"
>
> 少知曰:"然则谓之道,足乎?"大公调曰:"不然,今计物之数,不止于万,而期曰万物者,以数之多者号而读之也。是故天地者,形之大者也;阴阳者,气之大者也;道者为之公。因其大而号以读之则可也,已有之矣,乃将得比哉!则若以斯辩,譬犹狗马,其不及远矣。"

少知向大公调求教:"什么叫作'丘里'之言?"大公调说:"所谓'丘里',就是聚合头十个姓,上百个人而形成共同的风气与习俗;组合各个不同的个体就形成混同的整体,离散混同的整体又成为各个不同的个体。如今指称马的上百个部位都不能获得马的整体,而马就拴缚在眼前,只有确立了马的每一个部位并组合成一整体才能称之为马。所以说山丘积聚卑小的土石才成就其高,江河汇聚细小的流水才成就其大,伟大的人物并合了众多的意见才成就其公。所以,从外界反映到内心里的东西,自己虽有定见却并不执着己见,由内心里向外表达的东西,即使是正确的也不愿跟他人相违逆。四季具有不同的气候,大自然并没有对某一节令给予特别的恩赐,因此年岁的序列得以形成;各种官吏具有不同的职能,国君没有偏私,因此国家得以治理;文臣武将具有各不相同的本事,国君不作偏爱,因此各自德行完备;万物具有各别的规律,大道对它们也都没有偏爱,因此不去授予名称以示区别。没有称谓因而也就没有作为,没有作为因而也就无所不为。时序有终始,世代有变化。祸福在不停地流转,出现违逆的一面同时也就存在相宜的一面;各自追逐其不同的侧面,有所端正的同时也就有所差误。就拿山泽来打比方,生长的各种材质全都有自己的用处;再看看大山,树木与石块处在同一块地方。这就叫作'丘里'的言论。"

少知问:"既然如此,那么称之为道,可以吗?"大公调说:"不可以。现在计算一下物的种数,不止于一万,而只限于称作万物,是用数目字最多的来称述它。所以,天和地,是形体中最大的;阴与阳,是元气中最大的;而大道却把天地、阴阳相贯通。因为它大就用'道'来称述它是可以的,已经有了'道'的名称,还能够用什么来与它相提并论呢?假如用这样的观点来寻求区别,就好像狗与马,其间的差别也就太大了!"

"合异以为同,散同以为异"是对名辩学"合同异""散同异"理论的呼应。许多相异的东西聚合起来,可以构成共同的整体;把共同的整体分散,可以成为许多相异的东西。如果指出马的身体的各个部分,那便不是马,这就是"散同以为异";把马系在我们面前,它的身体由各部分组成,便叫作马,这就是"合异以为同"。作者认为同与异是整体与部分的关系。所有的事物都由多数不同的部分集合而成,合则为同,散则为异。《墨子·经上》将"同"分为重同、体同、合同、类同。《经说上》解释:"二名一实,重同也;不外于兼,体同也;俱处于室,合同也;有以同,类同也。"一物二名,是重复,是重同;全体为兼,皆为全体之一部分,为体

第五章 审美的本质直观——莫若以明

同;皆在一处,如同居一室,为合同;有相同之处,为类同。从后期墨家的分类来看,庄子后学在《则阳》篇中的同异关系属于"体同"。而惠施的同与异则属于"类同"。庄子后学强调由相异之部分方能构成大同之整体。丘陵山岳是把低矮的土石堆积起来而成其高大。长江大海是把众多的水流聚合起来而成其广阔。成十姓之家,上百之人聚合起来,形成一种风俗,便是丘里。丘里之言就是众多有别的言论的总体,但作者认为丘里之言不是对"道"的阐述,因为"道"从本质上不可认识,存在于经验世界之外。"言之所尽,知之所至,极物而已。"宇宙间的具体事物可见可知,可以用语言来表达它的道理。但是,道不可称说,道的名称只是假借。任何言论都与物相关联,因此,作者为言语设定了界限,言语所能表达的极致,就是可知可见的事物。而事物起源与衰败的最终原因和依据("道")是议论应当终止的地方。《秋水》讲:

> 夫精粗者,期于有形者也;无形者,数之所不能分也;不可围者,数之所不能穷也。可以言论者,物之粗也;可以意致者,物之精也;言之所不能论,意之所不能察致者,不期精粗焉。

《秋水》作者则又将物具体分为精与粗。认为可以用言语表达的,是粗大的事物,可以用意识求得的,是精微的事物;至于无形非物的道,则言语不能表达,意识不能求得。言语的有效性只限定在"物之粗",即使人的意识所能领会的"物之精"也不能用言语来表达。

外杂篇对道不能用言语表达的思想还有更多的阐述,如《知北游》篇以道论为中心论题,对道的认知、表达有细致的分析:

> 彼至则不论,论则不至;明见无值,辩不若默;道不可闻,闻不若塞:此之谓大得。
> ……

> 夫体道者,天下之君子所系焉。今于道,秋豪之端万分未得处一焉,而犹知藏其狂言而死,又况夫体道者乎!视之无形,听之无声,于人之论者,谓之冥冥,所以论道,而非道也。
>
> ……………
>
> 无始曰:"道不可闻,闻而非也;道不可见,见而非也;道不可言,言而非也!知形形之不形乎!道不当名。"
>
> 无始曰:"有问道而应之者,不知道也。虽问道者,亦未闻道。道无问,问无应。无问问之,是问穷也;无应应之,是无内也。以无内待问穷,若是者,外不观乎宇宙,内不知乎大初。是以不过乎昆仑,不游乎太虚。"

达到体道的境界的人就不会议论,议论者就不能达到境界。在可明见的形色之间是不能遇到道的,因此,辩说不如沉默。道不可听闻,听到的就不是道;道不可眼见,见到的也不是道;道不可言说,言说的就不是道。道不可问,问了也无可回答。因此,庄子后学提出:

> 夫知者不言,言者不知,故圣人行不言之教。(《知北游》)
>
> 故视而可见者,形与色也;听而可闻者,名与声也。悲夫!世人以形色名声为足以得彼之情。夫形色名声,果不足以得彼之情,则知者不言,言者不知,而世岂识之哉!(《天道》)

真正的知"道"就是不言,言论的人实际是不知"道"。庄子后学设定语言有效的界限,强调"道"不能言,但是肯定了语言表述物的正当性和有效性。

庄子所描述的得意忘言、言不尽意、大美不言的思想,被后人大加发挥。王弼从"得意而忘言"引申而为"得象以忘言""得意

第五章 审美的本质直观——莫若以明

而忘象"(《周易例略·明象》),钟嵘《诗品序》有"文已尽而意有余",与"言外之意"如出一辙,皎然《诗式》提出"文外之旨",司空图《与极浦书》提出"象外之象,景外之景",《与李生论诗书》提出"味外之旨""韵外之致",欧阳修《六一诗话》引梅尧臣的"含不尽之意,见于言外",严羽《沧浪诗话》的"不落言筌""言有尽而意无穷"等,显然都是庄子思想的发展。总之,言意关系在后世不断地被强调、引申,形成源远流长的传统。

四、徐复观对庄子的现象学诠释

在《中国艺术精神》一书中,徐复观对庄子作了"再发现",而此"再发现"即是"中国艺术精神主体之呈现"。徐复观认为,心斋之心即是中国艺术精神的主体,其不仅是"庄子整个精神的中核",而且是美的观照得以成立的根据。而胡塞尔关于现象学纯粹意识的相关思想,正好在此点上与庄子的心斋之心有相通之处。为了更好地展示心斋之心的这种"根据"地位,徐复观对庄子的心斋之心作了现象学的解读,而这一过程正是通过对心斋之心与现象学纯粹意识的比较来实现的。

通过对庄子关于"心斋"的思想之解析,徐复观提出,"心斋"中所讲的"忘知"强调忘掉分析性的、概念性的知识活动,而以虚静之心去应接外物,这与胡塞尔所强调的通过现象学还原而直观"实事本身"所体现的精神是一致的。

庄子讲"心斋"非常强调一个"虚"字,正是心斋的虚静本性,使主体在观物时能够克服心物二分、主客对立的状态,达到"心与物冥"的主客合一的意境。心斋之心是"虚而待物"的,故能撤销心理主体活动,并使之摆脱知识、欲望、成见等的干扰,而成为与道合一的自由之心;心斋之心同时又是"不将不迎,应而不藏""胜物而不伤"的,故能在观物时,与"自由地天地万物,两无间隔地主客两忘的照面"。达到胡塞尔现象学通过还原所得到的即是作为"现象学的剩余"的纯粹意识。在纯粹意识中,意向作用与意向对象的关系是与在经验的意识中成立的关系完全不同的,二者是非时空的、非因果的关系,亦即是先天统一之关系,或如徐复观所说,是"根源地关系"或"根源地'一'"。而这种先天统一的相关关系,使得消除心物二分、主客对立成为可能。因此,心斋的虚静之心,能使主体在观物时克服心物二分、主客对立的状态,达到"心与物冥"的主客合一的意境,这实近于现象学纯粹意识的作用。因为如上所述,现象学纯粹意识作为超越的、根源的意识,使其意向性结构亦具有了先天的超越意义。也就是说,意向作用与意向对象在纯粹意识中也成为先天统一的关系,即是同时的、非前后、非因果的关系,也就是所谓的"根源地'一'"。而这在徐复观看来,即是广义上的主客合一。

而要达到此"虚"的境界,必须首先做到"忘知"。徐复观指出,庄子心斋的"忘知"与胡塞尔现象学的还原方法所体现的精神有相似相通之处。众所周知,出于对近代西方素朴实在论的自然主义态度和独断论态度的不满,胡塞尔号召"回到实事本身",即返回到直接自明的、不可怀疑的东西,以建立严格科学的哲学。而要返回到明证性,第一步便是对一切事物的存在进行"悬置",或者将其归入括弧,或者实行中止判断,而这即是一般意义上的"现象学还原"。通过最普遍、最彻底的悬置,一切事物的"超验"存在都被置入括弧中,存而不论,由此剩下的便是一个摆脱了自然主义态度和独断论束缚的自明而无限的现象领域,亦即作为"现象学剩余"的"纯粹意识"领域,徐复观称之为"新地存在领域"。也正是此内在的"纯粹意识"领域为合理而非独断地解释被悬置的存在奠定了坚实可靠的基础。

由此,再来对比庄子的"忘知"与胡塞尔的现象学还原,可发现如下相似之处:徐复观认为庄子的"忘知"是说主体在观物时不主动地对物作分解性的、概念性的知识活动,而此点与胡塞尔现象学还原之悬搁客观事物的"超验"存在很相似;庄子的"忘知"要撤销心理主体之知识、欲望、成见等的作用,而胡塞尔现象学还原要悬搁由自然主义态度而来的一切关于外部世界存在的

第五章 审美的本质直观——莫若以明

信仰、判断,这也是要排除一切成见、前设;庄子的"忘知",通过撤销心理主体之知识、欲望、成见等的作用,而使得心斋的虚静之性得以呈现,这与胡塞尔通过现象学还原而获得纯粹意识亦很相近。当徐复观说"现象学的归入括弧,中止判断,实近于庄子的忘知"时,其主要即是基于上述相似之处而发的。徐复观指出,现象学希望把由自然的观点而来的有关自然世界的一切学问,加以排去。其排去的方法,或者将其归入括弧,或者实行中止判断,由排去而尚有排去不掉的东西,称为现象学的剩余。这是意识自身的固有存在,是纯粹意识。现象学承认自然地观点,及由此而来的各种学问。这是在意识之上,在眼前的现实世界中的学问。但他觉得难道这便是学问的一切吗?现象学是要探出更深的意识,是要获得更新的存在领域;这即是由归入括弧与中止判断的现象学"还原"的方法,所探出的纯粹意识的固有存在。这不是经验的东西,而是超越的东西。现象学是要在这种根源之学的地方为由自然地观点而来的诸学找根据。美的观照,也应当在此有其根据。

庄子心斋之心的"若一志",在徐复观看来,即是"孤立化的知觉"。而所谓"孤立化的知觉",就是指将知觉与实用的态度及学问(求知)的态度分开,亦即是说,既不把知觉作为行动的指导,也不将其用作认识事物客观性质的手段,而只是止于知觉之自身,以知觉之自身为满足,从而使自然获得孤立化、集中化、强度化的知觉。此知觉尽管仍是感性的看、听的感观活动,但因其孤立化、集中化,因而并非停留在物之表面上,而是能够洞察到物之内部,直观其本质。而胡塞尔现象学的本质直观方法,与此有相似之特点。如上所述,通过现象学还原所得到的即是作为"现象学剩余"的"纯粹意识"领域,但这并不单纯是一种经验心理学的事实领域,否则它便只是事实科学(心理学)的"材料",而不能形成一门"本质科学"。但现象学却是一门本质科学而非事实科学,只是它所探求的本质并不在现象(亦即纯粹意识)之外或之后,而就在现象之中,不过要引入本质直观的方法对现象作本质的直观,才能把握其本质。用徐复观的话说,就是"即事象""即本质"的考察,亦即是说在纯粹意识领域,通过现象学的洞见而直观事物的本质。此直观亦是美的观照得以成立的根据。因为现象学的直观强调的是直观的直接性,亦即所谓"原初的直观"。也是说,把现实"所与"的观照对象(审美对象),当即悬置其客观存在,即对事物之存在与否不感兴趣,而诉之于"直接地观",这实即胡塞尔所谓的"一切原则之原则"。在徐复观看来,唯有以此"一切原则之原则"为根据,才能瞥见事物的本质,美的观照也必须通过它才能获得根据。

综上观之,根据徐复观的分析,庄子心斋之心与现象学的本质直观确有相似之处。它不同于一般所谓感性的知觉,而是"根源的知觉",有洞彻力的知觉,亦即能"直观事物本质"的知觉直观。而胡塞尔现象学的本质直观,是"即事象""即本质"的考察,即是说在纯粹意识领域,通过现象学的洞见而直观事物的本质。可见,二者都具有"直观事物本质"之功效,而且都有"之所以能洞察物之内部"的根据:在庄子,是心斋的虚静之心;在胡塞尔,是作为"根源的意识"的纯粹意识领域。

与此同时,徐复观在比较庄子心斋的"忘知"与现象学的还原方法时,他不是仅仅看到二者表层的相似之处,也能于表层相似之处洞察到深层次的差异。如上所述,庄子的"忘知"与现象学的还原确实有许多相似相通之处,但二者的思想底蕴并不完全相同,因而要使比较能够合理、深入地进行,不得不对之有所分疏。徐复观指出,"在现象学则是暂时的,而庄子则成为一往而不返的要求。因为现象学只是为知识求根据而暂时忘知;庄子则是为人生求安顿而一往忘知"。此句话虽短,却很关键,因为其反映了徐复观敏锐地把握到了庄子与胡塞尔思想旨趣之深刻差异。

徐复观认为,庄子的思想主旨不在追求外在的知识,而是要求得人自身的解放:"庄子思想的出发点及其归宿点,是由老子想求得精神的安定,发展而为要求得到精神的自由解放,以建立精神自由的王国。"而胡塞尔现象学思想之旨趣,却并不在于否

第五章 审美的本质直观——莫若以明

定知识之自身。其现象学的还原方法也并非真要取消知识,只不过是暂时"悬置"一般科学对客观存在的信仰。而其之所以如此做,又是出于想为一般科学寻求一个更坚实基础之目的。胡塞尔立志要把自己的现象学建立成为一门"严格的科学""第一哲学",就是想通过现象学的还原"回到事情本身",即回到直接自明的、不可怀疑的现象学的纯粹意识上,从而为一般科学提供坚实可靠的基础和前提。

同时,徐复观敏锐洞察到了由心斋之心所透显的庄子哲学乃至整个中国哲学的精神意旨与以胡塞尔的现象学所代表的西方现代哲学的思想旨趣之间进行深层沟通的可能性。庄子与胡塞尔的对话,涉及的实是中西文化、哲学比较的问题。而既然是文化、哲学比较,也就必然会涉及两种文化、哲学之间精神特质的差异问题。中国自先秦以来的哲学传统与西方自古希腊以来的哲学传统,在精神特质上,显然有诸多差异。仅就思维方式而言,二者的差异也是很明显的。中国文化、哲学,走的是天人合一、主客交融之路。徐复观曾明确指出:"中国文化与西方文化最不同的基调之一,乃在中国文化根源之地,无主客的对立,无个性与群性的对立。'成己'与'成物',在中国文化中认为是一而非二。"西方文化、哲学则有一个源远流长的二元论传统。这种二元论倾向,在古希腊哲学中还不太明显,但业已初现端倪。众所周知,古希腊的哲人大都喜向外(即自然)追求真理、探索万物的始基,这已有将自然对象化的趋势,"物"与"我"已在朦胧之中被作了区分。而发展到近代,自笛卡尔提出"我思故我在"的著名命题之后,主体与客体、心与物的二元论作为近代哲学的基本原则,最终得以确立,并风行西方哲学界、思想界数百年。

庄子哲学作为中国传统文化的一部分,走的当然是天人合一、主客交融之路。因此,若用西方二元论的思想传统来解读庄子的心斋之心,肯定无法形成实质性的对话,因而也无法准确把握庄子思想的精神实质。唯有到了现象学阶段,才使情况有了实质性的改变。简言之,通过现象学还原而获得现象学的纯粹意识,由此便回到了"实事本身",即回到了主客二分之前的原初状态,这样便为与以庄子为代表的中国哲学展开创造性的对话敞开了可能性。而徐复观在对二者进行比较时,深刻洞察到了这一点,即二者都为摆脱二元论的西方近代思维模式提供了可能性。

五、莫若以明

前面讨论了庄子认为"言"是没有意义的,他说一旦有言,就必定有是非,那么怎样才能达到对事物本质的正确认知呢?庄子提出的通达事物本质的路径叫作"莫若以明":

> 物无非彼,物无非是。自彼则不见,自知则知之。故曰:彼出于是,是亦因彼。彼是方生之说也。虽然,方生方死,方死方生;方可方不可,方不可方可;因是因非,因非因是。是以圣人不由,而照之于天,亦因是也。是亦彼也,彼亦是也。彼亦一是非,此亦一是非,果且有彼是乎哉?果且无彼是乎哉?彼是莫得其偶,谓之道枢。枢始得其环中,以应无穷。是亦一无穷,非亦一无穷也。故曰:莫若以明。[①]

各种事物无不存在它自身对立的那一面,各种事物也无不存在它自身对立的这一面。从事物相对立的那一面看便看不见这一面,从事物相对立的这一面看就能有所认识和了解。所以说:事物的那一面出自事物的这一面,事物的这一面亦起因于事物的那一面。事物对立的两个方面是相互并存、相互依赖的。虽然这样,刚刚产生随即便是死亡,刚刚死亡随即便会复生;刚刚肯定随即就是否定,刚刚否定随即又予以肯定;依托正确的一面同时也就遵循了谬误的一面,依托谬误的一面同时也就遵循了正确的一面。因此圣人不走划分正误是非的道路而是观察比照事物的

---

① 《庄子·内篇·齐物论》。

第五章 审美的本质直观——莫若以明

本然,也就是顺着事物自身的情态。事物的这一面也就是事物的那一面,事物的那一面也就是事物的这一面。事物的那一面同样存在是与非,事物的这一面也同样存在正与误。事物果真存在彼此两个方面吗?事物果真不存在彼此两个方面的区分吗?彼此两个方面都没有其对立的一面,这就是大道的枢纽。抓住了大道的枢纽也就抓住了事物的要害,从而顺应事物无穷无尽的变化。"是"是无穷的,"非"也是无穷的。所以说"莫若以明"。

庄子先从"言"的本质入手。我们要"言"干什么?我们认识一个东西,首先得给它命名。这是"言"最根本的作用。所以庄子说:"物无非彼,物无非是。"外物有两个属性,一是外物本身,二是它的"命名"。我们认识外物,都只能先从它的命名开始,而不是从外物本身开始。"自彼则不见,自知则知之。"紧接着庄子就反驳说,这样的观点是对的吗?要知道,"方可方不可,方不可方可;因是因非,因非因是"。首先指出了"命名"的不长久性:"方可方不可。"然后是不确定性:"因是因非。"看来"命名"这个东西是有缺点的。所以圣人不从"命名"入手认识外物,而从外物本身入手。"因是也"。因为"命名"这个东西靠不住,我们给外物改个名字,外物并未本质上改变。那就不能说"命名"是外物的属性了。既然不是外物的属性,就可以从外物中剥离开来。那么不要命名这一点,就是"道"的关键,谓之"道枢"。"名可名,非常名。"除了通过命名还有另一条路:"莫若以明。"

关于"莫若以明"各家的解释众说纷纭。

南怀瑾的解释是,庄子说的"是亦一无穷,非亦一无穷"即"公说公有理,婆说婆有理"。是非都是"无穷","故曰:莫若以明。"最后是明道,明道以后,是非皆明。

王先谦提出:"莫若以明者,言莫若即以本然之明照之。""明"变成了"本然之明",一个庄子独创的专有名词。

唐君毅说:"去成心而使人我意通之道,庄子即名之曰:'以明'。"[①]

---

① 陈鼓应.庄子今注今译[M].北京:中华书局,1983:53.

劳思光说:"庄子认为儒墨各囿于成见。而欲破除彼等之成见,则唯有以虚静之心观照。"①

陈鼓应说:"莫若以明,谓不如超出彼此是否之上,而以大道兼明之。"是肯定劳说的。他说:"各解以劳说为是,'以明'当是从'心'上下去障去蔽的功夫,指去除自我中心的封闭而排他的成见。用现代的语言,'以明'便是培养开放的心灵,不如用明净之心观照。"他把这句话译为:"如要肯定对方所非的而非议对方所肯定的,则不如以空明的心境去观照事物本然的情形。"②

另外还有将"莫若以明"解作"莫若已明"。"以"通"已"。"明"字,当如下文所谓"劳神明为一"中"明"的意思,即指心智、认识活动而言。"莫若以明"即"莫若已明",亦即"止明""去明""弃明""不用明"之义。"莫若以明"即抛弃一般世人分别是非、彼此的那种心智认识活动,而要从物本来就没有分辨是非、彼此之初去加以认识。

还有些观点认为"明"是使人明白,"知"是自己知道,二者是有区别的。"莫若以明",就是不如让对方明白。明白什么?就是后面跟着的那几句要紧话:"物无非彼,物无非是,自彼则不见,自是则知之。"整句话就可译为:"想要肯定对方所否定的,否定对方所肯定的,不如使对方明白,物没有不是那一方面的,也没有不是这一方面的。从那一方面看不到的,从这一方面来看,也就知道了。"

沈善增说:庄子这番话,点明了由论战发展起来的辩论术的根本缺陷。辩论术着眼于个别观点,而有意忽略由一个个观点有机构成的理论体系。是非之辩发展的结果,是消解了"言"——理论的整体。不仅对方的"言"被消解,就是己方的"言"也被消解,成为一个个"是"——一个个分割的观点。这就是"言隐于荣华"。要克服这种情况,真正为了求得真理而论辩指谬,就要从一己的立场里超脱出来,看看哪些是可以求同存异的。这样,就

---

① 陈鼓应.庄子今注今译[M].北京:中华书局,1983:53.
② 同上。

第五章 审美的本质直观——莫若以明

会发现,真正水火不相容的是非冲突,实在是少而又少的。庄子在这里提倡的是理解与沟通,但也仅此而已,与"空明的心境""虚静之心""得道之明"实在并不相干。这里只是从圣人境界,来分析凡人是非之无谓,离开至人境界还远着呢。硬把"空明的心境"等高深的意思塞进来,弄得庄子自己也"言隐于荣华",这实在是诸公操之过急。

冯学成说:"莫若以明",就是以空明的心灵对待万物。明,就是智慧。什么叫智慧?智慧就是一尘不染,不思善,不思恶,也就是"明"。善恶两端都没了,是非自然就没了。我们怎样对待这个是非?就像一面镜子,是,让它给照住;非,也让它给照住。所有的都给照住。对于镜子来说,照住了是,它不欢喜;照住了非,它不憎恨;照到了狮子,它不恐惧;照到了孔雀,它也不欢喜。镜子是不是这样的?就是这样!所以我们怎样认识这个"是非"?到底什么是"是"?什么是"非"?你自己知道吗?自己能不能给自己立一个是非的评判标准?是者,真理也;非者,不是真理也。从道上来说,我这个是道,你那个不是道,对吗?怎样把人类文化形态上的是非对错搞个清楚?就是用这个"莫若以明",就是以空明的心镜去反映事物的原样。但这样说呢,还是没有赵州老和尚那句话高明,"老僧不在明白里"。你不在明白里就没有是非了。你说是,我不知道;你说非,我还是不知道。你问不知道后面有什么玄机啊?自己去慢慢品味。品到了,就知道这里面的玄机重重。

接下去庄子进一步解释什么是"以明"。

> 古之人,其知有所至矣。恶乎至?有以为未始有物者,至矣,尽矣,不可以加矣!其次以为有物矣,而未始有封也。其次以为有封焉,而未始有是非也。是非之彰也,道之所以亏也。道之所以亏,爱之所以成。果且有成与亏乎哉?果且无成与亏乎哉?有成与亏,故昭氏之鼓琴也;无成与亏,故昭氏之不鼓琴也。昭文之鼓琴也,

《庄子》美学的现代解读

师旷之枝策也,惠子之据梧也。三子之知几乎,皆其盛者也,故载之末年。唯其好之也,以异于彼;其好之也,欲以明之。彼非所明而明之,故以坚白之昧终。而其子又以文之纶终,终身无成。若是而可谓成乎?虽我亦成也。若是而不可谓成乎?物与我无成也。是故滑疑之耀,圣人之所鄙也。为是不用而寓诸庸,此之谓"以明"。[①]

　　古时候的人,他们的智慧达到了最高的境界。如何才能达到最高的境界呢?首先那时有人认为,整个宇宙从一开始就不存在什么具体的事物,这样的认识是最了不起,最尽善尽美,而无以复加了。其次,认为宇宙之始是存在事物的,可是万事万物从不曾有过区分和界限。最后,认为万事万物虽有这样那样的区别,但是却从不曾有过是与非的不同。是与非的显露,对于宇宙万物的理解也就因此出现亏损和缺陷,理解上出现亏损与缺陷,偏私的观念也就因此形成。果真有形成与亏缺吗?果真没有形成与亏缺吗?事物有了形成与亏缺,所以昭文才能够弹琴奏乐。没有形成和亏缺,昭文就不再能够弹琴奏乐。昭文善于弹琴,师旷精于乐律,惠施乐于靠着梧桐树高谈阔论,这三位先生的才智可说是登峰造极了!他们都享有盛誉,所以他们的事迹得到记载并流传下来。他们都爱好自己的学问与技艺,因而跟别人大不一样;正因为爱好自己的学问和技艺,所以总希望能够表现出来。而他们将那些不该彰明的东西彰明于世,因而最终以石之色白与质坚均独立于石头之外的迷昧而告终;而昭文的儿子也继承其父亲的事业,终生没有什么作为。像这样就可以称作成功吗?那即使是我虽无成就也可说是成功了。像这样便不可以称作成功吗?外界事物和我本身就都没有成功。因此,各种迷乱人心的巧说辩言的炫耀,都是圣哲之人所鄙夷、摒弃的。所以说,各种无用均寄托于有用之中,这就是"以明"。

　　"以明"也就是所谓的"滑疑之耀"。那么什么是"滑疑之耀"

[①] 《庄子·内篇·齐物论》。

第五章 审美的本质直观——莫若以明

呢？庄子采用了反证的手法。一开始就说"古之人,其知有所至矣"。庄子要反驳"言",先从"知"开刀。那么追求有至之知会有什么效果呢？会有小成。为什么这么说呢？因为要追求的话,必然是有偏爱的。"爱之所以成。"有偏爱就不能面面俱到,所以是小成。然后举了三个例子：昭文之鼓琴也,师旷之枝策也,惠子之据梧也。说这三个人相当了不起了："三子之知几乎！"然后紧接着就反驳了："唯其好之也,以异于彼,其好之也欲以明之。彼非所明而明之,故以坚白之昧终。"他们为什么会有小成呢？是因为和别人不一样。一个"异"字,就说明他们背道而驰了。因为道是求同,所谓"道通为一"。不求同而求异,只能"非所明而明之,故以坚白之昧终。"这样就不能做到"为是不用而寓诸庸"。这样发出的光太亮了,就不是"滑疑之耀"。那么既然追求"知"不可得道,所以只能"去知"。庄子在否定"言"之前,先把"知"给否定了。而且这也引出了下一篇《养生主》,第一句便是："吾生也有涯,而知也无涯。以有涯随无涯,殆已！"说以有涯之生去求无涯之知,只能得到有至之知。

最后,庄子指出"莫若以明"的宗旨在于明道。

  夫大道不称,大辩不言,大仁不仁,大廉不嗛,大勇不忮。道昭而不道,言辩而不及,仁常而不成,廉清而不信,勇忮而不成。五者圆而几向方矣！故知止其所不知,至矣。孰知不言之辩,不道之道？若有能知,此之谓天府。注焉而不满,酌焉而不竭,而不知其所由来,此之谓葆光。[1]

至高无上的真理是不必称扬的,最了不起的辩说是不必言说的,最具仁爱的人是不必向人表示仁爱的,最廉洁方正的人是不必表示谦让的,最勇敢的人是从不伤害他人的。真理完全表露于

---

[1] 《庄子·内篇·齐物论》。

外那就不算是真理,逞言肆辩总有表达不到的地方,仁爱之心经常流露反而成就不了仁爱,廉洁到清白的极点反而不太真实,勇敢到随处伤人也就不能成为真正勇敢的人。这五种情况就好像着意求圆却几近成方一样。因此懂得停止于自己所不知晓的境域,那就是绝顶的明智。谁能真正通晓不用言语的辩驳、不用称说的道理呢?假如有谁能够知道,这就是所说的自然生成的府库。无论注入多少东西,它都不会满盈,无论取出多少东西,它也不会枯竭,而且也不知这些东西出自哪里,这就叫作"葆光"。

  道的要义为"圆","圆"不可求,求之则"圆而几向方矣"。所以说"大道不称,大辩不言,大仁不仁,大廉不嗛,大勇不忮"。接着指出,若能知晓"不言之辩,不道之道"的奥义,便可知闻"天籁"。为什么这么说呢?"若有能知,此之谓天府。"大地噫气所发之声,为"地籁";"天府"所发之声,为"天籁"。"天籁"的要义在于"以明"。所以文章最后又把"滑疑之耀"形容为"注焉而不满,酌焉而不竭,而不知其所由来,此之谓葆光"。"葆光"就是指深藏不露之光。只有深藏不露,才能注而不满,用而不竭。

  "莫若以明"体现了胡塞尔通过"本质直观"对普遍本质的明见性追求,"明见性"概念以双重的方式成为胡塞尔现象学的主导动机。"明见性"或"明证性"这个概念并不包含证明、论证的意思,因为"直观是不能论证的"。胡塞尔在《现象学的观念》中所做的工作,无异于一场逐渐深入的抽丝剥茧。为了达到笛卡尔树立的哲学标牌所意指的、固着于西方哲学理性之基的"清楚明白",也就是胡塞尔自己所说的明证性,胡塞尔进行了三个阶段的现象学还原,逐渐掀开了明证性的三层面纱:一、实在的内在与非实在的内在,二、绝对被给予性与非绝对被给予性,三、显现与显现物。以此,胡塞尔将那个最为纯粹的明证性显露出来,以期使我们的哲学活动在一个客观的澄明之境,因而也是一个普遍有效的境域。

第六章 论丑怪形象——厉与西施道通为一

一、美丑之辨

老子曾经指出,"美"是相对于它的对立物"恶"(丑)而存在的。庄子发展了老子的这个思想。在庄子看来,作为宇宙本体的"道"是最高的,绝对的美,而现象界的"美"和"丑"不仅是相对的,而且在本质上是没有差别的。

《秋水》篇写了一个故事,说明"美"和"丑"是相对的,是相比较而存在的:

> 秋水时至,百川灌河。泾流之大,两涘渚崖之间,不辩牛马。于是焉河伯欣然自喜,以天下之美为尽在己。顺流而东行,至于北海,东面而视,不见水端。于是焉河伯始旋其面目,望洋向若而叹曰:"野语有之曰:'闻道百,以为莫己若者。'我之谓也。且夫我尝闻少仲尼之闻,而轻伯夷之义者,始吾弗信。今我睹子之难穷也,吾非至于子之门则殆矣,吾长见笑于大方之家。"
>
> 北海若曰:"井蛙不可以语于海者,拘于虚也;夏虫不可以语于冰者,笃于时也;曲士不可以语于道者,束于教也。今尔出于崖涘,观于大海,乃知尔丑,尔将可与语大理矣……"

河伯以为"天下之美"都集中在自己身上,到了北海,看见大海这样雄伟,才知道自己是丑的。这就是说,"美"与"丑"是相比较而存在的。河伯与百川比较是美的,与北海若比较就是丑的了。这是"美""丑"相对性的一种含义。

庄子在《齐物论》中,又从人和动物的美感的差异,指出了"美""丑"的相对性:

> 毛嫱丽姬,人之所美也;鱼见之深入,鸟见之高飞,麋鹿见之决骤,四者孰知天下之正色哉?

毛嫱和丽姬,是人们称道的美人了,可是鱼儿见了她们深深潜入水底,鸟儿见了她们高高飞向天空,麋鹿见了她们撒开四蹄飞快地逃离。人、鱼、鸟和麋鹿四者究竟谁才懂得天下真正的美色呢?人认为美的东西,却把动物吓跑了。可见,"美"的东西是相对于人来说才是"美"的。这是"美""丑"的相对性的又一种含义。

《山木》篇记了一个故事:

> 阳子之宋,宿于逆旅。逆旅者有妾二人,其一人美,其一人恶。恶者贵而美者贱。阳子问其故,逆旅小子对曰:"其美者自美,吾不知道其美也;其恶者自恶,吾不知其恶也。"阳子曰:"弟子记之:行贤而去自贤之行,安往而不爱哉!"

阳朱到宋国去,住在旅店里。旅店主人有两个妾,其中一个漂亮,另一个丑陋,可是长得丑陋的受到宠爱而长得漂亮的却受到冷淡。阳朱问他的缘故,年青的店主回答:"那个长得漂亮的自以为漂亮,但是我却不觉得她漂亮;那个长得丑陋的自以为丑陋,但是我却不觉得她丑陋。"阳朱转对弟子说:"弟子们记住!品行贤良但却不自以为具有了贤良的品行,去到哪里不会受到敬重和爱戴啊!"美者自美,就变丑(恶)了,丑(恶)者自丑,就变美

第六章　论丑怪形象——厉与西施道通为一

了。"美"和"丑"可以互相转化。这是"美""丑"的相对性的又一种含义。

庄子从这几个方面指出"美""丑"的相对性，这在美学史上是有贡献的。问题在于，庄子进一步从"美""丑"的相对性走到了相对主义——否定了"美""丑"质的规定性，就陷入了形而上学。在庄子看来，既然"美""丑"是相对的，是可以转化的，"美""丑"也就没有差别了。

《秋水》篇在写河伯见到北海，认识到自己是丑的之后，接着还讲了北海若的一番议论。

> 北海若曰："井蛙不可以语于海者，拘于虚也；夏虫不可以语于冰者，笃于时也；曲士不可以语于道者，束于教也。今尔出于崖涘，观于大海，乃知尔丑，尔将可与语大理矣。天下之水，莫大于海，万川归之，不知何时止而不盈；尾闾泄之，不知何时已而不虚；春秋不变，水旱不知。此其过江河之流，不可为量数。而吾未尝以此自多者，自以比形于天地，而受气于阴阳，吾在于天地之间，犹小石小木之在大山也。方存乎见少，又奚以自多！计四海之在天地之间也，不似礨空之在大泽乎？计中国之在海内不似稊米之在太仓乎？号物之数谓之万，人处一焉；人卒九州，谷食之所生，舟车之所通，人处一焉；此其比万物也，不似豪末之在于马体乎？五帝之所连，三王之所争，仁人之所忧，任士之所劳，尽此矣！伯夷辞之以为名，仲尼语之以为博。此其自多也，不似尔向之自多于水乎？"

井里的青蛙，不可能跟它们谈论大海，是因为受到生活空间的限制；夏天的虫子，不可能跟它们谈论冰冻，是因为受到生活时间的限制；乡曲之士，不可能跟他们谈论大道，是因为教养的束缚。如今你从河岸边出来，看到了大海，方才知道自己的鄙陋，

《庄子》美学的现代解读

你将可以参与谈论大道了。天下的水面,没有什么比海更大的,千万条河川流归大海,不知道什么时候才会停歇,而大海却从不会满溢;海底的尾闾泄漏海水,不知道什么时候才会停止,而海水却从不曾减少;无论春天还是秋天不见有变化,无论水涝还是干旱不会有知觉。这说明大海远远超过了江河的水流,不能够用数量来计算。可是我从不曾因此而自满,自认为从天地那里承受到形体并且从阴和阳那里禀承到元气,我存在于天地之间,就好像一小块石子、一小块木屑存在于大山之中。我正以为自身的存在实在渺小,又哪里会自以为满足而自负呢?想一想,四海存在于天地之间,不就像小小的石间孔隙存在于大泽之中吗?再想一想,中原大地存在于四海之内,不就像细碎的米粒存在于大粮仓里吗?号称事物的数字叫作万,人类只是万物中的一种;人们聚集于九州,粮食在这里生长,舟车在这里通行,而每个人只是众多人群中的一员;一个人比起万物,不就像是毫毛之末存在于整个马体吗?五帝所续连的,三王所争夺的,仁人所忧患的,贤才所操劳的,全在于这毫末般的天下呢!伯夷辞让它而博取名声,孔丘谈论它而显示渊博,这大概就是他们的自满与自傲;不就像你先前在河水暴涨时的扬扬自得吗?所以说,"因其所大而大之,则万物莫不大;因其所小而小之,则万物莫不小"。每一个东西都比比它小的东西大,也都比比它大的东西小,所以一切东西都是大的,也都是小的。既然这样,在庄子看来,大小也就没有差别了。

不但大小没有差别,而且美丑、贵贱,是非、生死也都没有差别。庄子说:

> 故为是举莛与楹,厉与西施,恢恑憰怪,道通为一。①

"莛",草茎。"楹",屋柱。"厉",丑陋的女人。"恑",同"诡"。"憰",同"谲"。"恢诡谲怪",犹言千奇百怪、千形万状。这段话意

---
① 《庄子·内篇·齐物论》。

第六章 论丑怪形象——厉与西施道通为一

思是说,小草杆和大木头,最丑的人和最美的人,以及一切稀奇古怪的事情,都是没有差别的,从"道"的观点看它们都是相通而浑一的。这就是相对主义。列宁说"把相对主义作为认识论的基础,就必然使自己不是陷入绝对怀疑论、不可知论和诡辩,就是陷入主观主义"。庄子正是这样。既然"美""丑"实际是一样的,没有差别的,"美"和"丑"的质的规定性就完全取消了,"美"和"丑"的客观标准也完全取消了,"美""丑"就成了纯粹主观的东西了。这就是从美学上的相对主义走到了美学上的主观主义。

但是这里有一个复杂的情况值得我们注意。那就是庄子在论证他的相对主义美丑观时,把它和"气化"的理论联系在一起,从而在实际上提出了一个新的命题。《知北游》有一段话:

> 人之生,气之聚也。聚则为生,散则为死。若死生为徒,吾又何患!故万物一也。是其所美者为神奇,其所恶者为臭腐。臭腐复化为神奇,神奇复化为臭腐。故曰:"通天下一气耳。"圣人故贵一。

人的诞生,是气的聚合,气的聚合形成生命,气的离散便是死亡。如果死与生是同类相属的,那么对于死亡我又忧患什么呢?所以,万物说到底是同一的。这样,把那些所谓美好的东西看作神奇,把那些所谓讨厌的东西看作臭腐,而臭腐的东西可以再转化为神奇,神奇的东西可以再转化为臭腐。所以说,整个天下只不过同是气罢了。圣人也因此看重万物同一的特点。对这段话,郭象解释说,人们的好恶不同,所以美丑没有一个客观标准。这样解释当然没有错,但是没有抓住庄子这段话的重点。庄子这段话主要是说,万物都是气,美的东西、神奇的东西是气,丑的东西、臭腐的东西也是气,就气来说,美和丑、神奇和臭腐并没有差别,所以它们可以转化,臭腐可以化为神奇,神奇可以化为臭腐。

这就在理论上提出了一个新的命题,一个关于"美"和"丑"的本质的命题:"美"和"丑"的本质都是"气"。"美"和"丑"之所以能够互相转化,不仅在于人们的好恶不同,更根本的是在于"美"和"丑"在本质上是相同的,它们的本质都是"气"。

　　庄子的这个命题,影响也是很大的。在中国美学史上,人们对于"美"和"丑"的对立,并不看得那么严重,并不看得那么绝对。人们认为,无论是自然物,也无论是艺术作品,最重要的并不在于"美"或"丑",而在于要有"生意",要表现宇宙的生命力,这种"生意",这种宇宙的生命力,就是"一气运化"。所以,在中国古典美学体系中,"美"与"丑"并不是最高的范畴,而是属于较低层次的范畴。一个自然物,一件艺术作品,只要有生意,只要它充分表现了宇宙一气运化的生命力,那么丑的东西也可以得到人们的欣赏和喜爱,丑也可以成为美,甚至越丑越美。我们可以举个例子。清代画家郑板桥说:

　　　　米元章论石,曰瘦、曰绉、曰漏、曰透,可谓尽石之妙矣。东坡又曰:石文而丑。一丑字则石之千态万状,皆从此出。彼元章但知好之为好,而不知陋劣中有至好也。东坡胸次,其造化之炉冶乎!燮画此石,丑石也。丑而雄,丑而秀。①

清代美学家刘熙载也说:

　　　　怪石以丑为美,丑到极处,便是美到极处。一"丑"字中,丘壑未易尽言。②

　　一"丑"字中丘壑确实未易尽言。但是郑板桥却用一句话把问题点破了:"一块元气结而石成"。怪石所以"以丑为美",所以"陋劣中有至好",就在于它表现了宇宙元气运化的生命力。这样一种审美观,显然就是发源于庄子的命题。

---

① 《郑板桥集·题画》。
② 《艺概·书概》。

第六章 论丑怪形象——厉与西施道通为一

在这种审美观影响下,历史上出现了一些艺术家,着意在自己作品中创造丑怪的形象。唐代韩愈就常用艰涩难读的诗句描绘灰暗、怪异、恐怖的事物,所以刘熙载说:"昌黎诗往往以丑为美。"杜甫诗中也常常描绘丑的事物和景象,并且常常使用"丑""老丑"一类的字眼。书法家中追求丑怪的人就更多。清初的傅山甚至直接喊出"宁丑毋媚"的口号。在这些艺术家看来,艺术中的"丑"不仅不低于"美",而且比"美"更能表现生命的力量,更能表现人生的艰难,更能表现自己胸中的勃然不可灭之气。

二、论兀者、支离者、瓮㼜大瘿

庄子在《人间世》和《德充符》两篇中写了一大批残缺、畸形、外貌丑陋的人,如:支离疏、兀者王骀、兀者申徒嘉、兀者叔山无趾、哀骀它、闉跂支离无脤、瓮㼜大瘿等。这些人,有的是驼背,有的双腿是弯曲的,有的被砍掉了脚,有的脖子上长着盆瓮那样大的瘤子,有的缺嘴唇,有的相貌奇丑,总之都是一些奇形怪状、极其丑陋的人。可是这些人却受到当时人的喜爱和尊敬。比如《人间世》中的支离疏:

> 支离疏者,颐隐于脐,肩高于顶,会撮指天,五管在上,两髀为胁。挫针治繲,足以餬口;鼓筴播精,足以食十人。上征武士,则支离攘臂而游于其间;上有大役,则支离以有常疾不受功;上与病者粟,则受之三钟与十束薪。夫支离其形者,犹足以养其身,终其天年,又况支离其德者乎?

这个名叫支离疏的人,下巴隐藏在肚脐下,双肩高于头顶,后脑下的发髻指向天空,五官的出口也都向上,两条大腿和两边的胸肋并生在一起。他给人缝衣浆洗,足够糊口度日;又替人筛糠簸米,足可养活十口人。国君征兵时,支离疏捋袖扬臂在征兵人面前走来走去；国君有大的差役，支离疏因身有残疾而免除劳役；国君向残疾人赈济米粟，支离疏还领得三钟粮食十捆柴草。像支离疏那样形体残缺不全的人，还足以养活自己，终享天年，又何况像形体残缺不全那样的德行呢！

　　庄子更多的丑怪形象集中在《德充符》中。《德充符》的中心在于讨论人的精神世界，应该怎样反映宇宙万物的本原观念和一体性观念。庄子在本篇里所说的"德"，并非通常理解的道德或者德行，而是指一种心态。庄子认为宇宙万物均源于"道"，而万事万物尽管千差万别，归根结底又都浑然为一，从这两点出发，体现在人的观念形态上便应是"忘形"与"忘情"。所谓"忘形"就是物我俱化，死生同一；所谓"忘情"就是不存在宠辱、贵贱、好恶、是非。这种"忘形"与"忘情"的精神状态就是庄子笔下的"德"。"充"指充实，"符"则是证验的意思。

　　为了说明"德"的充实与证验，文章想象出一系列外貌奇丑或形体残缺不全的人，但是他们的"德"又极为充实，这样就组成了自成部分的五个小故事：孔子为王骀所折服，申徒嘉使子产感到羞愧，孔子的内心比叔山无趾更为丑陋，孔子向鲁哀公称颂哀骀它，闉跂支离无脤和大瘿为国君所喜爱。五个小故事之后又用庄子和惠子的对话作为结尾，在庄子的眼里惠子恰是"德"充符的反证，还赶不上那些貌丑形残的人。

　　故事一：孔子为王骀所折服

　　鲁有兀者王骀，从之游者，与仲尼相若。常季问于仲尼曰："王骀，兀者也，从之游者与夫子中分鲁。立不教，坐不议。虚而往，实而归。固有不言之教，无形而心成者邪？是何人也？"仲尼曰："夫子，圣人也，丘也直后而未往耳！丘将以为师，而况不若丘者乎！奚假鲁国，丘将引天下而与从之。"

　　常季曰："彼兀者也，而王先生，其与庸亦远矣。若然者，其用心也独若之何？"仲尼曰："死生亦大矣，而不

第六章 论丑怪形象——厉与西施道通为一

得与之变,虽天地覆坠,亦将不与之遗。审乎无假而不与物迁,命物之化而守其宗也。"常季曰:"何谓也?"仲尼曰:"自其异者视之,肝胆楚越也;自其同者视之,万物皆一也。夫若然者,且不知耳目之所宜,而游心乎德之和;物视其所一而不见其所丧,视丧其足犹遗土也。"

常季曰:"彼为己以其知,得其心以其心,得其常心。物何为最之哉?"仲尼曰:"人莫鉴于流水而鉴于止水,唯止能止众止。受命于地,唯松柏独也正,在冬夏青青;受命于天,唯尧、舜独也正,在万物之首。幸能正生,以正众生。夫保始之征,不惧之实,勇士一人,雄入于九军。将求名而能自要者,而犹若是,而况官天地,府万物,直寓六骸,象耳目,一知之所知,而心未尝死者乎!彼且择日而登假,人则从是也。彼且何肯以物为事乎!"

鲁国有个被砍掉一只脚的人,名叫王骀,可是跟从他学习的人却跟孔子的门徒一样多。孔子的学生常季向孔子问道:"王骀是个被砍去了一只脚的人,跟从他学习的人在鲁国却和先生的弟子相当。他站着不能给人教诲,坐着不能议论大事;弟子们却空怀而来,学满而归。难道确有不用言表的教导,身残体秽内心世界也能达到成熟的境界吗?这又是什么样的人呢?"孔子回答说:"王骀先生是一位圣人,我的学识和品行都落后于他,只是还没有前去请教他罢了。我将把他当作老师,何况学识和品行都不如我孔丘的人呢!何止鲁国,我将引领天下的人跟从他学习。"

常季说:"他是一个被砍去了一只脚的人,而学识和品行竟超过了先生,跟平常人相比相差就更远了。像这样的人,他运用心智是怎样与众不同的呢?"仲尼回答说:"死或生都是人生变化中的大事了,可是死或生都不能使他随之变化;即使天翻过来地坠下去,他也不会因此而丧失、毁灭。他通晓无所依凭的道理而不随物变迁,听任事物变化而信守自己的要旨。"常季说:"这是什么意思呢?"孔子说:"从事物千差万别的一面去看,邻近的肝胆虽同处于一体之中也像是楚国和越国那样相距很远；从事物都有相同的一面去看，万事万物又都是同一的。像这样的人，将不知道耳朵眼睛最适宜何种声音和色彩，而让自己的心思自由自在地遨游在忘形、忘情的浑同境域之中。外物看到了它同一的方面却看不到它因失去而引起差异的一面，因而看到丧失了一只脚就像是失落了土块一样。"

常季说："他运用自己的智慧来提高自己的道德修养，他运用自己的心智去追求自己的理念。如果达到了忘情、忘形的境界，众多的弟子为什么还聚集在他的身边呢？"孔子回答说："一个人不能在流动的水面照见自己的身影而是要面向静止的水面，只有静止的事物才能使别的事物也静止下来。各种树木都受命于地，但只有松树、柏树无论冬夏都郁郁青青；每个人都受命于天，但只有虞舜道德品行最为端正。幸而他们都善于端正自己的品行，因而能端正他人的品行。保全本初时的迹象，心怀无所畏惧的胆识；勇士只身一人，也敢称雄于千军万马。一心追逐名利而自我索求的人，尚且能够这样，何况那主宰天地，包藏万物，只不过把躯体当作寓所，把耳目当作外表，掌握了自然赋予的智慧所通解的道理，而精神世界又从不曾有过衰竭的人呢！他定将选择好日子升登最高的境界，人们将紧紧地跟随着他。他还怎么会把聚合众多弟子当成一回事呢！"

故事二：申徒嘉使子产感到羞愧

> 申徒嘉，兀者也，而与郑子产同师于伯昏无人。子产谓申徒嘉曰："我先出则子止，子先出则我止。"其明日，又与合堂同席而坐。子产谓申徒嘉曰："我先出则子止，子先出则我止。今我将出，子可以止乎，其未邪？且子见执政而不违，子齐执政乎？"申徒嘉曰："先生之门，固有执政焉如此哉？子而说子之执政而后人者也？闻之曰：'鉴明则尘垢不止，止则不明也。久与贤人处则无过。'今子之所取大者，先生也，而犹出言若是，不亦过

第六章 论丑怪形象——厉与西施道通为一

乎！"子产曰："子既若是矣，犹与尧争善。计子之德，不足以自反邪？"申徒嘉曰："自状其过以不当亡者众，不状其过以不当存者寡。知不可奈何而安之若命，唯有德者能之。游于羿之彀中，中央者，中地也；然而不中者，命也。人以其全足笑吾不全足者多矣，我怫然而怒；而适先生之所，则废然而反。不知先生之洗我以善邪？吾之自寐邪？吾与夫子游十九年矣，而未尝知吾兀者也。今子与我游于形骸之内，而子索我于形骸之外，不亦过乎！"子产蹴然改容更貌曰："子无乃称！"

申徒嘉是个被砍掉了一只脚的人，跟郑国的子产同拜伯昏无人为师。子产对申徒嘉说："我先出去那么你就留下，你先出去那么我就留下。"到了第二天，子产和申徒嘉同在一个屋子里、同在一条席子上坐着。子产又对申徒嘉说："我先出去那么你就留下，你先出去那么我就留下。现在我将出去，你可以留下吗，抑或是不留下呢？你见了我这执掌政务的大官却不知道回避，你把自己看得跟我执政的大臣一样吗？"

申徒嘉说："伯昏无人先生的门下，哪有执政大臣拜师从学的呢？你津津乐道执政大臣的地位把别人都不放在眼里吗？我听说这样的话：'镜子明亮尘垢就没有停留在上面，尘垢落在上面镜子也就不会明亮。长久地跟贤人相处便会没有过错。'你拜师从学追求广博精深的见识，正是先生所倡导的大道。而你竟说出这样的话，不是完全错了吗！"

子产说："你已经如此形残体缺，还要跟唐尧争比善心，你估量你的德行，受过断足之刑还不足以使你有所反省吗？"申徒嘉说："自个儿陈述或辩解自己的过错，认为自己不应当形残体缺的人很多；不陈述或辩解自己的过错，认为自己不应当形整体全的人很少。懂得事物之无可奈何，安于自己的境遇并视如命运安排的那样，只有有德的人才能做到这一点。一个人来到世上就像来到善射的后羿张弓搭箭的射程之内，中央的地方也就是最容易中靶的地方,然而却没有射中,这就是命。用完整的双脚笑话我残缺不全的人很多,我常常脸色陡变怒气填胸;可是只要来到伯昏无人先生的寓所,我便怒气消失回到正常的神态。真不知道先生用什么善道来洗刷我的呢？我跟随先生十九年了,可是先生从不曾感到我是个断了脚的人。如今你跟我心灵相通、以德相交,而你却用外在的形体来要求我,这不又完全错了吗？"子产听了申徒嘉一席话深感惭愧,脸色顿改而恭敬地说:"你不要再说下去了！"

故事三：孔子的内心比叔山无趾更为丑陋

鲁有兀者叔山无趾,踵见仲尼。仲尼曰："子不谨,前既犯患若是矣。虽今来,何及矣！"无趾曰："吾唯不知务而轻用吾身,吾是以无足。今吾来也,犹有尊足者存,吾是以务全之也。夫天无不覆,地无不载,吾以夫子为天地,安知夫子之犹若是也！"孔子曰："丘则陋矣！夫子胡不入乎,请讲以所闻！"无趾出。孔子曰："弟子勉之！夫无趾,兀者也,犹务学以复补前行之恶,而况全德之人乎！"

无趾语老聃曰："孔丘之于至人,其未邪？彼何宾宾以学子为？彼且蕲以諔诡幻怪之名闻,不知至人之以是为己桎梏邪？"老聃曰："胡不直使彼以死生为一条,以可不可为一贯者,解其桎梏,其可乎？"无趾曰："天刑之,安可解！"

鲁国有个被砍去脚趾的人,名叫叔山无趾,靠脚后跟走路去拜见孔子。孔子对他说："你极不谨慎,早先犯了过错才留下如此的后果。虽然今天你来到了我这里,可是怎么能够追回以往呢！"叔山无趾说："我只因不识事理而轻率作践自身,所以才失掉了两只脚趾。如今我来到你这里,还保有比双脚更为可贵的道德修养,所以我想竭力保全它。苍天没有什么不覆盖,大地没有什么

第六章 论丑怪形象——厉与西施道通为一

不托载,我把先生看作天地,哪知先生竟是这样的人!"孔子说:"我孔丘实在浅薄。先生怎么不进来呢,请把你所知晓的道理讲一讲。"叔山无趾走了。孔子对他的弟子说:"你们要努力啊。叔山无趾是一个被砍掉脚趾的人,他还努力进学来补救先前做过的错事,何况道德品行乃至身形体态都没有什么缺欠的人呢!"

叔山无趾对老子说:"孔子作为一个道德修养至尚的人,恐怕还未能达到吧?他为什么不停地来向你求教呢?他还在祈求奇异虚妄的名声能传扬于外,难道不懂得道德修养至尚的人总是把这一切看作束缚自己的枷锁吗?"老子说:"怎么不径直让他把生和死看成一样,把可以与不可以看作齐一的,从而解脱他的枷锁,这样恐怕也就可以了吧?"叔山无趾说:"这是上天加给他的处罚,哪里可以解脱!"

故事四:孔子向鲁哀公称颂哀骀它

鲁哀公问于仲尼曰:"卫有恶人焉,曰哀骀它。丈夫与之处者,思而不能去也。妇人见之,请于父母曰:'与为人妻,宁为夫子妾'者,十数而未止也。未尝有闻其唱者也,常和人而已矣。无君人之位以济乎人之死,无聚禄以望人之腹。又以恶骇天下,和而不唱,知不出乎四域,且而雌雄合乎前。是必有异乎人者也。寡人召而观之,果以恶骇天下。与寡人处,不至以月数,而寡人有意乎其为人也;不至乎期年,而寡人信之。国无宰,寡人传国焉。闷然而后应,泛而若辞。寡人丑乎,卒授之国。无几何也,去寡人而行。寡人卹焉若有亡也,若无与乐是国也。是何人者也?"

仲尼曰:"丘也尝使于楚矣,适见豚子食于其死母者。少焉眴若,皆弃之而走。不见己焉尔,不得类焉尔。所爱其母者,非爱其形也,爱使其形也。战而死者,其人之葬也不翣资;刖者之屦,无为爱之。皆无其本矣。为天子之诸御,不爪翦,不穿耳;取妻者止于外,不得复

· 173 ·

使。形全犹足以为尔,而况全德之人乎!今哀骀它未言而信,无功而亲,使人授己国,唯恐其不受也,是必才全而德不形者也。"

哀公曰:"何谓才全?"仲尼曰:"死生、存亡、穷达、贫富、贤与不肖、毁誉、饥渴、寒暑,是事之变,命之行也。日夜相代乎前,而知不能规乎其始者也。故不足以滑和,不可入于灵府。使之和豫,通而不失于兑。使日夜无郤,而与物为春,是接而生时于心者也。是之谓才全。""何谓德不形?"曰:"平者,水停之盛也。其可以为法也,内保之而外不荡也。德者,成和之修也。德不形者,物不能离也。"

哀公异日以告闵子,曰:"始也,吾以南面而君天下,执民之纪而忧其死,吾自以为至通矣。今吾闻至人之言,恐吾无其实,轻用吾身,而亡其国。吾与孔丘,非君臣也,德友而已矣!"

鲁哀公向孔子问道:"卫国有个面貌十分丑陋的人,名叫哀骀它。男人跟他相处,常常想念他而舍不得离去。女人见到他便向父母提出请求,说'与其做别人的妻子,不如做哀骀它先生的妾',这样的人已经十多个了而且还在增多。从不曾听说哀骀它倡导什么,只是常常附和别人罢了。他没有居于统治者的地位而拯救他人于临近败亡的境地,也没有聚敛大量的财物而使他人吃饱肚子。他面貌丑陋使天下人吃惊,又总是附和他人而从没首倡什么,他的才智也超不出他所生活的四境,不过接触过他的人无论是男是女都乐于亲近他。这样的人一定有什么不同于常人的地方。我把他召来看了看,果真相貌丑陋足以惊骇天下人。跟我相处不到一个月,我便对他的为人有了了解;不到一年时间,我就十分信任他。国家没有主持政务的官员,我便把国事委托给他。他神情淡漠地回答,漫不经心又好像在加以推辞。我深感羞愧,终于把国事交给了他。没过多久,他就离开我走掉了,我内心

第六章 论丑怪形象——厉与西施道通为一

忧虑像丢失了什么,好像整个国家没有谁可以跟我一道共欢乐似的。这究竟是什么样的人呢?"

孔子说:"我孔丘也曾出使到楚国,正巧看见一群小猪在吮吸刚死去的母猪的乳汁,不一会儿又惊惶地丢弃母猪逃跑了。因为不知道自己的同类已经死去,母猪不能像先前活着时那样哺育它们。小猪爱它们的母亲,不是爱它的形体,而是爱支配那个形体的精神。战死沙场的人,他们埋葬时无须用棺木上的饰物来送葬,砍掉了脚的人对于原来穿过的鞋子,没有理由再去爱惜它,这都是因为失去了根本。做天子的御女,不剪指甲不穿耳眼;婚娶之人只在宫外办事,不会再到宫中服役。为保全形体尚且能够做到这一点,何况德性完美而高尚的人呢?如今哀骀它不说话也能取信于人,没有功绩也能赢得亲近,让人乐意授给他国事,还唯恐他不接受,这一定是才智完备而德不外露的人。"

鲁哀公问:"什么叫作才智完备呢?"孔子说:"死生、存亡、穷达、贫富、贤能与不肖、诋毁与称誉、饥渴、寒暑,这些都是事物的变化,都是自然规律的运行;日夜更替于我们的面前,而人的智慧却不能窥见它们的起始。因此它们都不足以搅乱本性的谐和,也不足以侵扰人们的心灵。要使心灵平和安适,通畅而不失怡悦,要使心境日夜不间断地跟随万物融会在春天般的生气里,这样便会接触外物而萌生顺应四时的感情。这就叫作才智完备。"鲁哀公又问:"什么叫作德不外露呢?"孔子说:"均平是水留止时的最佳状态。它可以作为取而效法的准绳,内心里充满蕴含而外表毫无所动。所谓德,就是事得以成功、物得以顺和的最高修养。德不外露,外物自然就不能离开他了。"

有一天鲁哀公把孔子这番话告诉闵子,说:"起初我认为坐朝当政统治天下,掌握国家的纲纪而忧心人民的死活,便自以为是最通达的了,如今我听到至人的名言,真忧虑没有实在的政绩,轻率作践自身而使国家危亡。我跟孔子不是君臣关系,而是以德相交的朋友呢。"

《庄子》美学的现代解读

故事五：闉跂支离无脤和大瘿为国君所喜爱

闉跂支离无脤说卫灵公，灵公说之；而视全人，其脰肩肩。瓮㼜大瘿说齐桓公，桓公说之；而视全人：其脰肩肩。故德有所长而形有所忘。人不忘其所忘而忘其所不忘，此所谓诚忘。故圣人有所游，而知为孽，约为胶，德为接，工为商。圣人不谋，恶用知？不斲，恶用胶？无丧，恶用德？不货，恶用商？四者，天鬻也，天鬻者，天食也。既受食于天，又恶用人！有人之形，无人之情。有人之形，故群于人，无人之情，故是非不得于身。眇乎小哉，所以属于人也！謷乎大哉，独成其天！

一个跛脚、伛背、缺嘴的人游说卫灵公，卫灵公十分喜欢他；再看看那些体形完整的人，他们的脖颈实在是太细太细了。一个颈瘤大如瓮盎的人游说齐桓公，齐桓公十分喜欢他；再看看那些体形完整的人，他们的脖颈实在是太细太细了。所以，在德行方面有超出常人的地方而在形体方面的缺陷别人就会有所遗忘，人们不会忘记所应当忘记的东西，而忘记了所不应当忘记的东西，这就叫作真正的遗忘。因而圣人总能自得地出游，把智慧看作祸根，把盟约看作禁锢，把推展德行看作交接外物的手段，把工巧看作商贾的行为。圣人从不谋虑，哪里用得着智慧？圣人从不砍削，哪里用得着胶着？圣人从不感到缺损，哪里用得着推展德行？圣人从不买卖以谋利，哪里用得着经商？这四种做法叫作天养。所谓天养，就是禀受自然的饲养。既然受养于自然，又哪里用得着人为！有了人的形貌，不一定有人内在的真情。有了人的形体，所以与人结成群体；没有人的真情，所以是与非都不会汇聚在他的身上。渺小呀，跟人同类的东西！伟大呀，只有浑同于自然。

庄子写这样一大批极其丑陋的人物是为了说明他的人生哲学，也就是为了说明他的精神自由的概念。庄子说"道与之貌，天与之形，无以好恶内伤其身"。（《德充符》）王夫之解释说："道与

第六章 论丑怪形象——厉与西施道通为一

之貌,则貌之美恶皆道也。天与之形,则形之全毁皆天也。"(《庄子解》)长得美也好,长得丑也好,长着两只脚也好,被砍掉了一只脚也好,这都是"道",都是"天",都是"命"。一个懂得"道"的人,一个有"德"的人,不应该去计较这些,而应该懂得美与丑、全与毁、得与失、福与祸都是一样的。这就是"坐忘"。忘就是有意的舍弃,把某些东西从心灵中驱逐出去,驱逐什么呢?形体,"形有所忘"。形体的该被驱逐是因为它们属于命运,而属于命运的东西就是该遗忘的。你能支配形体的变化吗?生不可御,死不可止;美不可迎,丑不可拒。这些都和人无关,于是就该被遗忘。只有遗忘,你才可以把自己的心灵从形体,因此也从有形的世界中解放出来,而至于无形之域。这个时候,你会发现自己变得轻松起来,轻松的像是在水中游泳的鱼。你生活在一个空灵和虚通的世界,没有任何的滞碍。这其实就是道和德的世界,忘掉了形体,超越了有形的世界,你就可以把自己带到这里。因此,忘是为了得到某些不该忘记的东西。人的心也许不能同时容纳形和德,如果你要德的话,就要忘形。

"坐忘"就得到自由了,在纷扰面前不动心。这种纷扰面前的不动心,正是其德的表现,也是其魅力之所在。就好像是松柏,之所以赢得称赞,是因为在地上的事物中,只有它们是无论冬夏寒暑,永远都青青的,也就是在季节变迁中保持不动。或者如尧舜,之所以被称为圣人,是因为无论众人如何,他们永远是正的。或者是勇士,雄入于九军,视入无人之境。在庄子看来,仅仅为了名,为了赢得某些东西,如尧舜、如勇士就可以不动心。更何况是那些"官天地,府万物,直寓六骸,象耳目,一知之所知,而心未尝死者乎"的得道者呢?当一个人包裹天地,笼罩万物,以六骸为寓,以耳目为象抛弃分别之知的时候,天地间任何的变化还能感动它吗?当然不能。于是,不动心也就是自然而然之事了。庄子评论兀者王骀说:"自其异者视之,肝胆楚越也;自其同者视之,万物皆一也。""物视其所一,而不见其所丧。视丧其足,犹遗土也。"郭象注说:"无物而不同,则死生变化无往而非我矣。""以死生为瘠寐，以形骸为逆旅，去生如脱屣，断足如遗土。"懂得了这个"万物皆一"的道理，就能超出"形骸之外"。超出"形骸之外"，就是"安命"。能"安命"就是有"德"的人了。"知其不可奈何而安之若命，德之至也。"

庄子的这种描绘，启示了一个思想，即人的外形的整齐、匀称、美观并不是重要的，重要的是人的内在的"德"，内在的精神面貌。这就是所谓"德有所长而形有所忘"。从这里又可以进步发展成一个思想，即人的外貌的奇丑，反而可以更有力地表现人的内在精神的崇高和力量。这就是庄子描绘这样一批奇形怪状、极其丑陋的人，除了说明他的人生哲学外，还有对美学的启示。在这种启示之下，在美学史上形成了一种和孔子"文质彬彬"的主张很不相同的审美观。这种审美观对艺术创作影响是很大的。闻一多指出："文中之支离疏，画中的达摩，是中国艺术里最有特色的两个产品，正如达摩是画中有诗，文中也常有一种'清丑入图画，视之古铜古玉'（龚自珍《书金铃》）的人物，都代表中国艺术中极高古、极纯粹的境界；而文学中这种境界的开创者，则推庄子。"[1] 宗白华也认为："庄子文章里所写的那些奇特人物大概就是后来唐、宋画家画罗汉时心目中的范本。"[2] 庄子的启示扩大人们的审美的视野，使人们注意从生活中去发现那些外貌丑而具有内在精神力量的人，从而使得中国古典艺术的画廊中添了整整一个系列的奇特的审美形象。

---

[1] 闻一多. 闻一多全集（第二册）[M]. 北京：三联书店，1982：289.
[2] 宗白华. 美学散步[M]. 上海：上海人民出版社，1981：1.

第七章 人格修养——顺任自然

一、"仁义"与"道德"辨析

庄子在人格修养方面,是推崇以"道德"修身,而反对以"仁义"修身的。只有"虚无恬淡"才合于"天德",因而也才是修养的最高境域。《刻意》开篇说:

> 刻意尚行,离世异俗,高论怨诽,为亢而已矣。此山谷之士,非世之人,枯槁赴渊者之所好也。语仁义忠信,恭俭推让,为修而已矣。此平世之士,教诲之人,游居学者之所好也。语大功,立大名,礼君臣,正上下,为治而已矣。此朝廷之士,尊主强国之人,致功并兼者之所好也。就薮泽,处闲旷,钓鱼闲处,无为而已矣。此江海之士,避世之人,闲暇者之所好也。吹呴呼吸,吐故纳新,熊经鸟申,为寿而已矣。此道引之士,养形之人,彭祖寿考者之所好也。若夫不刻意而高,无仁义而修,无功名而治,无江海而闲,不道引而寿,无不忘也,无不有也。淡然无极而众美从之。此天地之道,圣人之德也。

磨砺心志崇尚修养,超脱尘世不同流俗,谈吐不凡,抱怨怀才不遇而讥评世事无道,算是孤高卓群罢了;这样做乃是避居山谷的隐士,是愤世嫉俗的人,正是那些洁身自好、宁可以身殉志的人所一心追求的。宣扬仁爱、道义、忠贞、信实和恭敬、节俭、辞让、谦逊,算是注重修身罢了;这样做乃是意欲平定治理天下的人,是对人施以教化的人,正是那些游说各国而后退居讲学的人所一心追求的。宣扬大功,树立大名,用礼仪来划分君臣的秩序,并以此端正和维护上下各别的地位,算是投身治理天下罢了;这样做乃是身居朝廷的人,尊崇国君强大国家的人,正是那些醉心于建立功业开拓疆土的人所一心追求的。走向山林湖泽,处身闲暇旷达,垂钩钓鱼来消遣时光,算是无为自在罢了;这样做乃是闲游江湖的人,是逃避世事的人,正是那些闲暇无事的人所一心追求的。嘘唏呼吸,吐却胸中浊气吸纳清新空气,像黑熊攀缘引体、像鸟儿展翅飞翔,算是善于延年益寿罢了;这样做乃是舒活经络气血的人,善于养身的人,正是像彭祖那样寿延长久的人所一心追求的。若不需磨砺心志而自然高洁,不需倡导仁义而自然修身,不需追求功名而天下自然得到治理,不需避居江湖而心境自然闲暇,不需舒活经络气血而自然寿延长久,没有什么不忘于身外,而又没有什么不据于自身。宁寂淡然而且心智从不滞留一方,而世上一切美好的东西都汇聚在他的周围。这才是像天地一样的永恒之道,这才是圣人无为的无尚之德。

"道"是老子思想的最高范畴,也是其逻辑起点和立论基础。就老子的言语而言,"道"似乎是先于天地万物并且产生天地万物的一个"东西",是天地万物产生的根源,没有道,就没有天地万物:

> 有物混成,先天地生。寂兮寥兮,独立而不改,周行而不殆,可以为天下母。吾不知其名,字之曰"道",强为之名曰"大"。①

有一个东西混然而成,在天地形成以前就已经存在。听不到它的声音也看不见它的形体,寂静而空虚,不依靠任何外力而独

---

① 《道德经》第二十五章。

第七章 人格修养——顺任自然

立长存永不停息,循环运行而永不衰竭,可以作为万物的根本。我不知道它的名字,所以勉强把它叫作"道",我再勉强给它起个名字叫作"大"。它广大无边而运行不息,运行不息而伸展遥远,伸展遥远而又返回本原。

> 道生一,一生二,二生三,三生万物。万物负阴而抱阳,冲气以为和。①

道是独一无二的,道本身包含阴阳二气,阴阳二气相交而形成一种适匀的状态,万物在这种状态中产生。万物背阴而向阳,并且在阴阳二气的互相激荡而成新的和谐体。

《庄子》继承了老子哲学的自然思想,也使之成为自己思想的核心。道即自然,也就是万物固有的内在规律。"天不得不高,地不得不广,日月不得不行,万物不得不昌,此其道欤。"(《知北游》)天有高的道理,日月自有本身运行的规律,万物自有昌盛的原因,是不需外因加以干涉的。依顺自然无为的法则便是道的根本属性。"万物殊理,道无私,故无名。无名故无为,无为而无不为。"(《则阳》)"万物职职,皆从无为殖。故曰:天地无为也而无不为也。"(《至乐》)道绝对涵盖一切而又高于一切。从自然到人生、社会,整个宇宙间事物的正常运行皆合于道,皆有自身的道。当然,道也是无处不在的:

> 东郭子问于庄子曰:"所谓道,恶乎在?"庄子曰:"无所不在。"东郭子曰:"期而后可。"庄子曰:"在蝼蚁。"曰:"何其下邪?"曰:"在稊稗。"曰:"何其愈下邪?"曰:"在瓦甓。"曰:"何其愈甚邪?"曰:"在屎溺。"东郭子不应。②

---

① 《道德经》第四十二章。
② 《庄子·外篇·知北游》。

《庄子》美学的现代解读

"道在屎尿",庄子这个令人难以接受的譬喻,将大道视同为最卑下、最肮脏的东西。其实,庄子用这种极端的说法,目的是要指出大道的无所不在。东郭子向庄子请教说:"人们所说的道,究竟存在于什么地方呢?"庄子说:"大道无所不在。"东郭子曰:"必定得指出具体存在的地方才行。"庄子说:"在蝼蚁之中。"东郭子说:"怎么处在这样低下卑微的地方?"庄子说:"在稻田的稗草里。"东郭子说:"怎么越发低下了呢?"庄子说:"在瓦块砖头中。"东郭子说:"怎么越来越低下呢?"庄子说:"在大小便里。"东郭子听了后不再吭声。

庄子接着说:"先生,你的问题实在没有问到重点。有个名叫获的市场监察官问屠夫,如何用脚踩来判断猪的肥瘦,就是越往靠近猪蹄的地方踩,越容易得知。只要你不再坚持成见,那大道是不可能脱离任一事物而存在的。最高明的大道是这样,最伟大的言论也是这样。就像周、偏、咸三个字名称不同,但实质是一样的,它们指的都是同一种意义。"

庄子又说:"试着一同来遨游于无何有的处所,混同一体而论,道是没有穷尽的吧,试着一同来顺任自然无为吧!恬淡而安静吧!漠然而清虚吧!调和而悠闲吧!我的心志寥廓,无所往而不知道要到哪里去,去了又来却不知道要停在哪里,我已经来来往往却不知道哪里是终结;飞翔于寥廓的空间,大智的人与道相契而不知道它的究极。支配物的和物没有界限,而物有界限,乃是所谓物的界限;没有界限的界限,乃是界限中的没有界限。说到盈虚衰杀,道使物有盈虚而自身却没有盈虚,道使物有衰杀而自身却没有衰杀,道使物有始终而自身却没有始终,道使物有聚散而自身却没有聚散。"

世界上任何事物里都有道,世间没有一物能脱离道。反过来说,道也不能脱离万物,道也离不开万物,离开万物就不称其为道了。佛家语"一沙一世界"其实也是这个道理,不管是大的还是小的,其中都有道的存在,也就是道无所不在。

同样,庄子所说的"德"也继承了老子《道德经》当中"德"的

第七章 人格修养——顺任自然

内涵。"德"不是通常以为的道德或德行,而是修道者所应必备的特殊的世界观、方法论以及为人处世之方法。

"德"是"道"在伦常领域的发展与表现,因此由道进入德是由自然秩序同向社会秩序的一道屏障,即转而论述人的行为规范。德与法都是规范社会与人的行为的约束力量,但在老子那里二者有不同的地位。老子认为,上德的本质与道之德的本质同于一,因此上德源自于"道"。老子所言之德也不同于常人所言之德。第三十八章载:"上德不德,是以有德;下德不失德,是以无德。上德无为而无不为,下德无为而有以为。上仁为之而无以为,上义为之而有以为。上礼为之而莫之应,则攘臂而仍之。故失道而后失德,失德而后失仁,失仁而后失义,失义而后失礼。"

老子认为,上德主张无所事事,一切顺应自然,带有明显的"无为"特征,可理解为因循自然的行为规范。这种因循自然的德重生命,轻名利,持守清静,戒除贪欲,息心止行,悟道四达,自然无为,同时以百姓之心为心,将自身与自然融为一体,最后归于道。下德由上仁、上义及上礼组成,需要人实际去实行与推广,带有明显的"有为"特征,注重人为的行为规范。从这里可以看出,在老子眼里,孔子推行的仁义理智信只是人为教化的结果,没有达致真正无为超脱的上德境界,所以贬之为下德。上德的无为境界与法本身需要国家制定、国家干预以及公之于世的特性相违背,所以法律不过是下德的范畴而已。但是下德之中,法律与仁、义、礼又有所不同,老子并没有把法纳入下德的探讨范围内,似乎可以得出,老子认为,仁义礼是高于法律的,而法律不过是一种治国之器物。庄子也说"小识伤德,小行伤道"。(《缮性》)小有所知会伤害德行,小有所成会伤害大道。

按照老子的说法,含德之厚者,比于赤子。其表现是"终日号而不嗄,和之至也"和"未知牝牡之合而朘作,精之至也"(《道德经》五十五章),精和之气内充正是含德之厚的象征,而这要在无心也就是心的虚静状态下才能获得。无心也就无为,所以上德是无为而无以为的,下德则是为之而有以为。老子还有玄德、孔德等说法,其说"孔德之容,唯道是从"(《道德经》二十一章),揭示出德字的另一个重要意义即它和道的关联。单纯从文字上来看,德字就有上升的意义,《说文》就有"德,升也"的说法。而上升的表现,就是与道的合一。由于道与德的紧密联系,所以老子经常把道和德并称,如"道之尊,而德之贵,夫莫之命而常自然"(《道德经》五十一章)之类。

在庄子的内七篇中,德也是个重要的概念,这集中地表现在《德充符》一篇。德被看作人的一种独特的用心,所以它和心的联系仍然保持着,并由此和形相对。同时这种用心又和道有关,因此庄子的德可以很方便地描述为"游心于道"的状态。庄子在《德充符》中提出了足和尊足者、形和使其形者以及形骸之外和形骸之内等提法,用来表现形和德的对立以及德较之于形的更重要的位置。他提出:"德有所长,而形有所忘",认为德才是人们最该关注的,也是人之所以为人的最重要的内容。

因此与全形相对,庄子提出了"全德"的说法。全德也就是保持内心之德而不使之摇荡,这就是所谓的"德不形":

> 平者,水停之盛也。其可以为法也,内保之而外不荡也。德者,成和之修也。德不形者,物不能离也。①

这里用水来做比喻,来说明心的静止和不动。不动则不荡于外,因此能够保持内心的平和。《齐物论》中提到"德荡乎名",很显然,德是和名相对的。追逐声名会感动人的心,因此使德遭到破坏。

由此可见,庄子所谓"德"显然与儒家所说"德"的意义是不同的。儒家之德主要包括仁义礼智等内容,而这正是庄子所要否定者。其实在老子那里,就把上德和仁义礼等对立起来,所以特别地说"上德不德,是以有德"。"不德"之"德"就是儒家之德。

---

① 《庄子·内篇·德充符》。

庄子显然也有类似的看法,所以主张要忘掉仁义、礼乐等。《人间世》中曾经有"支离其德"的说法,初看起来和"全德"正好相反,但那里要支离的德应该是儒家所谓的德。只有支离儒家之德,才能全庄子之德。

因此,在老庄这里,"道德"和"仁义"不仅含义不同,甚至是背道而驰的。庄子进一步指出,仁义礼法不仅泯灭了事物的自然之性和自由的人生,而且还常常助纣为虐,充当当权者欺压、残害天下百姓的工具。因为,天下本来是没有仁义礼法的,"圣人"们制礼作乐的目的是规范人们的行为以使之符合一定的要求,实际上是为了符合那些当权者的要求,否则,所谓的仁义礼法便不可能行之于天下。但世上的这种权力分配难道天生就是这样、自然如此的吗?答案当然是否定的。其实,那些当权者之所以能成为当权者,实乃因为他们如盗贼窃取别人财物一样"窃取"天下国家的结果,其间的区别,不过是"彼窃钩者诛,窃国者为诸侯"罢了;同时,当权者在"窃取"了天下国家之后,再"窃取""圣人"的仁义道德以维护自己的利益。由是,"圣人"以仁义治天下,就好像盗贼偷窃时我们为之提供各种便利条件一样,实质上是为那些"窃取"天下国家者统治百姓提供便利。所以,"圣人已死,则大盗不起,天下平而无故矣!圣人不死,大盗不止。虽重圣人而治天下,则是重利盗跖也"。(《胠箧》)庄子此说,不仅仅是对当时儒家等试图以礼乐治天下的嘲讽,实际上对当今的道德生活和政治生活也不无警醒意义。

二、顺任自然

庄子的美学思想里面,最突出强调和推崇的即为自然之美。遵循自然也是达到道德最高境界的一种方式,正如其在《齐物论》中所提出的"已而不知其然,谓之道"。在庄子看来自然之美就是"自然而然",要去除人为的雕琢,还其本真,才是真实的美。人应该追求一种本真心性的还原。

"自然"的概念见于经典是从《老子》开始的,《诗经》《左传》《论语》等先秦经典中没有自然的说法。《老子》提到自然的政治观时说:

> 太上,下知有之;其次,亲而誉之;其次,畏之,其次侮之……悠兮其贵言。功成事遂,百姓皆谓我自然。①

老子认为最好的执政者不会强迫百姓做任何事情,也不会向百姓炫耀自己的恩德。百姓虽然知道他的存在,但是不必理会他的存在。当然更无须歌颂他的伟大和表示对他的谢意。次一等的执政者会作一些令百姓感恩戴德的事情。再次一等的执政者,使百姓畏避不及,也就是昏君。更糟的统治者令百姓忍无可忍,百姓对他只有侮辱谩骂,这就是暴君。聪明的统治者悠闲自得,少言寡道。万事成功遂意。百姓们并不以为君主起了任何作用,而认为本来事情就应该这样。显然,在老子看来,"自然"是一种自然如此的理想状态,是宇宙一切的基本法则。"道大,天大,地大,人亦大。域中有四大。而人居其一焉。人法地,地法天,天法道,道法自然。"(《老子》二十五章)老子从圣人与万物的角度讲到自然,"是以圣人欲不欲,不贵难得之货;学不学,复众人之所过。以辅万物之自然而不敢为"。(《老子》六十四章)自然的状态不仅是值得肯定的,而且是稳定的,是可以预见的,代表了一种可以持续的趋势。

庄子认为天地万物的本质就是自然。"天无为以之清,地无为以之宁。故两无为相合,万物皆化生。芒乎芴乎,而无从出乎!芴乎芒乎,而无有象乎!万物职职,皆从无为殖。故曰:天地无为也而无不为也。"(《至乐》)苍天无为因而清虚明澈,大地无为因而浊重宁寂,天与地两个无为相互结合,万物就全都能变化生长。恍恍惚惚,不知道从什么地方产生出来!惚惚恍恍,没有一点儿

---

① 《老子》十七章。

第七章 人格修养——顺任自然

痕迹！万物繁多,全从无为中繁衍生殖。所以说,天和地自清自宁无心去做什么却又无所不生无所不做。"虚静恬淡寂寞无为者,天地之平而道德之至。"(《天道》)庄子认为圣人之所以为圣,不过是遵循自然规律罢了。"天地有大美而不言,四时有明法而不议,万物有成理而不说。圣人者,原天地之美而达万物之理,是故至人无为,大圣不作,观于天地之谓也。"(《知北游》)庄子这里的"无为""不作",并不是无所作为,而是要人们顺应自然,不妄自造作。要人们观察天地事物发展的规则,然后为之。"噫！心养。汝徒处无为,而物自化。堕尔形体,吐尔聪明,伦与物忘;大同乎涬溟,解心释神,莫然无魂。万物云云,各复其根,各复其根而不知;浑浑沌沌,终身不离;若彼知之,乃是离之。无问其名,无窥其情,物固自生。"(《在宥》)顺应自然无为,万物就会自生自化。忘掉你的形体,抛开你的聪明,和外物泯合,和自然元气混同,释放心神,万物纷纷芸芸,各自返回到它的本根,而不知所以然。浑然不用心机,才能终身不离本根;如果使用心智,就会离失本根。不必追问它的名称,不必探究它的真相,万物乃是自然生长。庄子认为自然无为来自人的本性,因此,要保持人的本性也必须自然无为。《庚桑楚》:"性者,生之质也。性之动,谓之为;为之伪,谓之失。"又云:"彻志之勃,触心之谬,去德之累,达道之塞。贵富显严名利六者,勃志也。容动色理气意六者,谬心也。恶欲喜怒哀乐六者,累德也。去就取与知能六者,塞道也。此四六者不荡胸中则正,正则静,静则明,明则虚,虚则无为而无不为也。"人要保持自我的本性,就必须取消外在于人的各种欲望。

《庄子》一书,处处可以显示出庄子所强调的自然之美。庄子所追求的是一种与自然高度统一的境界,希望能够达到那种"天地与我为一,万物与我并生"的境界。在《秋水》中,通过写北海海神跟河神的谈话,提出了返归本真的主张,即不以人为毁灭天然:

曰:"何谓天?何谓人?"

北海若曰:"牛马四足,是谓天;落马首,穿牛鼻,是谓人。故曰,无以人灭天,无以故灭命,无以得殉名。谨守而勿失,是谓反其真。"

"天"即"天然也","人"即"人为也","反其真"就是"反其天",就是反归作为事物本来面目的"天然的"即"自然的"存在。而要实现这一目的,唯一要做的不过是破除任何形式的违背事物"自然"之性的"人为"而已。

河神说:"什么是天然?什么又是人为?"海神回答:"牛马生就四只脚,这就叫天然;用马络套住马头,用牛鼻绾穿过牛鼻,这就叫人为。所以说,不要用人为去毁灭天然,不要用有意的作为去毁灭自然的禀性,不要为获取虚名而不遗余力。谨慎地持守自然的禀性而不丧失,这就叫返归本真。"

庄子借河神和北海神的对话,阐明了自己的天人观,即反对任何违背自然的人事活动,主张人与天合。庄子的天人观继承并发展了老子的自然道论思想。老子指出:"人法地,地法天,天法道,道法自然。"庄子主张"法天贵真""不拘于俗"。"天"一般指大自然,也指万事万物的自然而然的状态或人的自然天性。是外在于人的并不以人的意志为转移的本然存在状态,是一种外在的必然性。它不但是宇宙万物的本质,也是人存在的价值依据所在。

庄子认为,仁义礼智、道德规范和个体的贪欲巧智,摧残扼杀了人的自然天性,导致了人性的失落。所以,庄子竭力反对一切人为的外在文明规范的束缚,把自然看成仁义道德的对立面,要求恢复人性之自然。个体也应冲破名缰利锁的约束,顺应自然,过一种超脱了功名利欲羁绊的、与自然天道亲和融洽的充实生活,使人的自然天性自由无拘地发展。一切自然而然的原始天然状态都是美好的,一切破坏这种完美无缺的天然状态的人为之举都是刽子手的行为。

在河神和北海神的对话中,更突出了天与人的对立。其中,庄子是以"牛马四足"喻宇宙万物自然而然的状态或天然状态,

第七章 人格修养——顺任自然

"落马首,穿牛鼻"喻用人为的文明规范对万事万物天然状态的摧残、压抑和破坏。因此,天与人的对立,即是自然与人为的对立,淳朴之德与仁义礼智的对立,自然性情与仁义道德的对立。所谓"无以人灭天,无以故灭命,无以德殉名",就是反对以一切人为的规范破坏天然,以事功行为违反如昼夜四时运转不息的必然之本命和以功名之举牺牲人的淳朴无私的天德。这是一种反异化思想,是归复自然的呼声。庄子把它叫作"复其初""反其真""复其性",即恢复"人性的自然"。庄子反异化、张扬个性的精神具有强烈的解放思想、启蒙心智的积极作用。

欧洲文化史上的启蒙运动,同样是以强烈的社会批判意识而张扬个性的。法国启蒙运动的著名思想家卢梭"回到自然"的人文主义思潮,尼采的超越凡人的超人哲学,还有当代自然人文主义思潮,都具有反对异化、重视人的内在价值的倾向,这与庄子的天人观具有相同的思想。我们现在提倡的人与自然的和谐,就是在一定程度上纠正我们的异化,使我们能够持续地发展下去。《应帝王》中庄子讲了一个浑沌之死的故事:

> 南海之帝为儵,北海之帝为忽,中央之帝为浑沌。儵与忽时相与遇于浑沌之地,浑沌待之甚善。儵与忽谋报浑沌之德,曰:"人皆有七窍以视听食息,此独无有,尝试凿之。"日凿一窍,七日而浑沌死。

"浑沌"喻天然状态或人的自然天性,"凿七窍"喻人为,引申为以人为的方法束缚摧残人的自然天性,必然导致人的精神自由的丧失。南海的大帝名叫儵,北海的大帝名叫忽,中央的大帝叫浑沌。儵与忽常常相会于浑沌之处,浑沌款待他们十分丰盛,儵和忽在一起商量报答浑沌的深厚情谊,说:"人人都有眼耳口鼻七个窍孔用来视、听、吃和呼吸,唯独浑沌没有,我们试着为他凿开七窍。"他们每天凿出一个孔窍,凿了七天浑沌也就死去了。

浑沌之死,也是大道之死。人总是将自己的意念推及他物身上，以自己的好恶，为别人的好恶，却不知个人的知识有限，实在难以周全。强制作为的结果，恰恰造成相反的效果。有为，往往假借善的名义来执行，这正是它可怕的地方。浑沌之死的悲惨遭遇，是人类为了满足自己的贪欲，以人为的奸诈与巧智破坏大自然的原始和谐状态和人类自身的原始天性的必然恶果，是文明社会中深重的异化现象的突出表现，它造成了人和自然关系的对立激化，也造成了人类的文明进化和精神堕落的同时并存，导致人的自然天性的沦落和丧失。

"浑沌"一词，在这里有深刻的象征意义，它指宇宙万物没有生成前的原始状态。由于万物还没有分化离析浑然一体，没有差别，也无所谓争斗矛盾。人和大自然与人和自身之间是一种协调统一而非对立分裂的状态。"倏""忽"二词寓意为人类的智慧。倏、忽的人为，表现在为纯朴自然的浑沌凿七窍的行动上，他们的本意是想让浑沌具有七窍，像人一样能观察外界，享受人间的幸福和快乐，以此来报答浑沌的美德，但其结果却导致了纯朴自然的浑沌的死亡，这的确是人类自身无法预料的悲剧。可见，要保持人和自然、人和自身和谐统一的关系，就必须反对"以人灭天"，主张"与天为徒""天与人不相胜"。庄子否定人为和有为，在某些方面是对人的主观能动性的取消，但在这背后，他又强调人和大自然、人和自身的和谐融洽关系，却又具有反对异化、张扬个性的积极意义。

西方几百年的资本主义文明史，一方面确证了人类的科技智慧的伟大作用但另一方面所造成的自然状态的破坏，人类生态的失衡和人的精神世界的崩溃，无不是过分有为、人为而结出的文明恶果。当代西方的自然人文主义学派都不约而同地从古老东方的老庄思想之中汲取人文养料，以匡正传统的科学主义信仰所造成的人性分裂现象，重新塑造人和自然，社会及自身相统一的文化价值体系，这就深刻地表现出庄子自然主义思想的现代价值。

《在宥》篇中，庄子借云将向鸿蒙求道的寓言故事，再次说明

第七章 人格修养——顺任自然

反对人为,提倡自然,阐述无为而治的主张,并重申"堕尔形体,吐尔聪明,伦与物忘"的养心之道:

云将东游,过扶摇之枝而适遭鸿蒙。鸿蒙方将拊脾雀跃而游。云将见之,倘然止,赞然立,曰:"叟何人邪?叟何为此?"鸿蒙拊脾雀跃不辍,对云将曰:"游!"云将曰:"朕愿有问也。"鸿蒙仰而视云将曰:"吁!"云将曰:"天气不和,地气郁结,六气不调,四时不节。今我愿合六气之精,以育群生,为之奈何?"鸿蒙拊脾雀跃掉头曰:"吾弗知!吾弗知!"云将不得问。

又三年,东游,过有宋之野,而适遭鸿蒙。云将大喜,行趋而进曰:"天忘朕邪?天忘朕邪?"再拜稽首,愿闻于鸿蒙。鸿蒙曰:"浮游,不知所求;猖狂,不知所往;游者鞅掌,以观无妄。朕又何知!"云将曰:"朕也自以为猖狂,而民随予所往;朕也不得已于民,今则民之放也。愿闻一言。"

鸿蒙曰:"乱天之经,逆物之情,玄天弗成;解兽之群,而鸟皆夜鸣;灾及草木,祸及止虫。意,治人之过也!"云将曰:"然则吾奈何?"鸿蒙曰:"意,毒哉!仙仙乎归矣。"云将曰:"吾遇天难,愿闻一言。"

鸿蒙曰:"意!心养。汝徒处无为,而物自化。堕尔形体,吐尔聪明,伦与物忘;大同乎涬溟。解心释神,莫然无魂。万物云云,各复其根,各复其根而不知;浑浑沌沌,终身不离;若彼知之,乃是离之。无问其名,无窥其情,物固自生。"云将曰:"天降朕以德,示朕以默。躬身求之,乃今也得。"再拜稽首,起辞而行。

云将到东方巡游,经过神木扶摇的枝旁恰巧遇上了鸿蒙。鸿蒙正拍着大腿像雀儿一样跳跃游乐。云将见鸿蒙那般模样,惊疑地停下来,纹丝不动地站着,说:"老先生是什么人呀!老先生为什么这般动作？"鸿蒙拍着大腿不停地跳跃，对云将说："自在地游乐！"云将说："我想向你请教。"鸿蒙抬起头来看了看云将道："哎！"云将说："天上之气不和谐，地上之气郁结了，阴、阳、风、雨、晦、明六气不调和，四时变化不合节令。如今我希望调谐六气之精华来养育众生灵，对此将怎么办？"鸿蒙拍着大腿掉过头去，说："我不知道！我不知道！"云将得不到回答。

过了三年，云将再次到东方巡游，经过宋国的原野恰巧又遇到了鸿蒙。云将大喜，快步来到近前说："老先生忘记了我吗？老先生忘记了我吗？"叩头至地行了大礼，希望得到鸿蒙的指教。鸿蒙说："自由自在地遨游，不知道追求什么；漫不经心地随意活动，不知道往哪里去。游乐人纷纷攘攘，观赏那绝无虚假的情景；我又能知道什么！"云将说："我自以为能够随心地活动，人民也都跟着我走；我不得已而对人民有所亲近，如今却为人民所效仿。我希望能聆听您的一言教诲。"鸿蒙说："扰乱自然的常规，违背事物的真情，整个自然的变化不能顺应形成。离散群居的野兽，飞翔的鸟儿都夜鸣，灾害波及草木，祸患波及昆虫。唉，这都是治理天下的过错！"云将问："这样，那么我将怎么办？"鸿蒙说："唉，你受到的毒害实在太深啊！你还是就这么回去吧。"云将说："我遇见你实在不容易，恳切希望能听到你的指教。"

鸿蒙说："唉！修身养性。你只须处心于无为之境，万物会自然地有所变化。忘却你的形体，废弃你的智慧，让伦理和万物一块儿遗忘。混同于茫茫的自然之气，解除思虑释放精神，像死灰一样木然地没有魂灵。万物纷杂繁多，全都各自回归本性，各自回归本性却是出自无心，浑然无知保持本真，终身不得背违；假如有所感知，就是背离本真。不要询问它们的名称，不要窥测它们的实情，万物本是自然地生长。"云将说："你把对待外物和对待自我的要领传授给我，你把清心寂神的方法晓谕给我；我亲身探求大道，如今方才有所领悟。"叩头至地再次行了大礼，起身告别而去。

云将求到的道是：顺其自然，无所作为，让万物自然化育。解

第七章 人格修养——顺任自然

放心神,无所追求,无知得就像没有魂魄一样。芸芸万物,因而各自返回它们的自然状态,各自回复自然而不知所以然。

《骈拇》和《马蹄》,集中反映了庄子无为而治,返归自然的社会观和政治观,对儒家的仁义和礼乐作了直接的批判与斥责。指出:这些规范和标准本来就是基于各种形式的是非评判之上的,它们不仅是人们主观偏见和利益计较的产物,而且也遮蔽了世界的本来面目。在此生存情境下,人们的自然之性被扭曲甚至被扼杀了,其生命疏离了真正自由的逍遥之境。于是,人们在成为"仁义"和礼法规范牺牲品的同时,还不知不觉地成了那些强权者用于满足自己私利的工具。《骈拇》篇指出:

> 骈拇枝指,出乎性哉!而侈于德。附赘县疣,出乎形哉!而侈于性。多方乎仁义而用之者,列于五藏哉!而非道德之正也。是故骈于足者,连无用之肉也;枝于手者,树无用之指也;多方骈枝于五藏之情者,淫僻于仁义之行,而多方于聪明之用也。
>
> 是故骈于明者,乱五色,淫文章,青黄黼黻之煌煌非乎?而离朱是已!多于聪者,乱五声,淫六律,金石丝竹黄钟大吕之声非乎?而师旷是已!枝于仁者,擢德塞性以收名声,使天下簧鼓以奉不及之法非乎?而曾、史是已。骈于辩者,累瓦结绳窜句,游心于坚白同异之间,而敝跬誉无用之言非乎?而杨、墨是已。故此皆多骈旁枝之道,非天下之至正也。

"骈拇"指并合的脚趾,跟旁出的歧指和附着的赘瘤一样,都是人体上多余的东西。什么才是事物所固有的呢?那就是合乎自然,顺应人情的东西。

庄子借第六根手指说明仁义其实是件不合于自然且多余的事,合于人情本性的,都是个人可以自觉自愿而完成;超出自然本性的,多是因外物引诱而使人不自觉受其驱使。脚趾头连在一

《庄子》美学的现代解读

起或是手上长出第六根手指,应该也是出于天性吧?但却是超出自然所赋予的。多余的肉瘤,应该也是身体的一部分吧?但却超出了本性。想尽办法以"仁义"之名而行于世的人,也将仁义比为人体的五脏,认为是自然本有的,但这却不是道德的真相。所以脚趾相连,是多长了没有用的赘肉;手上长出第六根指头,是多生出了没有用的手指。在本来的五脏之外,又多生出来的东西,正是那假借仁义之名,用尽聪明的事。

所以滥用视觉感官的人,就会混乱青、黄、赤、白、黑五正色,就会在花样文采上大做文章,你看那青黄交错华丽炫目的彩绣不就是吗?而像那能够看见秋毫之末的离朱正是其中之一。

纵情于听觉感官的人,就会淆乱宫、商、角、徵、羽五声,就会在六律上想尽办法变化,你听那为享受而制作的管乐、弦乐、黄钟、大吕等曲调不就是吗?而精于音律的师旷正是其中之一。标榜仁义而无实情的人,就会闭塞本性以求名声,那些喧嚷着要天下人去奉行他们自己根本做不到的仁义法式的人不就是吗?而以行仁义闻名的曾参和以义举著称的史鳅正是其中之一。

多言诡辩的人,就像堆叠砖瓦一样从事一些毫无意义的空谈,或像连接绳索般牵连成一大套理论。穿凿文句雕琢辞藻,醉心在"坚白异同"等论辩中,那些劳心费神只为用这些无用的言论以博得一时名声的人不就是吗?像杨朱、墨翟这些善于论辩的人正是其中之一。所以,这些都是旁门左道,不是天下人所应遵循的正途。

人为了充实生活,除了基本的生存条件外,还会追求额外的享受,像饮食的精美、衣饰的华丽等。但过度要求的结果,使得人类成为外物的附庸,欲望的奴隶。可见多余的东西虽然可以增加生活情趣,但也可能造成无谓的负累。静默与朴质,是庄子思想所推崇的人格,而过度宣扬与增饰的事物,是他所排斥的。因为越是外观上穷尽所能吸引人注意,越有可能偏离了原本的主题,不但鼓吹的人会被热情冲昏了头脑,就连跟随的人也会迷乱而不知所从。

第七章 人格修养——顺任自然

在庄子的眼里,当世社会的纷争动乱都源于所谓圣人的"治",因而他主张摒弃仁义和礼乐,取消一切束缚和羁绊,让社会和事物都回到它的自然和本性上去。文章对于仁义、礼乐的虚伪性、蒙蔽性揭露是深刻的,但追慕上古社会的原始状态则极不可取,"无为自化"的政治主张也是消极的,回避现实的。《马蹄》篇指出:

马,蹄可以践霜雪,毛可以御风寒。龁草饮水,翘足而陆,此马之真性也。虽有义台路寝,无所用之。及至伯乐,曰:"我善治马。"烧之,剔之,刻之,雒之。连之以羁絷,编之以皂栈,马之死者十二三矣;饥之,渴之,驰之,骤之,整之,齐之,前有橛饰之患,而后有鞭筴之威,而马之死者已过半矣!陶者曰:"我善治埴,圆者中规,方者中矩。"匠人曰:"我善治木,曲者中钩,直者应绳。"夫埴木之性,岂欲中规矩钩绳哉?然且世世称之曰:"伯乐善治马,而陶匠善治埴木。"此亦治天下者之过也。

庄子以"伯乐善治马"和"陶、匠善治埴、木"为例,寄喻一切从政者治理天下的规矩和办法,都直接残害了事物的自然和本性。通过对比上古时代一切都具有共同的本性,一切都生成于自然,谴责后代推行所谓仁、义、礼、乐,摧残了人的本性和事物的真情,并直接指出这就是"圣人之过",说明一切羁绊都是对自然本性的摧残,圣人推行的所谓仁义,只能是鼓励人们"争归于利"。

马,可以用蹄踏霜雪,可以用毛抵御风寒,饿了吃草,渴了喝水,高兴了还可以扬蹄跳跃,这些都是马真正的本性。因此,纵使为它建造了高台大殿,对它而言,也是没有意义的。在到伯乐出现说:"我擅长管理马。"于是,用热铁去烧它,剪它的毛,削它的蹄,烙上记号,再用马勒来束住它,用木栅栏关住它,马因此而死的十匹里就有两三匹。接着,再让马挨饿忍饥、驱策奔驰、训练修饰,马活着,前面有强勒口衔的忧患,后面有皮鞭竹棒的威胁。这时马因此而死的,已经超过半数了。

又如陶工说:"我擅长捏陶土。圆的器皿可以合于规,方的器皿可以合于矩。"又如木匠说:"我擅长做木器,弯的可以合于钩,直的可以合于墨绳。"难道泥土与木头的本性,一定要合乎圆规方矩,弯钩墨绳吗?然而,却世世代代都声称:"伯乐擅长管马,而陶工、木匠擅长捏土和做木器。"其实,善于治理天下的人也犯了相同的过错。

人类的功业表现在两个方面,一是对自然的改造,二是对人的改造。从人类进入文明时代以来就开始了这两项活动,它们也成了人类文明的标志。人们常常为之沾沾自喜。但在庄子看来,人类的这些行为恰恰是对真正的文明的破坏。它所破坏的还不是枝节的东西,而是事物的根本。

马本来自由自在地生活在原野上,无所拘束,根本不懂得什么规矩。经过一些训练后,马的确成了有才能的马,成了有用的马,但也成为人的玩物和工具。木头原本是有生命的,依其本性而生长,随着境域而伸展,不可能长成符合什么标准的木材。经过木匠的整治,有用倒是有用了,但其生命也就终结了。那些治理天下的人也犯了同样的错误。

老百姓也与马一样,有着自然的本性,其本来的状态不过是织布而衣,耕种而食。这时他们没有什么偏爱,无忧无虑、自由自在地生活着。人们哪里知道什么君子与小人的区分,这时的百姓由于没有知识,所以没有失去本性,由于没有欲望,因而保持着原始的淳朴。而此时圣人出现了,用礼乐来匡正天下人的行为,倡导仁义以安慰人心。于是人们的疑惑也就产生了,不知道哪是对的,哪是错的。天下的分化也就出现了,每个人有每个人的欲望、知识,人人都开始为自己。人们开始费尽心机地发挥自己的才智,追求自己的利益,以至于不可遏止。

总之,人类的各种灾难都是统治者和圣人积极有为的结果,他们的本意或许是善良的,但结果却是恶的。庄子的这些观点不一定符合历史的事实,但却包含着深刻的道理。从历史发展的过

第七章 人格修养——顺任自然

程看,历史之所以演进到这一步,恐怕不是几个统治者或圣人所能够左右的。打破原始的宁静和淳朴的,是人类智慧本身的发展和社会机体的运行。就是说,这一过程源自人性本身,出自社会内部,是一个必然的过程,而不是某些人从外部施加影响造成的。这就意味着,道德的破坏在先而统治者和圣人的各种人为的措施在后,是出于不得已才这样做的。既然道德已经丧失,就只能退其次而推行仁义;既然仁义已经丧失,也只能退而次之推行刑罚;而当刑罚不奏效的时候,就只有暴政了。

《人间世》中讲述了颜阖向蘧伯玉请教伴君之道的故事。颜阖将被请去做卫国太子的师傅,他向卫国贤大夫蘧伯玉求教:"如今有这样一个人,他的德行生就凶残嗜杀。跟他朝夕与共如果不符合法度与规范,势必危害自己的国家;如果合乎法度和规范,那又会危害自身。他的智慧足以了解别人的过失,却不了解别人为什么会出现过错。像这样的情况,我将怎么办呢?"蘧伯玉回答:"表面上不如去亲近他,内心不如与他妥协。虽然如此,但这两种方法都有不妥当的地方,亲近迁就他,但不能太过分;和顺妥协他,但不能太明显。如果表现太过迁就,连你自己都会被同化,因而导致毁灭堕落;如果妥协得太过明显,他会以为你是为了名声,而视你为妖孽。如果他像婴儿那样任性,你就随他像婴儿一样任性;如果他的行为毫无规范,你也随他为所欲为;如果他荒唐得不受限制,你也随他放荡不羁。假如你能做到这样的地步,就无可挑剔了。"

以螳臂当车为例,蘧伯玉说:"你没有看过那螳螂吗?奋力举起双臂来抵挡车轮,却不知道自己的力量是无法抵挡的。螳螂的前臂可以说是它身上最强的部分了,所以你要小心谨慎,如果你夸耀自己的才能而冒犯了他,下场就跟想挡车子的螳螂差不多了。"然后蘧伯玉分别举了养虎之道和爱马人的例子来说明顺应本性的重要性:

汝不知夫养虎者乎?不敢以生物与之,为其杀之之怒也；不敢以全物与之，为其决之之怒也；时其饥饱，达其怒心。虎之与人异类而媚养己者，顺也；故其杀者，逆也。夫爱马者，以筐盛矢，以蜄盛溺。适有蚊虻仆缘，而拊之不时，则缺衔毁首碎胸。意有所至而爱有所亡，可不慎邪！

你没看养老虎的人吗？不敢拿活的动物喂养它，怕扑杀生物时激怒起它的本性；不敢拿整只动物喂养它，怕撕裂动物时会引起它的残杀天性。使它饥饱时，不让它有引起怒气的机会。老虎与人虽不同类但却会向喂养自己的人献媚，这是因为养虎人懂得顺着老虎的习性，所以老虎伤人，多半是人们违背了老虎的本性。再说那爱马的人，特意用别致的竹筐来接马粪，用珍贵的水器去盛马尿。偶尔有蚊虫叮咬爱马，那人就出其不意地帮马扑打。结果，马惊吓得咬断口勒、毁坏笼头、撕碎肚带。爱马人的本意是好的，但溺爱过度却反而造成损失，由此看来，行事不谨慎行吗？伴君之道的困难，在于如何在坚持原则与和顺妥协中寻求平衡。庄子告诉我们要顺其本性，达到矫正与引导的功效，就是要在无为中无不为。庄子深知比干等臣子的下场，所以他要人们在保持自身的情况下，能够做到伴君自如，不要螳臂当车，悔之晚矣。

自然思想同样也是庄子批判儒家的主要武器。庄子反对儒家人为的政治道德和理想，也是因为其违背了自然的法则。《骈拇》篇中指出标榜仁义是乱天下的祸根，从为外物而殉身这一角度看，君子和小人都"残生损性"，因而是没有区别的：

伯夷死名于首阳之下，盗跖死利于东陵之上。二人者，所死不同，其于残生伤性均也。奚必伯夷之是而盗跖之非乎？天下尽殉也。彼其所殉仁义也，则俗谓之君子；其所殉货财也，则俗谓之小人。其殉一也，则有君子焉，有小人焉；若其残生损性，则盗跖亦伯夷已，又恶取君子小人于其间哉！

第七章 人格修养——顺任自然

伯夷为了贤名死在首阳山下,盗跖为了私利死在东陵山上,这两个人,致死的原因不同,而他们在残害生命、损伤本性方面却是同样的。为什么一定要赞誉伯夷而指责盗跖呢!天下的人们都在为某种目的而献身:那些为仁义而牺牲的,世俗称他为君子;那些为财货而牺牲的,世俗称他为小人。他们为了某一目的而牺牲是同样的,而有的叫作君子,有的叫作小人。倘若就残害生命、损伤本性而言,那么盗跖也就是伯夷了,又怎么能在他们中间区分君子和小人呢!

《天道》篇借老聃之口表达了庄子眼中的"仁义"正是"乱人之性":

> 往见老聃,而老聃不许,于是繙十二经以说。老聃中其说,曰:"大谩,愿闻其要。"孔子曰:"要在仁义。"老聃曰:"请问仁义,人之性邪?"孔子曰:"然。君子不仁则不成,不义则不生。仁义,真人之性也,又将奚为矣?"老聃曰:"请问,何谓仁义?"孔子曰:"中心物恺,兼爱无私,此仁义之情也。"老聃曰:"意,几乎后言!夫兼爱,不亦迂乎!无私焉,乃私也。夫子若欲使天下无失其牧乎?则天地固有常矣,日月固有明矣,星辰固有列矣,禽兽固有群矣,树木固有立矣。夫子亦放德而行,循道而趋,已至矣;又何偈偈乎揭仁义,若击鼓而求亡子焉?意,夫子乱人之性也!"

孔子前往拜见老聃,老聃对孔子的要求不予承诺,孔子于是翻检众多经书反复加以解释。老聃中途打断了孔子的解释,说:"你说得太冗繁,希望能够听到有关这些书的内容大要。"孔子说:"要旨就在于仁义。"老聃说:"请问,仁义是人的本性吗?"孔子说:"是的。君子如果不仁就不能成其名声,如果不义就不能立身社会。仁义的确是人的本性,离开了仁义又能干些什么呢?"老聃说:"再请问,什么叫作仁义?"孔子说:"中正而且和乐外物,兼爱而且没有偏私,这就是仁义的实情。"老聃说:"噫!你后面所说的这许多话几乎都是浮华虚伪的言辞!兼爱天下,这不是太迂腐了吗?对人无私,其实正是希望获得更多的人对自己的爱。先生你是想让天下的人都不失去养育自身的条件吗?那么,天地原本就有自己的运动规律,日月原本就存在光亮,星辰原本就有各自的序列,禽兽原本就有各自的群体,树木原本就直立于地面。先生你还是仿依自然的状态行事,顺着规律去进取,这就是极好的了。又何必如此急切地标榜仁义,这岂不就像是打着鼓去寻找逃亡的人,鼓声越大跑得越远吗?噫!先生扰乱了人的本性啊!"

《骈拇》中说:"且夫待钩绳规矩而正者,是削其性者也;待绳约胶漆而固者,是侵其德者也;屈折礼乐,呴俞仁义,以慰天下之心者,此失其常然也。天下有常然。"况且依靠曲尺、墨线、圆规、角尺而端正事物形态的,这是损伤事物本性的做法;依靠绳索胶漆而使事物相互紧紧粘固的,这是伤害事物天然禀赋的做法;运用礼乐对人民生硬地加以改变和矫正,运用仁义对人民加以抚爱和教化,从而抚慰天下民心的,这样做也就失去了人的常态。天下的事物都各有它们固有的常态。

《胠箧》篇也说:"夫弓弩毕弋机变之知多,则鸟乱于上矣;钩饵罔罟罾笱之知多,则鱼乱于水矣;削格罗落罝罘之知多,则兽乱于泽矣;知诈渐毒、颉滑坚白、解垢同异之变多,则俗惑于辩矣。故天下每每大乱,罪在于好知。"弓弩、鸟网、弋箭、机关之类的智巧多了,那么鸟儿就只会在空中乱飞;钩饵、鱼网、鱼笼之类的智巧多了,那么鱼儿就只会在水里乱游;木栅、兽栏、兽网之类的智巧多了,那么野兽就只会在草泽里乱窜;伪骗欺诈、奸黠狡猾、言辞诡曲、坚白之辩、同异之谈等权变多了,那么世俗的人就只会被诡辩所迷惑。所以天下昏昏大乱,罪过就在于喜好智巧。

庄子进一步认为,儒家的仁义礼治之学,是为诸侯王者盗国盗民的工具,人世间的灾难都是由孔子之类的圣人造成的,所以他斥孔子为"盗丘"。

第七章 人格修养——顺任自然

孔子去泰山劝说大盗"跖",而盗跖却斥责他说:"我听说古代禽兽多而百姓少,于是百姓都居住在树巢上来逃避野兽。白天拣橡栗子吃,晚上睡树巢上,所以称他们为有巢氏的人民。古代百姓不知道穿衣服,夏天多积存木材,冬天燃烧御寒,所以称他们为知道生存的百姓。神农的时代,百姓安静地睡卧,舒适地起来,百姓只知道有母亲,不知有父亲,和麋鹿共处,自己耕种自己吃,自己织布自己穿,没有相害的心思,这是道德极盛的世代。但是到了黄帝,不能继承这种美德,和蚩尤在涿鹿的旷野上打仗,流血百里。尧舜称帝时代,设置群臣百官。商汤流放他的国君,武王杀死了纣王。从此以后,强大欺凌弱小,众多侵略少数。汤武以来,都是祸乱的徒众呀!"

"现在你修习文王、武王的大道,掌握天下的言论,以为后世的教材。穿着儒家宽大的衣服和浅狭的带子,用矫饰虚伪的言论行为迷惑天下的君主,而想求得富贵,最大的盗贼就是你了。为什么天下不称你叫盗丘,而称我为盗跖呢?"

自汉武帝"罢黜百家,独尊儒术"以来,儒学被统治阶级定为支配性的意识形态,孔子随之被称为"圣人"。而庄子却把孔子称为"盗丘",把他和大盗相提并论,此种思想真是旷古未有。

庄子认为,世人所推崇的莫过于黄帝,但黄帝尚不能德行兼备,与蚩尤战于涿鹿的郊野,尧不慈爱,舜不孝顺,商汤流放他的君主,武王攻伐纣王。这些人皆因利害迷失了本性,违反了情性,他们的行为是非常可耻的。其实,圣人的所谓仁义道德是诸侯王者统治阶级窃国盗民的理论工具。仁义道德是杀人不见血的,圣人是教唆犯,是大盗学理论家,诸侯王者是肇事者罪犯,是大盗学的实践家。孔子儒家以仁义道德说教,游说诸侯,是他本人功名利欲之心甚重,而且也鼓励弟子立功名于天下。他们是想封侯富贵,挤进窃国盗民的统治阶级的行列。由大盗学理论家摇身变成行动家,这种卑劣的动机,本身就是盗贼的作为。所以,庄子借盗跖之口,骂孔子为"盗丘"。

庄子指斥圣人孔子为"盗丘",实际是把周朝以来的礼治规范进行了彻底否定,正像西方哲学家尼采大喊"上帝死了"一样,是对传统价值系统的否定,是对一切价值进行重估。这种怀疑传统、批判权威的精神无疑具有强大的思想启蒙意义。

相反,至人的境界则是完全顺任自然。《田子方》借老聃的口表达"至美至乐"的主张,能够"至美至乐"的人就是"至人";怎样才能"至美至乐"呢?那就得"喜怒哀乐不入胸次"而"游心于物之初"。

孔子见老聃,老聃新沐,方将被发而干,蛰然似非人。孔子便而待之。少焉见,曰:"丘也眩与,其信然与?向者先生形体掘若槁木,似遗物离人而立于独也。"老聃曰:"吾游心于物之初。"

孔子曰:"何谓邪?"曰:"心困焉而不能知,口辟焉而不能言,尝为汝议乎其将。至阴肃肃,至阳赫赫。肃肃出乎天,赫赫出乎地。两者交通成和而物生焉,或为之纪而莫见其形。消息满虚,一晦一明,日改月化,日有所为,而莫见其功。生有所乎萌,死有所乎归,始终相反乎无端,而莫知乎其所穷。非是也,且孰为之宗!"

孔子曰:"请问游是"。老聃曰:"夫得是,至美至乐也,得至美而游乎至乐,谓之至人。"孔子曰:"愿闻其方。"曰:"草食之兽不疾易薮;水生之虫,不疾易水。行小变而不失其大常也,喜怒哀乐不入于胸次。夫天下也者,万物之所一也。得其所一而同焉,则四支百体将为尘垢,而死生终始将为昼夜,而莫之能滑,而况得丧祸福之所介乎!弃隶者若弃泥涂,知身贵于隶也。贵在于我而不失于变。且万化而未始有极也,夫孰足以患心!已为道者解乎此。"

孔子曰:"夫子德配天地,而犹假至言以修心,古之君子,孰能脱焉!"老聃曰:"不然。夫水之于汋也,无为而才自然矣。至人之于德也,不修而物不能离焉。若

第七章 人格修养——顺任自然

天之自高,地之自厚,日月之自明,夫何修焉!"

孔子出,以告颜回曰:"丘之于道也,其犹醯鸡与!微夫子之发吾覆也,吾不知天地之大全也。"

　　至人的境界是至美至乐的,是令人向往的。因为至人不因外在的变化而悲天悯人,而是舍弃祸福,顺从自然。孔子拜见老聃,老聃刚洗了头,正披散着头发等待吹干,那凝神寂志、一动不动的样子好像木头人一样。孔子在门下屏蔽之处等候,不一会儿见到老聃,说:"是孔丘眼花了吗,抑或真是这样的呢?刚才先生的身形体态一动不动的,真像是枯槁的树桩,好像遗忘了外物、脱离于人世而独立自存一样。"老聃说:"我是处心遨游于混沌鸿濛宇宙初始的境域。"

　　孔子问:"这说的是什么意思呢?"老聃说:"你心中困惑而不能理解,嘴巴封闭而不能谈论,还是让我为你说个大概。最为阴冷的阴气是那么肃肃寒冷,最为灼热的阳气是那么赫赫炎热,肃肃的阴气出自苍天,赫赫的阳气发自大地;阴阳二气相互交通融合因而产生万物,有时候还会成为万物的纲纪却不会显现出具体的形体。消逝、生长、满盈、虚空、时而晦暗时而显明,一天天地改变一月月地演化,每天都有所作为,却不能看到它造就万物、推演变化的功绩。生长有它萌发的初始阶段,死亡也有它消退败亡的归向,但是开始和终了相互循环没有开端也没有谁能够知道它们变化的穷尽。倘若不是这样,那么谁又能是万物的本源!"

　　孔子说:"请问游心于宇宙之初、万物之始的情况。"老聃回答:"达到这样的境界,就是'至美''至乐'了,体察到'至美'也就是遨游于'至乐',这就叫作'至人'。孔子说:"我希望能听到那样的方法。"老聃说:"食草的兽类不担忧更换生活的草泽,水生的虫豸不害怕改变生活的水域,这是因为只进行了小小的变化而没有失去惯常的生活环境,这样喜怒哀乐的各种情绪就不会进入内心。普天之下,莫不是万物共同生息的环境。获得这共同生活的环境而又混同其间,那么人的四肢以及众多的躯体都将最终变成尘垢,而死亡、生存终结、开始也将像昼夜更替一样没有什么力量能够扰乱它,更何况去介意那些得失祸福呢!舍弃得失祸福之类附属于己的东西就像丢弃泥土一样,懂得自身远比这些附属于自己的东西更为珍贵,珍贵在于我自身而不因外在变化而丧失。况且宇宙间的千变万化从来就没有过终极,怎么值得使内心忧患!已经体察大道的人便能通晓这个道理。"

孔子说:"先生的德行合于天地,仍然借助于至理真言来修养心性,古时候的君子,又有谁能够免于这样做呢?"老聃说:"不是这样的。水激涌而出,不借助于人力方才自然。道德修养高尚的人对于德行,无须加以培养万物也不会脱离他的影响,就像天自然地高,地自然地厚,太阳与月亮自然光明,又哪里用得着修养呢!"

孔子从老聃那儿走出,把见到老聃的情况告诉给了颜回,说:"我对于大道,就好像瓮中的小飞虫对于瓮外的广阔天地啊!不是老聃的启迪揭开了我的蒙昧,我不知道天地之大那是完完全全的了。"

在这里庄子借老聃之口,说明至人的境界。至人的至美至乐之境,是人们向往的,那么如何成为至人呢?就是要看到万物的共通性,不因外在的千变万化而丧失掉自身。就正如水的流动,无为而自然。所谓"游心于物之初",就是游心于"道",也就是对"道"的观照。所谓阴阳"交通成和而万物生",所谓"莫见其形""莫见其功""莫知乎其所穷",就是对"道"的描绘。庄子认为,能够实现对于"道"的观照,就能得到"至美至乐"。而为了实现对"道"的观照,观照者胸中必须排除一切生死得失祸福的考虑。简单地说,就是要"无己"。但是普通人都"有己"。"有己",就有生死、寿夭、贫富、贵贱、得失、毁誉种种计较,所以就不能游心于"道"。只有"至人""神人""圣人"才能游心于"道",因为"至人无己,神人无功,圣人无名"。

庄子目睹战国纷争,欲有为欲扰民,使百姓不得安宁。作者运用生动的比喻,抨击了战国时代的社会政治,儒家的政治,在庄

第七章 人格修养——顺任自然

子看来,是社会祸乱的根源,以至于发出以下感慨:

"自虞氏招仁义以挠天下也,天下莫不奔命于仁义。是非以仁义易其性与?"(《骈拇》)自从虞舜拿仁义为号召而搅乱天下,天下的人们没有谁不是在为仁义争相奔走,这岂不是用仁义来改变人原本的真性吗?

"自三代以下者,天下莫不以物易其性矣!小人则以身殉利,士则以身殉名,大夫则以身殉家,圣人则以身殉天下。故此数子者,事业不同,名声异号,其于伤性以身为殉,一也。"(《骈拇》)从夏、商、周三代以来,天下没有谁不借助于外物来改变自身的本性。平民百姓为了私利而牺牲,士人为了名声而牺牲,大夫为了家族而牺牲,圣人则为了天下而牺牲。所以这四种人,所从事的事业不同,名声也有各自的称谓,而他们用生命作出牺牲以损害人的本性,却是一样的。

"及至圣人,蹩躠为仁,踶跂为义,而天下始疑矣。澶漫为乐,摘僻为礼,而天下始分矣。故纯朴不残,孰为牺尊!白玉不毁,孰为珪璋!道德不废,安取仁义!性情不离,安用礼乐!五色不乱,孰为文采!五声不乱,孰应六律!夫残朴以为器,工匠之罪也;毁道德以为仁义,圣人之过也!"(《马蹄》)等到世上出了圣人,勉为其难地去倡导所谓仁,竭心尽力地去追求所谓义,于是天下开始出现迷惑与猜疑。放纵无度地追求逸乐的曲章,繁杂琐碎地制定礼仪和法度,于是天下开始分离了。所以说,原木没被分割,谁还能用它雕刻为酒器!一块白玉没被破裂,谁还能用它雕刻出玉器!人类原始的自然本性不被废弃,哪里用得着仁义!人类固有的天性和真情不被背离,哪里用得着礼乐!五色不被错乱,谁能够调出文采!五声不被搭配,谁能够应和六律!分解原木做成各种器皿,这是木工的罪过,毁弃人的自然本性以推行所谓仁义,这就是圣人的罪过!

"及至圣人,屈折礼乐以匡天下之形,县跂仁义以慰天下之心,而民乃始踶跂好知,争归于利,不可止也。此亦圣人之过也。"(《马蹄》)等到圣人出现,矫造礼乐来匡正天下百姓的形象,标榜

· 205 ·

不可企及的仁义来慰藉天下百姓的心,于是人们便开始千方百计地去寻求智巧,争先恐后地去竞逐私利,而不能终止。这也是圣人的罪过啊!

因此,庄子在《胠箧》篇提出了"绝圣弃知"的思想和返归原始的政治主张。"胠箧"的意思是打开箱子。其主旨跟《马蹄》篇相同,但比《马蹄》更深刻,言辞也直接,一方面竭力抨击所谓圣人的"仁义",另一方面倡导抛弃一切文化和智慧,使社会回到原始状态中去。深刻揭露了仁义的虚伪和社会的黑暗,一针见血地指出"窃钩者诛,窃国者为诸侯"。但看不到社会的出路,于是提出"绝圣弃知"的主张,要摒弃社会文明与进步,倒退到人类的原始状态。这是庄子社会观和政治观的消极面。

"圣人已死,则大盗不起,天下平而无故矣。圣人不死,大盗不止。"圣人死了,那么大盗也就不会再兴起,天下就太平而没有变故了。圣人不死,大盗也就不会终止。纵使借圣人来治理天下,其实正是让盗有利可图。圣人制造斗斛来测量东西的容量,大盗却连斗斛也一起偷去;圣人制造权衡来称量物品的重量,大盗却连权衡也一起偷去;圣人发明符印作为信物,大盗却连符印也一起偷去;圣人倡导仁义来矫正恶行,大盗却连仁义也一起偷去。

怎么知道是这样呢?你看那偷窃腰带金钩的人会遭到诛杀,但偷窃国家的人却成为诸侯,诸侯之家哪一个不是讲究仁义的,这难道不是偷窃了仁义和圣人的智慧吗?因此那些追随大盗,拥立诸侯,窃取仁义、斗斛、权衡、符印而得到好处的人,纵然有高官厚禄的封赏,也不能鼓励他们向善,有斩首断腰的严峻刑罚,也无法禁止他们作恶。这样大大有利于盗跖一类的人,且不能停止他们盗窃的做法,正是圣人的过失造成的呀!

改朝换代,多少子弑父、臣篡君的血淋淋画面,在中国历史舞台上演着。哪一个举旗讨伐时,不是师出有名,高喊着道义的口号。然而动乱却总是百姓遭殃,圣人的仁义使他们颠沛流离、骨肉分离。到底仁义是为谁而设的,淳朴互助的农业社会不标举仁义,平凡规律的生活不强调合宜的行为。只有没有仁义的人,才要处处以仁义标准来检视行为,一旦有行为符合了仁义之名,就大可顶着圣贤的光环了。

从前的齐国,人口众多,邻近的乡邑相连相望,稠密到鸡狗的叫吠声都可互相听见。而国家领地,可以下网捕鱼的水域面积和可以用锄犁耕作的田地范围,合起来就有两千里那么大。全国各地,凡是已建立的宗庙社稷,用来治理大小区域的行政机构,哪有不是效法圣人的。

然而,田成子一旦杀害了齐国的国君而窃取了他的国家,被窃取的只有齐国这个国家而已吗?他是连圣人所制定的礼制法度也一同窃取了。所以,田成子虽然被视为窃国的盗贼,但却过得像尧舜一样安宁,小国不敢说他的不是,大国也不敢讨伐他,他与他的后代子孙在齐国专权了十二世。这不就是虽然盗窃了齐国,然而圣人的礼法制度反而做了他盗贼的护身符。所以,庄子认为,只有圣人都死了,大盗才会停止。

综上所述,抓住自然这个核心,便能抓住庄子思想的根本。而从庄子对中国文化的影响来看,也是从这一根本出发的。

三、马克思和马尔库塞的异化理论

"异化"一词来源于拉丁文的 alienation 和 alienate,表示脱离、转让、出卖、受异己力量统治、让别人支配等意思。"在哲学的语境里,异化是指主体在一定的阶段,由于自己的活动而产生出自己的对立面,而这个对立面又变成外在的异己的力量,并转过来反对主体本身。"关于异化,在马克思之前,已经有很多思想家对之进行了研究。其中霍布斯、卢梭、黑格尔、费尔巴哈等人的异化思想最具代表性

在近代,欧洲哲学家霍布斯首次提出了异化的概念。霍布斯认为,国家本身就是一种异化,异化主要指转让。霍布斯认为,趋利避害与自我保存是人的本性,也是人的权利,它无所谓善与恶。人在还没有进入人类社会以前,主要依靠自然本性支配行为,可

人的这种本性却造成了人与人之间的关系像"狼与狼"一样紧张，欲改变这样的现状，就需要通过契约的形式建立起国家这种人类共同体。每个人让渡出自己的一些权益，使包含自己在内的公共整体利益得到保障，从而扬弃异化，在契约基础之上使人的本性得以充分展现。

法国哲学家卢梭的异化思想体现在《人权宣言》中，他主要从经济、政治和伦理道德的角度阐述了这一思想，把异化看成是人们利己主义的结果，卢梭认为人的"自然状态"是和平而美好的。卢梭指出，在原始状态下，大家并没有固定的关系，都为保存自身而生活，因而不可能成为敌人；并且只有在这种状况下人才具有最淳朴与最平等的道德风尚，反而是人在逐渐被社会化的过程中失去了人与人之间的自由、平等与美好，因此，只能通过契约扬弃异化，以社会为基础重建这种平等与自由。

在哲学史上，黑格尔在本体论中首次系统地论述了异化的概念。他认为，异化是绝对观念向自然和社会的外化与退化；异化是正源的对象化或物化与客观化；异化是对客体的认识与改造。黑格尔把绝对观念视为异化的主体，它是与任何人类的思维无关的独立存在的实体，但它又是主体，是唯一的能动的创造性的力量，而客体只是被动的、消极的，只是被用来证实主体的。因此，整个异化与异化扬弃的过程，就是绝对观念自我对象化、又返回自身的永不停息的旋转的过程。

在德国古典哲学中，费尔巴哈站在唯物主义立场上建立起自己的人本主义异化思想。这种思想把作为感性存在物的人看作主体，并提出了"主体在人"的命题。他也在一定程度上看到了人的属他性与社会性。费尔巴哈看到的人是个体和类的统一。任何现实的个人，不仅都是肉体的、经验的和感性的存在物，而且又是类存在物。但他所说的把诸多个体联系起来的类本质，却是每个个体所固有的共同的自然属性的抽象。由此可见，费尔巴哈的类本质是人的自然本质。他主张的神的本质是人的本质的异化。

"异化劳动"理论是马克思在其著作《1844年经济学哲学手

稿》(以下简称《手稿》)中提出的一个非常重要的理论,在马克思思想发展历程中占有特殊地位,是马克思思想走向成熟途中的一级重要阶梯。总的来说,《手稿》是马克思从经济学理论对资本主义社会阶级结构进行的初步分析。

马克思把哲学的研究同政治经济学的研究结合起来,这使他看到了资本主义社会中工人同资本家尖锐对立的经济现实,看到了资产阶级经济学家的劳动价值论同资本主义私有制之间的深刻矛盾。《手稿》有关异化劳动的论述主要分为两个部分,第一部分是马克思根据资产阶级经济学家主要是亚当·斯密和大卫·李嘉图的论述,通过对工资、资本和地租的考察,研究了资本主义的基本经济结构和规律(中心是劳动和资本的对立)。第二部分是马克思从批判资产阶级政治经济学的前提出发,把异化和对劳动的分析结合起来,运用异化理论对社会基本阶级关系进一步做了分析,指出上述对立和矛盾的根源在于劳动的异化,得出了无产阶级革命的结论,这是人本主义哲学的本质批判。马克思主要从以下四个方面来对"异化劳动"进行了规定。

第一,从生产结果来看,劳动者的劳动和他的劳动产品相异化。马克思认为劳动产品是劳动的结晶,是人的本质的对象化,劳动产品本应该属于工人,但在资本主义社会,"劳动所生产的对象,即劳动的产品,作为异己的东西,作为不依赖于生产者的独立力量,是同劳动对立的"。就是说,工人劳动的产品不仅与工人相脱离,而且变成与工人相对立的东西,劳动所带来的后果就是"劳动为富人生产了珍品,却为劳动者生产了赤贫。劳动创造了宫殿,却为劳动者创造了贫民窟。"

第二,从生产过程来看,劳动者和他的劳动行为本身相异化。马克思认为,劳动本来是人的本质,是一种区别于动物的自由自觉的活动。人在劳动中肯定自己,满足自己的需要,自由地发挥自己的体力智力。而异化劳动则使劳动变成了外在于人的东西。"因此,劳动者在自己的劳动中并不肯定自己而是否定自己,并不感到幸福,而是感到不幸,并不自由地发挥自己的肉体力量和精神力量,而是使自己的肉体受到损伤、精神遭到摧残。"马克思还指出:"劳动的异化性的一个明显表现是,只要对劳动的肉体强制或其他强制一消失,人们就会像逃避鼠疫一样地逃避劳动。"

第三,从人的类本质上看,人的类本质与人相异化。这是马克思根据异化劳动的已有的规定推导出的第三个规定。马克思认为"人是类存在物",人的类生活、类存在就是劳动,即自由自觉的活动,这也是人区别于动物的最根本的标志。人类通过改造对象世界,使人类的类本质对象化,在改造无机自然界得到表现和确证。在异化劳动状态下,人对人的类本质的体现完全发生了变化。"异化劳动从人那里剥夺了他所生产的对象,从而也剥夺了他的类生活、他的现实的、类的对象性,而把人对动物所具有的优点变成缺点";"异化劳动把自我活动、自由活动贬低为单纯的手段,从而把人的类生活变成维持人的肉体生存的手段"。由于劳动产品的异化使人不能确证其类本质,劳动本身的异化则是把人的自由自觉的活动变成仅仅维持肉体生存的手段,于是造就了人和自己的类本质相异化,人的类本质变成人的异己的本质,人变成了丧失本质的人。

第四,从人的社会交往来看,人与人关系相异化。马克思认为"人同自己的劳动产品、自己的生命活动、自己的类本质相异化这一事实所造成的直接结果就是:人从人那里的异化。"马克思又进一步指出,"人的异化,一般说来,就是人同自己本身的任何关系只有通过人同其他人的关系才得到实现和表现"。当人同自身相对立的时候,他也必然同他人相对立,也是他们中每个人都同人的本质相异化。他指出,如果劳动产品对工人来说是异己的,作为一种异己的力量同工人相对立,"如果说劳动者的活动对他来说是苦恼,那么,这种活动就必然给别的什么人带来享受和欢乐"。至于这"别的什么人"不是神也不是自然界,而是由异化的、外化的劳动所生产出来的资本家。从而,私有财产是外化劳动即工人对自然界和自身的外在关系的产物、结果和必然后果。

马克思这里的整个思考线索是:从资产阶级经济学肯定的

第七章 人格修养——顺任自然

事实出发,分析了他们所说的劳动其实不过是异化劳动,然后由劳动的自身异化理解了人类的自身异化,理解了阶级关系和私有财产的本质。马克思指出,劳动的对象化不等于异化,只有在私有制条件下,才表现为异化,从而把劳动异化和私有制联系起来,因而要消除异化就必须消灭私有制;异化是现实的,异化借以实现的手段本身就是实践的,异化劳动概念及其四个规定就是对现实劳动异化的概括。马克思通过对异化劳动的分析研究,揭示了资本主义制度的历史暂时性,论证了历史必然性。

马尔库塞是西方马克思主义中的第一代法兰克福学派的主要代表人物、重要理论家。他在马克思异化理论的基础上重新研究人的异化问题。

他的思想最大的魅力在于他从人本主义出发的对当代工业社会的人的密切关注,在于他揭露了当代资本主义社会对人的本性的压抑、摧残和扭曲。他认为人的本质是生物的本能,并在此基础上提出了自己的异化理论,深刻批判了当代资本主义社会中人的全面异化的现实。在马尔库塞看来,异化不仅仅是经济学范畴,而且更具有一定的道德、文化意义。由此引申下去,马尔库塞对当代社会秉持着激烈批判的态度,他认为当代资本主义社会是个丰裕的社会,它虽然使人们的生活变得富裕了,但人性却被扭曲,也就是物质越丰富精神越痛苦,物质生活的满足是以精神生活的牺牲为代价的,因此人们受压抑和异化的现象比以往任何社会都更为严重,因为这是个让人在各方面都备受压抑的社会。马尔库塞在其著作《爱欲与文明》中说:"人类的历史就是人类被压抑的历史,文明不仅压抑了人的存在,而且压抑了人的生物存在,不仅压抑了人之为人的存在部分,而且压抑了人的本能结构本身。"他尖锐揭露了当代资本主义社会在各个领域给人带来的深刻灾难,它使人们深陷各种异化状态中而麻木不仁,马尔库塞对于当代人的异化状态表示深切的同情和强烈的愤懑,深刻揭示了当代工业社会的病态性及其根源。

马尔库塞对当代资本主义的批判是从否定的方面入手论述

科学技术进步对人和社会的消极影响开始的,他认为在当代工业社会,随着科技的迅猛发展,社会的整体力量得到了极大的加强,人对人的直接统治现象正在弱化,为了生存而进行的斗争已基本消失。并且,消费品的充盈也使无产阶级的生活摆脱了贫穷的旋涡,因此,无产阶级和资产阶级的对立关系正在日渐缓和,取而代之的是随着技术的进步而来的技术对整个社会的统治。"新技术的劳动世界,迫使工人阶级所具有的否定立场日益衰弱:他们不再表现为现存社会的活生生的矛盾方面了,这种倾向由于生产的技术组织对另一方,即经理和董事会的影响而强化了,统治让位给行政管理。"在技术理性之下,技术进步就是当代社会最完美、最集中的表现,工具理性占据了统治地位,人们全部以科学主义、实证主义为风向标,思维模式化,成了全面技术统治的消极工具。

当代工业社会能够在大大提高生产和生活水平的基础上克服各种离心力,使人们科技进步带来的表面舒适中,需要似乎全部得到了满足,从而使自己的心理结构被控制和操纵却毫无知觉,被同化成失去否定能力、怀疑能力、反驳能力、批判能力和超越能力的人,丧失了自我。由此,整个社会变成了只有肯定而没有否定的单面的、病态的、畸形的社会。马尔库塞认为,可悲的不仅仅是社会的病态,而是身处其中的人对这种病态一无所知、麻木不仁。其实,在技术力量的操纵和控制下,人们被满足的只不过是虚假需要,人们所认为已经得到的幸福不过是表面的幸福,人们社会生活的真实需要并没有被真正满足。人们不曾觉醒的是,他们被满足的需要不过是由单面的社会通过压抑人的内在本性而施加于人的需要,比如贪欲、获得舒适而又新奇的什物的各种欲望,等等。实际上,他们需求的满足以及他们的需求本身都已经被控制了,他们正在变为只有物质需要的社会管制材料与物品,也就是说,人们受到了虚假意识的支配,各种虚假意识其实已经在总体上对人进行了控制,人们的真实的需要即人的自由却被抛到了一边。

因此,这种单面社会为了维护社会上特权阶级和大的利益集

第七章 人格修养——顺任自然

团的特殊压抑,人们在这种双重的压抑下,已丧失了合理地批判社会现实的能力,趋向于维护现实,满足现状,人性被彻底扭曲。人们成了失去了否定性思维原则、没有批判意识、更无超越欲望的单向度的人,从而整个社会变成了只有肯定的顺从意识,而没有否定的反抗意识的单向度的社会,人在这样的社会中被全面异化,变成了单向度的人,马尔库塞认为这种异化就是根植在人的本质中,在人对客体的关系中的人本主义现象。因此,他在《单向度的人——发达工业社会意识形态研究》一书中,从政治、经济、科学和艺术以及日常思维等方面全面论述人在当代资本主义社会中的单面性(片面性)问题,对这种单面性进行了深刻而犀利的揭露和批判。

相对于现代人的物质满足程度而言,人在精神上是贫乏的。人的精力和时间总是有限的,"人生于天地之间,若白驹过隙,忽然而已",当人在有限的时间里一味追求物质的满足之时,精神世界的贫困便成为自然的事情。面对人的物化与异化,人们不得不承担由于忽视精神修养和满足的代价,从没有异化到异化现象的产生最后到异化的扬弃是人类社会不得不经历的一种社会现象。

面对人的异化,我们可以借用庄子的思想来加以了解和借鉴。庄子反对利用仁、义、礼、智等形式蒙蔽人的本性,反对人们一味地向外在世界探求而忘记人之本性的修养、反对人沉迷于声色犬马、物欲横流的状态中,倡导人应该舍去不必要的外在干扰,追寻道的本性,于己通过"吾丧我""心斋""坐忘"达到虚一而静、自然无为的逍遥境界。与物相处之时,通过"齐万物""齐是非""齐生死"的天地与我并生,万物与我为一的境界。当高度追求精神的修养,强调形神不被外物所累,也就能够从自身做起,避免人的过度异化,实现人的异化的扬弃。

第八章 艺术化人生——至人 神人 圣人 真人

一、朱光潜：人生的艺术化

朱光潜于20世纪30年代提出的"人生艺术化"的观点是其最重要的美学思想。"人生的艺术化"是其美学名著《谈美》的最后一章"慢慢走，欣赏啊！"的副标题，文章深入探讨了审美与人生关系，并提出了"人生的艺术化"思想。

在朱光潜看来，最理想的人生境界，乃是审美至境。为什么呢？因为世俗化的人生总被陷入实利主义的裹挟之中，从而成为蝇营狗苟的存在，变得乏味。"一般人迫于实际生活的需要，都把利害认得太真，不能站在适当的距离之外去看人生世相，于是这丰富华严的世界，除了可效用于饮食男女的营求之外，便无其他意义。"（《谈美》）人要想从这种实利主义的镜像中突围、超拔出来，则需要审美的艺术。因为艺术是人类一切有价值之经验的积淀、保存和推广，人可以在艺术中反观自身，从而成为人性真善美之光的折射显形。而人世为残缺之存在，现实生活容易让人陷入倦怠和庸碌之境，而艺术则遂成为现世人生的替代与补偿。"艺术是一种精神的活动，要拿人的力量来弥补自然的，要替人生造出一个避风息凉的处所。"[1]艺术是现实的补偿，它为我们提供一个比现实更能给人满足的想象的世界。艺术之所以能将人普度到审美的至境，其关键还在于艺术的非功利性，也即艺术的纯粹

---

[1] 朱光潜.朱光潜全集（第一卷）[M].合肥：安徽教育出版社，1987：225.

第八章 艺术化人生——至人 神人 圣人 真人

自律本质。朱光潜同王国维一样,更多地强调文艺的"无用之用",正如他在《谈文学》中所言:"这种'为文艺而文艺'的看法确有一番正当道理,我们不应该以浅狭的功利主义去估定文学的身价。"

如何才能让人生从世俗的奴役与羁绊状态走向生命存在的自由之境呢?朱光潜认为,唯有以艺术作为文化的中介,才能让人生走向审美自由和超越。"美感活动是人在有限中所挣扎得来的无限,在奴属中所挣扎得来的自由。"(《谈修养》)"美是事物的最有价值的一面,美感的经验是人生中最有价值的一面。"(《谈美》)将审美超脱的境界指认为生命存在的最高本体,这既是朱光潜"人生艺术化"思想的逻辑起点,同时也是其终极的价值取向。

那么,如何才能做到"人生艺术化",或者说,如何才能形成艺术化的人生,从而最终走向审美的超脱?在这一点上,朱光潜既继承了中国传统文化中的修身哲学,同时也融合了西方审美主义的思想精髓。朱光潜在《谈读书》《谈修养》《谈人生与我》《谈立志》《资禀与修养》《谈理想的青年》等文章中,均强调青年人应通过不断的学习提高自身的修养,而不要只做饮食男女,以艺术涵养人生,走向个体的精神自由与审美超脱。

因为,人生和艺术不可分离。人生充满着创造和欣赏,无创造、无欣赏的人生是不存在的。因此,"严格地说,离开人生便无所谓艺术,离开艺术也便无所谓人生,因为凡是创造和欣赏都是艺术的活动,无创造、无欣赏的人生是一个自相矛盾的名词"(《谈修养》)。在人们的现实生活中,虽然人生与艺术存在着事实上的距离,因为,"实际人生"比整个人生的意义较为狭窄,所以,艺术与人生并不隔阂,"人生本来就是一种较广义的艺术。每个人的生命史就是他自己的作品"(《谈美》)。只有不懂得生活的人,不知道生活的人,他的人生才不是艺术化的。

在朱光潜先生看来,"现世只是一个密密无缝的利害网,一般人不能跳脱这个圈套,所以转来转去,仍是被利害两个大字系住。在利害关系方面,人已最不容易调协,人人都把自己放在首位,欺诈、凌虐、劫夺种种罪孽都种根于此"(《谈美》)。而美感的世界、艺术的活动、艺术化的人生却不是这样。"美感的世界纯粹是意象世界,超乎利害关系而独立。在创造或是欣赏艺术时,人都是从有利害关系的实用世界搬家到绝无利害关系的理想世界里去。艺术的活动是'无所为而为'的。我认为无论是讲学问或是做事业的人都要抱有'无所为而为'的精神。把自己所做的学问事业当作一件艺术品看待,只求满足理想和情趣,不斤斤于利害得失,才可以有一番真正的成就。伟大的事业都出于宏远的眼界和豁达的胸襟。如果这两层不讲究,社会上多一个讲政治经济的人,便是多一个借党忙官的人;这种人愈多,社会愈趋于腐浊"(《谈美》)。他提倡人生艺术化思想,就是要打破这种社会现状,改变人的唯利是图的心理,改善人的社会关系,使人们肯定共同体的价值、接受社会所倡导的道德理想和人生信念,逐步形成相应的心理定式。

　　人生是多方面而却相互和谐的整体,把它分析开来看,我们说某部分是实用的活动,某部分是科学的活动,某部分是美感的活动,为正名析理起见,原应有此分别;但是我们不要忘记,完满的人生见于这三种活动的平均发展,它们虽是可分别的而却不是互相冲突的。"实际人生"比整个人生的意义较为窄狭。一般人的错误在把它们认为相等,以为艺术对于"实际人生"既是隔着一层,它在整个人生中也就没有什么价值。有些人为维护艺术的地位,又想把它硬纳到"实际人生"的小范围里去。这般人不但是误解艺术,而且也没有认识人生。我们把实际生活看作整个人生之中的一个片段,所以在肯定艺术与实际人生的距离时,并非肯定艺术与整个人生的隔阂。严格地说,离开人生便无所谓艺术,因为艺术是情趣的表现,而情趣的根源就在人生;反之,离开艺术也便无所谓人生,因为凡是创造和欣赏都是艺术的活动,无创造、无欣赏的人生是一个自相矛盾的名词。

　　如何使人生充满乐趣?如何使人生摆脱烦恼?如何实现人生艺术化?在朱光潜看来,可以一言以蔽之,那就是要"尽性",即顺从自然。一个真正懂得"尽性"的人,就不会有无谓的烦恼。

第八章 艺术化人生——至人　神人　圣人　真人

人是自然界的一员,来自自然,生活于自然中,自然是人的生存的基础。人类带着自然的深刻烙印,具有皈依自然的强烈欲望,人不能违背自然,而必须顺从自然。"我们都不过是自然的奴隶,要征服自然,只得服从自然。违反自然,烦恼才乘虚而入,要排解烦闷,也须得使你的自然冲动有机会发泄。人生来好动,好发展,好创造。能动,能发展,能创造,便是顺从自然,便能享受快乐,不动,不发展,不创造,便是摧残生机,便不免感觉烦恼"(《谈美》)。因此,顺从人的自然本性,便就是"尽性"。"如果把'尽性'两字懂得透彻,我以为生活目的在此,生活方法也就在此。"(《谈美》)

实际的人生中,有烦恼,有困苦,有生老病死,如果人不能超脱这些,就会陷入悲观主义的人生观。因此,朱光潜先生主张要从实际的人生中超脱出来。为实现超脱,他主张:首先,人必须依自然本性生活。因为,如果你伟大,"你对于烦恼,当有'不屑'的看法";如果你渺小,"你对于烦恼当有'不值得'的看待"(《谈美》)。有的人之所以觉得人生无聊、痛苦、烦恼,"无非是因为人们希望造物主对待他们自己应该比草木虫鱼特别优厚"(《谈美》)。在朱光潜看来,其实人生中的生老病死,与虫死花落没什么不同,"决不值得计较或留恋"。他说:"从草木虫鱼的生活,我得到一个经验。我不在生活以外别求生活方法,不在生活以外别求生活目的。世间少我一个,多我一个,或者我时而幸运,时而受灾祸侵逼,我以为这都无伤天地之和。你如果问我,人们应该如何生活才好呢?我说,就顺着自然所给的本性生活着,像草木虫鱼一样。你如果问我,人们生活在这变幻无常的世相中究竟为着什么?我说,生活就是为着生活,别无其他目的。""生活自身就是方法,生活自身也就是目的。"(《谈美》)孟敏堕甑,不顾而去,郭林宗见到以为奇怪。他说:"甑已碎,顾之何益?"哲学家斯宾诺莎宁愿靠磨镜过活,不愿当大学教授,怕妨碍他的自由。王徽之居山阴,有一天夜雪初霁,月色清朗,忽然想起他的朋友戴逵,便乘小舟到剡溪去访他,刚到门口便把船划回去。他说"乘兴而来,兴尽而返"。这几件事彼此相差很远,却都可以见出艺术家的豁达。

朱光潜先生的这种人生观并不是一种颓废的人生观，而是一种超越的积极的人生观。他的目的是反对人们在遇到失意、逆境、困难时便堕落到悲观的人生观中去。所以，他批评说："一般人遇到意志和现实发生冲突的时候，大半让现实征服了意志，走到悲观烦闷的路上去，以为件件事都不如人意，人生还有什么意味？所以堕落、自杀、逃空门种种消极的解决法就乘虚而入了，不过这种消极的人生观不是解决意志和现实冲突最好的方法。因为我们人类生来不是懦弱者，而这种消极的人生观甘心让现实把意志征服了，是一种极懦弱的表示。"（《谈美》）

所以，朱光潜先生提倡把人生与草木虫鱼的生活同等看待，真正的意思是："我虽不把自己比旁人看得重要，我也不把自己看得比旁人分外低能。"（《谈美》）不要把现实世界看得特美好，也不要把现实世界看作一潭污泥浊水。人生就是在不完美的现实世界中求完美的人生。他声言："我们处世有两种态度，人力所能做到的时候，我们竭力征服现实。人力无可奈何的时候，我们就要暂时超脱现实，储蓄精力待将来再向他方面征服现实。"

徐复观在《中国艺术精神》中指出："老、庄思想当下所成就的人生，实际是艺术的人生；而中国的纯艺术精神，实际系由此思想系统所导出。"[1] 从审美角度来看，徐复观在这里道出的乃是"人生艺术化"的命题。庄子哲学之所以能够搭接现代生命美学，一个很重要的原因就在于，庄子哲学本质上是一种生命哲学，它求解的是在乱世之中生命如何更好存在的"大道"。

《庄子》中出现的理想人物形象，如"圣人""神人""至人""真人"等，仿佛就是古代"超人"。"圣人"——"不从事于务，不就利，不违害，不喜求，不缘道；无谓有谓，有谓无谓，而游乎尘垢之外"（《齐物论》）；"神人"——"肌肤若冰雪，绰约若处子。不食五谷，吸风饮露。乘云气，御飞龙，而游乎四海之外"（《逍遥游》）；"至

---

[1] 徐复观.中国艺术精神[M].沈阳：春风文艺出版社，1987：41.

人"——"大泽焚而不能热,河汉冱而不能寒,疾雷破山、飘风振海而不能惊。若然者,乘云气,骑日月,而游乎四海之外"(《齐物论》);"真人"——"登高不栗,入水不濡,入火不热","其寝不梦,其觉无忧,其食不甘,其息深深"(《大宗师》)。"圣人""神人""至人""真人",为何能超然悠游方内方外,在于他们摆脱了形体的束缚,与万物融为一体。这是庄子塑造的栩栩如生的得"道"之人的形象,更是庄子生命美学的拟人化和具象化。

关于人的生命如何实现超越,庄子有自己的方案。《逍遥游》中提出的是"游",《齐物论》中提出的是"齐",而在专注于现世残酷中人生如何实现超越的《人间世》中,庄子借仲尼与颜回的对话道出了他心目中的超越之道——"心斋"。"心斋"在《人间世》中提出,有着更重要的现实意义。因为,人作为生命存在的载体和形态,无论如何玄想妙思,最后都得从现实的大地上开始。尤其在庄子生活的列国纷争、君王残暴、民如草芥以及物质财富不断聚积、人的欲望不加约束且精神越加堕落的时代,探讨生命如何超越现世的问题,更体现出庄子生命美学的独特意义。既无"闻达于诸侯"的宏愿,亦无"立功、立德、立言"之壮心,庄子哲学能够在世俗人生哲学盛行的中国代代绵延,就在于它确立了中国人生命价值的某种范式——人不能简单地"苟全性命于乱世",而应当在精神层面实现超脱,这才是真正有意义的人生。

二、冯友兰论人生境界

"境界"这一概念有好几种不同的含义。最早"境界"是疆域的意思。后来佛教传入中国,佛经中有"境界"的概念,那是指心之所对、所知,接近西方哲学所说的"对象"。到了中国文化环境中,人们使用"境界"这个概念,一般有三种不同的含义。第一种,是指学问、事业的阶段、品位,如王国维所说:"古今之成大事业、大学问者,必经过三种之境界。'昨夜西风凋碧树,独上高楼,望尽天涯路。'此第一境也。'衣带渐宽终不悔,为伊消得人憔悴。'

此第二境也。'众里寻他千百度,蓦然回首,那人却在灯火阑珊处。'此第三境也。"第二种,是指审美对象,也就是我们所说的审美意象。王国维在《人间词话》中用的"境界"的概念,多数是在这种意义上使用的。如"夫境界之呈于吾心而见于外物者,皆须臾之物。惟诗人能以此须臾之物,镌诸不朽之文字,使读者自得之。"[①] 这里的"境界",就是指审美意象。第三种,是指人的精神境界、心灵境界,也就是我们说的人生境界。

人生境界的问题,是中国传统哲学十分重视的一个问题。冯友兰认为人生境界的学说是中国传统哲学中最有价值的内容。冯友兰在他的很多著作中,特别是在他的《新原人》(1943年)对人生境界的问题进行过详细的讨论。

冯友兰说,从表面上看,世界上的人是共有一个世界,但是实际上每个人的世界并不相同,因为世界对每个人的意义并不相同。

人和动物不同。人对于宇宙人生,可以有所了解,同时人在做某一件事时,可以自觉到自己在做某一件事。这是人和动物不同的地方,就是人的生活是一种有觉解的生活。这里的解(了解),是一种活动,而觉(自觉)则是一种心理状态。

宇宙间的事物,本来是没有意义的,但有了人的觉解,就有意义了。在这个意义上可以说,人的觉解照亮了宇宙。宇宙间如果没有人,没有觉解,则整个宇宙就是在"无明"中。所以朱熹引一个人的诗说:"天不生仲尼,万古长如夜。"这句诗中的孔子可作为人的代表,意思就是说,没有人的宇宙,只是一个混沌。

就每个人来说,他对宇宙人生的觉解不同,所以宇宙人生对于他的意义也就不同。这种宇宙人生的不同的意义,也就构成了每个人的不同的境界。

不同的人可以做相同的事,但是根据他们不同程度的理解和自觉,这件事对于他们可以有不同的意义。冯友兰举例说,二人同游一名山。其一是地质学家,他在此山中,看见的是某种地质

[①] 王国维. 王国维文集(第一卷)[M]. 北京:中国文史出版社,1997:147.

第八章　艺术化人生——至人　神人　圣人　真人

构造。其二是历史学家,他在此山中,看见的是某些历史遗迹。因此,同此一山,对这二人的意义是不同的。有许多事物,有些人视同瑰宝,有些人视同粪土。事物虽同是此事物,但它对于每人的意义,则可有不同。就存在说,每个人所见的世界以及其间的事物,是共同的,但就意义来说,则随每个人的觉解的程度的不同,而世界以及其间的事物,对于每个人的意义也不相同。所以说,每个人有自己的世界。也就是说,每个人有自己的境界。世界上没有两个人的境界是完全相同的。

个人的境界作为他的精神世界是主观的,但这种主观精神世界的形成有客观因素,如一个人的时代环境、家庭出身、文化背景、接受的教育人生经历等,总起来说就是一个人的生活世界。境界是一个人的生活世界(无穷的客观关联)的内在化。

境界是一种导向。一个人的境界对于他的生活和实践有一种指引的作用。一个人有什么样的境界,就意味着他会过什么样的生活。境界指引着一个人的各种社会行为的选择,包括他爱好的风格。一个只有低级境界的人必然过着低级趣味的生活,一个有着诗意境界的人则过着诗意的生活。

每个人的境界不同,宇宙人生对于每个人的意义和价值也就不同。从表面看,大家共有一个世界,实际上,每个人的世界是不同的,每个人的人生是不同的,因为每个人的人生的意义和价值是不同的。所以我们可以说,一个人的境界就是一个人的人生的意义和价值。

一个人的精神境界,表现为他的内在的心理状态,中国古人称之为"胸襟""胸次""怀抱""胸怀"。当代法国社会学家布尔迪厄称之为"生存心态"。一个人的精神境界,表现为他的外在的言谈笑貌、举止态度,以至于表现为他的生活方式,中国古人称之为"气象""格局"。布尔迪厄则称之为"生活风格"。

"胸襟""气象""格局",作为人的精神世界,好像是"虚"的,是看不见、摸不着的,实际上它是一种客观存在,是别人能够感觉到的。北宋文学家黄庭坚称赞周敦颐(北宋理学家)"胸中洒落,如光风霁月"。程颢的学生说程颢与人接触"浑是一团和气"。程颐说程颢给他的印象:"视其色,其接物也,如春阳之温;听其言,其入人也,如时雨之润。"冯友兰说,他在北大当学生时,第一次到校长办公室去见蔡元培,一进去,就感觉到蔡先生有一种"光风霁月"的气象,而且满屋子都是这种气象。这些话都说明,一个人的"气象",别的人是可以感觉到的。

对于古代的人,我们今天不可能和他面对面地接触,但还是可以从他们遗留下来的语言文字中,感觉到他们的气象。司马迁说:"余读孔氏书,想见其为人。""二程"说:"仲尼,天地也。颜子,和风庆云也。孟子,泰山岩岩之气象也。观其言,皆可以见之矣。""二程"并没有见过孔子、颜子、孟子,但他们从孔子、颜子、孟子留下的著作中可以见到他们的气象。程颐还说,要想学习圣人,必须"熟玩"圣人的气象。

以上是从消极方面说,一个人的精神境界,别的人是可以感觉到的。从积极方面说,一个人的精神境界如果达到一种高度,那就有可能影响到周围的人,产生一种"春风化雨"的作用。冯友兰在回忆蔡元培的文章中说:"蔡先生的教育有两大端,一个是春风化雨,另一个是兼容并包。依我的经验,兼容并包并不算难,春风化雨可真是太难了。春风化雨是从教育者本人的精神境界发出来的作用。没有那种精神境界,就不能发生那种作用,有了那种境界,就不能不发生那种作用,这是一点也不能矫揉造作,弄虚作假的。也有人矫揉造作,自以为装得很像,其实,他越矫揉造作,人们就越看出他在弄虚作假。他越自以为很像,人们就越看着很不像。"[①]

当代西方思想家如福柯、布尔迪厄等人都十分强调人的"生存心态""生活风格""文化品位"的意义,这说明,在当代西方哲学家和美学家那里,人生境界的问题也越来越受到高度的重视。

在中国很多古代思想家看来,一个人的一生,最重要的是要

---

① 冯友兰.三松全集(第十四卷)[M].郑州:河南人民出版社,2000:218.

第八章 艺术化人生——至人 神人 圣人 真人

追求一种高品位的人生境界。冯友兰把人生境界分为四个品位：自然境界，功利境界，道德境界，天地境界。不同境界的人，世界和人生对于他们的意义是不一样的。

最低的境界是自然境界。处在这种境界中的人，只是按习惯做事，他并不清楚他做的事的意义，他也可能做成一些大事业，但他在做这种大事业时也依然是"莫知其然而然"。比这高一层的是功利境界。处在这种境界中的人，他的一切行为都是为了他自己的"利"。对于这一点，他是自觉的，他可以积极奋斗，也可以做有利于他人的事，甚至可以牺牲自己，但都是为了自己的"利"。如秦皇汉武，他们做了许多功在天下、利在万世的事，他们是盖世英雄，但他们都是为了自己的"利"，所以他们的境界是功利境界。比这再高一层的是道德境界，处在这种境界中的人，他的一切行为都是为了行"义"。所谓行"义"，是求社会的利，因为他已有一种觉解，即人是社会的一部分，只有在社会中，个人才能实现自己，发展自己。功利境界的人，是求个人的利，道德境界的人，是求社会的利。功利境界的人，他的行为是以"占有"为目的，道德境界的人，他的行为是以"贡献"为目的。功利境界的人，他的行为的目的是"取"，即便有时是"予"，他的目的也还是"取"；道德境界中的人，他的行为的目的是"予"，即便有时是"取"，他的目的也还是"予"。最高一层是天地境界。处在这个境界中的人，他的一切行为的目的是"事天"，因为他有种最高的觉解，即人不但是社会的一部分，而且是宇宙的一部分，因此人不但对社会应有贡献，而且对宇宙也应有贡献。这是"知天"。"知天"所以能"事天"。"知天"所以能"乐天""同天"。"乐天"是他的所见、所行对他都有新的意义，所以有一种乐。这是一种最高的精神愉悦。"同天"是自同于宇宙大全，消解了"我"与"非我"的分别，进入儒家所谓"万物皆备于我"、道家所谓"与物冥"的境界。

这四种境界，就高低的品位或等级说，是一种辩证的发展。自然境界，需要的觉解最少，可以说是一个混沌。功利境界和道德境界依次需要更多的觉解。天地境界，需要最多的觉解。天地境界，又似乎是一个混沌。但这种混沌，并不是不了解，而是大了解。这是觉解的发展，同时，这也是"我"的发展。在自然境界中，人不知有"我"。在功利境界中，人有"我"。在道德境界中，人无"我"。这里的有"我"，是指有"私"；无"我"，是指无"私"。在天地境界中，人亦无"我"。这是大无"我"。但是这种无"我"却因为真正了解"我"在社会和宇宙中的地位，因而充分发展了"真我"，所以在道德境界和天地境界中的人，才可以说真正地有"我"。

冯友兰认为，因境界有高低，所以不同的境界，在宇宙间有不同的地位，具有不同境界的人，在宇宙间也有不同的地位。

冯友兰认为，从表面上看，世界对任何人都是一样的，但实际上每个人所享受的世界的大小是不一样的，境界高的人，他实际享受的世界比较大；境界低的人，他实际享受的世界比较小，因为一个人所能实际享受的世界，必定是他所能感觉和了解的世界。颐和园的玉兰花，从表面上看，是任何人都能享受的世界，实际上很多人并不能享受。这并不是说这些人买不起颐和园的门票，而是说玉兰花对这些人没有意义。某地有位富豪得了癌症在家休养。一天他太太陪他到公园散步。这时一阵清风吹来，他感到十分爽快。他感叹道："怎么我过去就没有这种享受呢？"就是说，这时他省悟到，在他过去的生活中，清风明月不是他能够实际享受的世界，这也不是钱的问题。他是富豪，当然有钱，再说清风明月也不用花钱买。问题是清风明月对他没有意义。这是他的境界决定的。

冯友兰对人生境界所作的区分，是大的分类。实际上，人生境界可以作出更细的区分。就拿冯友兰说的功利境界来说，处在这个境界中的人情况也是千差万别，可以分出不同的等级和品位。同样，同是处在道德境界中的人，还可以作出更细的区分。同时，就某一个人来说，这种人生境界的区分也不是绝对的。也就是说，一个人的人生境界，可以既有功利境界的成分，也有道德境界的成分，而不一定是纯粹的功利境界，或纯粹的道德境界。

第八章 艺术化人生——至人 神人 圣人 真人

冯友兰所说的最高的人生境界即天地境界,是消解了"我"与"非我"的分别的境界,是"天人合一""万物一体"的境界,因而也就是一种超越了"自我"的有限性的审美境界。中国古代很多思想家都表述了这种思想。

最早谈到这一点的是孔子。据《论语》记载,孔子有一次和几位学生在一起,他要学生们谈谈各自的志向。子路、冉有希望有机会治理一个国家,公孙赤希望做一名礼仪官。曾点说:我的追求和他们三位讲的不一样。孔子说:那有什么关系,不过各人谈谈自己的志向罢了。于是曾点就说出了自己的志向:"莫春者,春服既成,冠者五六人,童子六七人,浴乎沂,风乎舞雩,咏而归。"(《论语·先进》)意思是说,在暮春时节,穿着春天的服装,和五六位成年人、六七位少年,在沂水边游泳,在舞雩台(古代祭天祈雨的地方)上吹吹风,然后唱着歌回家。孔子听了,喟然叹曰:"吾与点也。"就是说,我还是比较赞同曾点的追求啊!这是很有名的一场对话。孔子这四位学生所谈的不同的志向,反映出他们不同的人生境界,孔子的话表明,尽管他十分重视一个人要为社会做贡献,但是在他心目中,一个人应该追求的最高的精神境界,是一种人与人融合、人与天(自然)融合的境界,是一种审美的境界,也就是冯友兰说的天地境界。

在魏晋时,郭象也谈到这个问题。郭象哲学十分重视心灵境界的问题。郭象认为,最高的心灵境界乃是种"玄冥之境"。"玄冥之境"的特点是"玄同彼我""与物冥合"——"取消物我、内外的区别和界限,取消主观与客观的界限,实现二者的合一。所谓'玄同',就是完全的、直接的同一,没有什么中间环节或中介,不是经过某种对象认识,然后取得统一,而是存在意义上的合一或同一。"[①]

这种"与物冥合"的境界,是一种自我超越,也是一种自我实现。所谓自我超越,就是克服主客二分,实现与天下无对的"玄冥

[①] 蒙培元.心贯组城与境界[M].北京:人民出版社,1908:266.

之境",即"玄同彼我,泯然与天下为一"的本体境界。所谓自我实现,就是清除遮蔽,使"真性"完全而毫无遮蔽地呈现出来,自我与真我完全合一,实现了自己的本性存在。

冯友兰认为,郭象提出"玄冥之境",是追求一种超越感和解放感。一个人作为一个感性个体的存在,总是有局限的。如果不能突破这种局限那就好像被人吊在空中,就是郭象所说的"悬"。这样的人只有低级趣味,就是郭象所说的"鄙"。一个人如果做到无我、无私,就能超越个体存在的局限,从个体存在的种种限制和束缚中解放出来,获得一种新的精神状态,那就叫作"洒落"。冯友兰认为,魏晋玄学家所阐发的超越感、解放感,构成了一代人的精神面貌,就是所谓晋人风流。

从我们今天的眼光来看,郭象说的"玄同彼我""与物冥合",就是要超越主客二分,要从个体生命的感性存在的局限中解放出来。这就是审美活动(美和美感)的本质。所以,郭象所追求的精神境界,实质是一种审美境界。

在魏晋玄学之后,对人生境界问题谈得比较多的是宋明理学的思想家。宋明理学的宗师周敦颐提出一个"寻孔颜乐处"的问题,后来成为宋明理学的重大课题。所谓"孔颜乐处",是指《论语》所记孔子的两段话:

> 饭疏食,饮水,曲肱而枕之,乐亦在其中矣。不义而富且贵,于我如浮云。[1]
>
> 一箪食,一瓢饮,在陋巷,人不堪其忧,回也不改其乐。贤哉,回也![2]

这两段话的意思是说,一个人在贫穷的环境中也可以有快乐幸福的体验。孔子不是说,贫穷本身就是一种幸福快乐。孔子和颜回所乐的并不是贫穷本身,他们只是在贫穷的环境中仍"不改

---

[1] 《论语·述而》。
[2] 《论语·雍也》。

第八章 艺术化人生——至人 神人 圣人 真人

其乐"。他们所乐的是什么呢？这就是一个问题。所以周敦颐要程颢、程颐兄弟"寻孔颜乐处，所乐何事"。孔颜乐处并不是贫穷本身，而是他们具有一种精神境界，这种精神境界是超功利、超道德的，正是这种精神境界带给他们一种"乐"，这是高级的精神享受。周敦颐喜欢"绿满窗前草不除"，周敦颐从窗前青草体验到天地有一种"生意"，这种"生意"是"我"与万物所共有的，这种体验给他一种"乐"。程颢说："某自再见周茂叔后，吟风弄月以归，有'吾与点也'之意。"[①] 程颢得到了人与自然界融为一体的体验，这种体验带给他一种快乐，一种精神享受。他又有诗描述自己的"乐"："万物静观皆自得，四时佳兴与人同。""云淡风轻近午天，傍花随柳过前川。"他体验到人与人的和谐，人与大自然的和谐，"浑然与物同体"。这是一种"仁者"的胸怀。有了这种胸怀，对于世俗的富贵贫贱，对于一切个人的得失，都不会介意了。由此而生出的"乐"，就是"孔颜乐处"的境界。他们所乐的就是这种精神境界。这种境界，就是郭象说的"洒落"的境界。所以黄庭坚赞扬周敦颐："胸中洒落，如光风霁月。"

宋明理学的思想家们都强调，一个学者，不仅要注重增加自己的学问，更重要的还要注重拓宽自己的胸襟，涵养自己的气象，提升自己的人生境界。

从中国古代哲学家关于人生境界的论述，我们可以看到，在很多古代哲学家的心目中，最高的人生境界是一种"天人合一""万物一体"的境界，也就是一种审美境界。孔子的"吾与点也"的境界，追求"天人合一"，是一种审美的境界。郭象的"玄同彼我""与物冥合"的境界，如冯友兰所说是追求一种"超越感"和"解放感"，也是一种审美的境界。宋明理学家讨论的"孔颜乐处"的境界，"浑然与物同体"，也是一种审美的境界。

在现当代西方哲学家中，也有越来越多的人认为最高品位或等级的人生境界乃是审美境界。法国哲学家福柯是最突出的一

[①] 《河南程氏遗书》卷三。

位。在福柯看来,审美活动是人的最高超越活动,它在不断的创造中把人的生存引向人的本性所追求的精神自由的境界。这是别的活动不能做到的。

三、庄子的艺术化人生

作为道家的代表人物,早期的老子和庄子,与儒家代表人物如孔子、孟子不同,他们的生平事迹很不清楚,弟子也没有那么显赫,《史记》记述的庄子,除司马迁的评说之外,真实的生平事件其实就是《庄子》的《列御寇》和《秋水》里面曾记载的"辞相"而已。所以,如果一定要说庄子的生平事迹,其实最重要的还是《庄子》一书。

首先,庄子无疑始终处于贫困之中。有时,他甚至需要向人求贷以维持生计:

> 庄周家贫,故往贷粟于监河侯。监河侯曰:"诺。我将得邑金,将贷子三百金,可乎?"庄周忿然作色曰:"周昨来,有中道而呼者。周顾视车辙中,有鲋鱼焉。周问之曰:'鲋鱼,来!子何为者邪?'对曰:'我,东海之波臣也。君岂有斗升之水而活我哉?'周曰:'诺。我且南游吴越之王,激西江之水而迎子,可乎?'鲋鱼忿然作色曰:'吾失我常与,我无所处。我得斗升之水然活耳。君乃言此,曾不如早索我于枯鱼之肆!'"[①]

庄周因为家境贫寒向监河侯借粮。监河侯的推托令庄子很是恼怒,不过他没有直接表达自己的情绪,而是讲了一个小故事来生动地传达自己的意思,庄周忿忿地说:"我昨天来的时候,有谁在半道上呼唤我。我回头看看路上车轮辗过的小坑洼处,有条鲫鱼在那里挣扎。我问它:'鲫鱼,你干什么呢?'鲫鱼回答:'我

---

① 《庄子·杂篇·外物》。

第八章 艺术化人生——至人 神人 圣人 真人

是东海水族中的一员。你也许能用斗升之水使我活下来吧。'我对它说:'行啊,我将到南方去游说吴王越王,引发西江之水来迎候你,可以吗?'鲫鱼变了脸色生气地说:'我失去我经常生活的环境,没有安身之处。眼下我能得到斗升那样多的水就活下来了,而你竟说出这样的话,还不如早点到干鱼店里找我!'"社会的丑恶,现实的黑暗,人与人之间的不平等,面对这眼前的一切,庄子的冷眼看世,正是对黑暗现实的揭露,是面对苍茫宇宙的哭泣诉说,面对不公平现实的振臂呐喊。透过庄子那超脱、恣肆冷漠的外表,深入他的内心深处,那里积贮的却是浓烈的愤世嫉俗的苦闷之情。排解苦闷之情的方法,庄子首先是宣泄释放,不平则鸣;其次是升华,即超凡脱俗,追求个体的绝对自由。但不是勇敢地抗争恶势力,争取自己的现实自由,这或许是一种悲哀。

据《史记》记载,庄子担任过漆园吏,不过,在《庄子》中倒记着他凭织屦为生:

> 宋人有曹商者,为宋王使秦。其往也,得车数乘。王说之,益车百乘。反于宋,见庄子曰:"夫处穷闾陋巷,困窘织屦,槁项黄馘者,商之所短也;一悟万乘之主而从车百乘者,商之所长也。"庄子曰:"秦王有病召医,破痈溃痤者得车一乘,舐痔者得车五乘,所治愈下,得车愈多。子岂治其痔邪?何得车之多也?子行矣!"[①]

庄子被曹商形容为:身居偏僻狭窄的里巷,贫困到自己编织麻鞋,脖颈干瘪面色饥黄。因为贫穷、困窘,不仅形象和住处很糟,服饰自然也不会好,庄子穿的是破衣烂衫:

> 庄子衣大布而补之,正緳系履而过魏王。魏王曰:"何先生之惫邪?"庄子曰:"贫也,非惫也。士有道德不

---
① 《庄子·杂篇·列御寇》。

能行,惫也;衣弊履穿,贫也,非惫也,此所谓非遭时也。王独不见夫腾猿乎?其得楠梓豫章也,揽蔓其枝而王长其间,虽羿、蓬蒙不能眄睨也。及其得柘棘枳枸之间也,危行侧视,振动悼慄,此筋骨非有加急而不柔也,处势不便,未足以逞其能也。今处昏上乱相之间,而欲无惫,奚可得邪?此比干之见剖心征也夫!"①

所谓"大布"就是粗布,不仅粗布而且还打了补丁,就这么去见魏王了:或者这是因为庄子实在没有更好的衣服可以多少装饰一下了,或者他根本就不拿见魏王这件事当回事儿,当然更好的理解是二者兼而有之吧。虽然从这些情形,可以清楚地看出庄子过着困窘不堪的生活,然而他未尝丧失自己的生活尊严,而且对有损有辱自己的言行丝毫不假辞色。曹商为宋出使秦国荣归后的得意,受到庄子无情而苛狠的讽刺,他的世俗意义上的成功——当时往来各国的士人最高的理想不过就是"说人主"而"出其金玉锦绣,取卿相之尊"(苏秦语),其品质被贬抑得不能再低下了。而对魏王所形容的"惫",庄子坚持说自己这般形象只是因为"贫"即贫穷,他将"惫"界定为"士有道德不能行",说处在"昏上乱相之间而欲无惫",那是不可能的事。

庄子对于他所不屑的人物,绝不宽贷,那是一贯的;即使是他的朋友,比如惠施:

> 惠子相梁,庄子往见之。或谓惠子曰:"庄子来,欲代子相。"于是惠子恐,搜于国中三日三夜。庄子往见之,曰:"南方有鸟,其名为鹓鶵,子知之乎?夫鹓鶵,发于南海而飞于北海,非梧桐不止,非练实不食,非醴泉不饮。于是鸱得腐鼠,鹓鶵过之,仰而视之曰:'吓!'今子欲以

---

① 《庄子·外篇·山木》。

第八章 艺术化人生——至人 神人 圣人 真人

子之梁国而吓我邪？"①

庄子前往看望在梁国做宰相的惠子，有人对惠子说："庄子来梁国，是想取代你做宰相。"于是惠子恐慌起来，在都城内搜寻庄子，整整三天三夜。庄子讽刺道："南方有一种鸟，它的名字叫鹓鶵，你知道吗？鹓鶵从南海出发飞到北海，不是梧桐树它不会停息，不是竹子的果实它不会进食，不是甘美的泉水它不会饮用。正在这时一只鸱鹰寻觅到一只腐烂了的老鼠，鹓鶵刚巧从空中飞过，鸱鹰抬头看着鹓鶵，发出一声怒气：'吓'！如今你也想用你的梁国来怒叱我吗？"类似的故事还见于《淮南子·齐俗训》："惠子从车百乘以过孟诸，庄子见之，弃其余鱼。"惠施其实不仅善于口辩而已，他在魏国任事还是很有作为的，从世俗的角度不妨说颇为成功，内政方面如《吕氏春秋·淫辞》记："惠子为魏惠王为法，为法已成，以示诸民人，民人皆善之。"至于外交，则《战国策·楚策》载："五国伐秦，魏欲和，使惠施之楚。"然而，即使是朋友，即使他获得了相当的成就，庄子仍然坚持自己的态度，将魏国比拟为"腐鼠"，而将惠子比拟为守护"腐鼠"的"鸱"，也实在是贬抑至无以复加的地步了。

庄子对于魏王、曹商乃至惠子所悠游其中的世俗世界持强烈的抵拒姿态，甚至可以说是傲慢过度，或曰其傲在骨。但这不是吃不到葡萄的狐狸的故作姿态的反激表现。庄子本人也曾有机会进入世俗的名利场，但他断然拒绝了：

> 或聘于庄子，庄子应其使曰："子见夫牺牛乎？衣以文绣，食以刍叔。及其牵而入于太庙，虽欲为孤犊，其可得乎！"②

有人向庄子行聘。庄子答复他的使者说："你见过那准备用

---

① 《庄子·外篇·秋水》。
② 《庄子·杂篇·列御寇》。

作祭祀的牛牲吗？用织有花纹的锦绣披着，给它吃草料和豆子，等到牵着进入太庙杀掉用于祭祀，就是想要做个没人看顾的小牛，难道还可能吗？"这事在《庄子》中还保存了略有不同的记述，见于《秋水》：

> 庄子钓于濮水。楚王使大夫二人往先焉，曰："愿以竟内累矣！"庄子持竿不顾，曰："吾闻楚有神龟，死已三千岁矣，王巾笥而藏之庙堂之上。此龟者，宁其死为留骨而贵乎？宁其生而曳尾于涂中乎？"二大夫曰："宁生而曳尾涂中。"庄子曰："往矣，吾将曳尾于涂中。"①

庄子在濮水边垂钓，楚王派遣两位大臣先行前往致意，说："楚王愿将国内政事委托给你而劳累你了。"庄子手把钓竿头也不回地说："我听说楚国有一神龟，已经死了三千年了，楚王用竹箱装着它，用巾饰覆盖着它，珍藏在宗庙里。这只神龟，是宁愿死去为了留下骨骸而显示尊贵呢，还是宁愿活着在泥水里拖着尾巴呢？"两位大臣说："宁愿拖着尾巴活在泥水里。"庄子说："你们走吧！我仍将拖着尾巴生活在泥水里。"

结合这两段记叙，庄子拒绝的理由很明白：不是因为别的，而是因为进入世俗的官场、名利世界，从根本上违逆了他的生活信念；他不要那些种种的外在荣饰及身后的显贵，他所希望的只是自由自在的生。在"方今之时，仅免刑焉"（《人间世》）的时代里面，"殊死者相枕也，桁杨者相推也，刑戮者相望也"（《在宥》），要求得安然的生都是那么不容易的事，为什么还要投入充满危险的境地呢？说庄子逃遁规避也好，说他高蹈超越也好，关键在于他坚持了自己的生活信念；一切违反这一信念的行为，即使是举世醉心向慕的，也将不顾而放弃。生命中的追求或许可以出自冲动，而放弃定是理智省思的结果。

---

① 《庄子·外篇·秋水》。

第八章 艺术化人生——至人 神人 圣人 真人

庄子辞相要算是他全部生活中最有名的一件事了,《史记·老庄申韩列传》记述庄子的传记中,实在的事迹其实只有这一件,而看得出来,司马迁的记述是错综《庄子》中的两处记载而成的:

> 楚威王闻庄周贤,使使千金迎之,许以为相。庄周笑谓楚使者曰:"千金,重利;卿相,尊位也。子独不见郊祭之牺牲乎?养之数岁,衣以彩绣,以入太庙。当是之时,虽欲为孤豚,岂可得乎?子亟去,无污我。我宁曳尾于污渠之中自快,无为有国者所羁,终身不仕,以快吾志焉。"①

楚威王听说庄周贤能,派遣使臣带着丰厚的礼物去聘请他,答应他出任曹国的宰相。庄周笑着对楚国使臣说:"千金,确是厚礼;卿相,确是尊贵的高位。您难道没见过祭祀天地用的牛吗?喂养它好几年,给它披上带有花纹的绸缎,把它牵进太庙去当祭品,在这个时候,它即使想做一头孤独的小猪,难道能办得到吗?您赶快离去,不要玷污了我。我宁愿在小水沟里身心愉快地游戏,也不愿被国君所束缚。我终身不做官,让自己的心志愉快。"庄子是一个在污浊的世间坚持自己生活信念的人,他是能够超越当下的世俗攀求而守护自己本来生命的人。对此,"辞相"正是一个极好的呈现。

庄子对人生的达观态度最典型地体现在他对死亡的态度上。他在《大宗师》里说:"死生,命也,其有夜旦之常,天也。"在《齐物论》里说:"方生方死,方死方生。"在《至乐》里说:"生者,尘垢也,死生为昼夜。"在《知北游》里说:"生也死之徒,死也生之始,孰知其纪!人之生,气之聚。聚则为生,散则为死。若死生为徒,吾又何患!故万物一也。是其所美者为神奇,其所恶者为臭腐。臭腐复化为神奇,神奇复化为臭腐。故曰:'通天下一气耳。'

---

① 《史记·老庄申韩列传》。

圣人故贵一。"

最能说明庄子对待死亡态度的,应该是他妻子死了他却鼓盆而歌的故事。

> 庄子妻死,惠子吊之,庄子则方箕踞鼓盆而歌。惠子曰:"与人居,长子老身,死不哭亦足矣,又鼓盆而歌,不亦甚乎!"庄子曰:"不然。是其始死也,我独何能无概然!察其始而本无生;非徒无生也,而本无形;非徒无形也,而本无气。杂乎芒芴之间,变而有气,气变而有形,形变而有生,今又变而之死。是相与为春秋冬夏四时行也。人且偃然寝于巨室,而我噭噭然随而哭之,自以为不通乎命,故止也。"[①]

庄子的妻子死了,惠子前往表示吊唁,庄子却正在分开双腿像簸箕一样坐着,一边敲打着瓦缶一边唱歌。惠子说:"你跟死去的妻子生活了一辈子,生儿育女直至衰老而死,人死了不伤心哭泣也就算了,又敲着瓦缶唱起歌来,也太过分了吧!"庄子说:"不对哩。这个人她初死之时,我怎么能不感慨伤心呢!然而仔细考察她开始原本就不曾出生,不只是不曾出生而且本来就不曾具有形体,不只是不曾具有形体而且原本就不曾形成元气。夹杂在恍恍惚惚的境域之中,变化而有了元气,元气变化而有了形体,形体变化而有了生命,如今变化又回到死亡,这就跟春夏秋冬四季运行一样。死去的那个人将安安稳稳地寝卧在天地之间,而我却呜呜地围着她啼哭,自认为这是不能通晓于天命,所以也就停止了哭泣。"

自从人类诞生之日起,人的生死,便成为牵惹人心的十分敏感的问题。"生"意味着对个体生命的肯定,"死"则预示着个体永远离开了生活,不能分享人间的快乐幸福,是对人的生命的否

[①] 《庄子·外篇·至乐》。

第八章 艺术化人生——至人 神人 圣人 真人

定。所以,从常理看,人们对生、老、病、死都有一种不能拂拭的恐惧感。所以"贪生恶死"是人的自然本性。当然,人也是社会的动物,人生的价值又体现在为群体做些有益的事。但不管怎样,人们无法回避死亡问题。在古代中国,诸子百家对待死亡的态度各有不同。孔孟儒家主张人们应把主要精力投入实现人生价值上,个人不必考虑死亡问题,也不必害怕死亡,实际上是对死亡问题的回避。墨家认为,人的生死穷达,皆由前世所定,无法改变,宣扬人死亡后灵魂不灭而变为鬼,可以享受祭祀,是典型的命定论者和精神不灭论者。唯有庄子道家认为生死是一种自然现象,反对任何关于死亡的神秘观点和对死亡的恐惧。主张知天安命,不悦生恶死,具有朴素唯物论的因素。

惠子诘难老朋友的所作所为,是从常人的情理角度考虑的。庄子在妻子死后不但不悲伤,反而奏乐高歌,心情十分舒畅。这在现代人也难以理解,认为庄子违背人情世理。但庄子认为,人类在产生以前,无形无神,后来在混沌状态中才生出一种生命之气,赋予人以形体和精神,人死亡了,生命元气消失,人又回到大自然的怀抱中。人的生命从自然中来,最后又回到自然中去,就像昼夜流转,四时变化一样,自然而然,何必号啕大哭伤身损命呢?所以,要顺乎自然,乐天安命以超越生死。以无心无情的达观生活态度,冷静地对待死亡问题。

对于死亡,不应过分恐惧,但也无须欢欣鼓舞,要做到"不知悦生,不知恶死",这才是得道的境界,也就是不动心的境界。既然生死是自然现象,所以生不必快乐,死亦无须痛苦。同样地,生也不用痛苦,死也用不着快乐。对于生命,既不应该喜悦,也不应该厌恶,顺其自然而已。喜悦与厌恶是没有意义的。生命不因你喜悦而延长,死亡也不因你喜欢就会快速到来。这是由庄子万物齐同的思想所决定的。《至乐》篇还记载了庄子夜梦髑髅的故事,借髑髅之口写出人生在世的拘累和劳苦:

庄子之楚,见空髑髅,髐然有形。撽以马捶,因而问之,曰:"夫子贪生失理,而为此乎?将子有亡国之事、斧钺之诛,而为此乎?将子有不善之行,愧遗父母妻子之丑而为此乎?将子有冻馁之患,而为此乎?将子之春秋故及此乎?"于是语卒,援髑髅,枕而卧。夜半,髑髅见梦曰:"子之谈者似辩士。视子所言,皆生人之累也,死则无此矣。子欲闻死之说乎?"庄子曰:"然。"髑髅曰:"死,无君于上,无臣于下;亦无四时之事,从然以天地为春秋,虽南面王乐,不能过也。"庄子不信,曰:"吾使司命复生子形,为子骨肉肌肤,反子父母、妻子、闾里、知识,子欲之乎?"髑髅深矉蹙頞曰:"吾安能弃南面王乐而复为人间之劳乎!"

庄子到楚国,看到一个空的骷髅头,虽然已经干枯,但还保持着头倾完整的形状,他用马鞭敲了敲,问它说:"你是生前贪图享受,违背了养生的道理才成为这个样子吗?还是你的国家败亡,因而遭到刀斧刑罚杀戮,才成为这个样子呢?还是你有不良的行为,怕给父母妻子带来羞辱,因而羞愧自杀,才变成这个样子的呢?或是你遭受挨饿受冻的灾悲,才成为这个样子?或者你是年寿已到只活到这里呢?

这样问完了话,庄子就拿起骷髅,枕在头下睡着了。到了半夜,骷髅出现在庄子的梦中说:"你的言谈,好像是个辩论家。但看你所说的内容,全都是些活人的牵累,死了就不会有这些事了,你想要听听死亡的快乐吗?"庄子说:"好呀!"骷髅接着说:"死了,在上没有君主,在下没有臣子,也没有春夏秋冬四季的变化;从容自在地与天地共长久,即使南面称王的快乐,也不能有过于此了。"庄子不相信,所以就问:"如果我令司管生命的神祇再让你拥有人的形体重造你的骨肉肌肤,把你送回你的父母、妻子、故乡、朋友旧识那里,你愿意再重生吗?"骷髅深深皱着眉头说:"我怎能放弃南面称王的快乐,又再回去经受人间的劳苦呢?"

在庄子看来,在个体存在的时间之流中,战争、剥削、掠夺、残

第八章 艺术化人生——至人 神人 圣人 真人

杀、饥馑、冻馁、亡国、破家、妻离子散、贪生失理、不善之行、斧钺之诛、生的烦恼忧惧等,早已把有血有肉、有激情、有意志的人摧残成丧失了生存自主权而仅留下形体骨骼的"空骷髅"。这是比死亡还要难以忍受的精神痛苦。在庄子的寓言中,他通过观察"螳螂捕蝉,异鹊在后"的现象,体会到社会利益关系网中的血腥斗争。通过好友惠施对自己的嫉妒和曹商获车后对自己的炫耀,看到权势对人的腐蚀,并极尽讽刺地把权贵比作腐鼠和痔疮,表明自己的志向,通过对大葫芦的价值认定和材与不材的两难,认识到无用的价值以及超越有用和无用的负累。通过借粟河监侯看清社会的本质,人世间原来是一个"人肉"市场。通过去见魏王,庄子"贫非惫也"的辩解,表现出对"昏君乱相"的黑暗现实的控诉,抒发生不逢时的慨叹。子桑鼓琴,若歌若泣,是沉陷贫困潦倒的绝境而对黑暗现实的控诉。与其这样痛不欲生活着,遭受非人的人世间的压迫,还不如忘却了人生在世的一切烦恼,彻底结束生命的艰难旅程,痛快地走向死亡,与天地为友,与自然为伴,安然地享受这种人世间没有的快乐。

　　从表面上看,庄子好像是宣扬死亡的快乐,鼓励人们追求死亡的快乐。实际却并非如此。"空骷髅"视庄子之言为"生人之累",足见这种人生负累是庄子精神苦闷的根源,是他人生困境的真实写照,而"空骷髅"死后的心理体验,在逻辑上便是对人生困境的一种解脱,一种超越现实负累的精神解脱,一种超越功利的纯精神快感。这样,从人生困境中解脱,从内心苦闷中出来,从精神快乐中满足,便是庄子思想的目的。而落脚点则是对自由人生的孜孜追求,对绝对精神自由的上下求索。因此他对待自身的死亡也能够做到如此的豁达:

　　　　庄子将死,弟子欲厚葬之。庄子曰:"吾以天地为棺椁,以日月为连璧,星辰为珠玑,万物为赍送。吾葬具岂不备邪?何以加此!"弟子曰:"吾恐乌鸢之食夫子也。"庄子曰:"在上为乌鸢食,在下为蝼蚁食,夺彼与此,何其偏也！"①

　　庄子快要死了，弟子们打算用很多东西作为陪葬。庄子说："我把天地当作棺椁，把日月当作连璧，把星辰当作珠玑，万物都可以成为我的陪葬。我陪葬的东西难道还不完备吗？哪里用得着再加上这些东西！"弟子说："我们担忧乌鸦和老鹰啄食先生的遗体。"庄子说："弃尸地面将会被乌鸦和老鹰吃掉，深埋地下将会被蚂蚁吃掉，夺过乌鸦老鹰的吃食再交给蚂蚁，怎么如此偏心！"

　　庄子视死亡为元气变化，回归自然，在上为乌鸦老鹰食，是气化的自然，在下为蚂蚁食，也是气化的自然。主张厚葬是愚者的奢望，是徒有其表的虚华形式，违背天道自然规律，不可取也。所以人应破除妄为，顺应自然，乐天安命，高高兴兴地回到大自然母体的怀抱中，让大自然的良辰美景陪伴自己，安息寝卧，随物而化。

　　"死亡"问题是经常出现在《庄子》一书的人生话题。庄子对待"死生"问题实际上是采取艺术审美性的态度，即对万物的变化，保持观照而不牵惹自己的情感判断的态度，即对时间、对死亡的忧惧的一种精神超越。苏轼在《前赤壁赋》中云："自其变者而观之，则天地曾不能以一瞬；自其不变者而观之，则物与我皆无尽也。"都是针对宇宙自然而言，要顺应自然，乐天安命，随与化迁；针对自己的精神而言，要超越生死而来的痛苦忧惧，不为物动，保持无情无心的达观态度。这实际上是具有悲剧意识的生命情调向壮观宇宙意识的升华。是对时间、对死亡的中国式精神解脱。它具有二重性，一方面是对现实的黑暗、生命的苦闷的愤怒呐喊和宣泄释放；另一方面又是对生命的价值意义的现实否定，让人的能动性萎缩在主观精神的象牙塔中去浮想联翩。这往往成就的是文学艺术，而回避的是社会人生，绝对的精神自由是一

---

① 《庄子·杂篇·列御寇》。

第八章 艺术化人生——至人 神人 圣人 真人

种虚假的自由,但却是真切的艺术创造自由或审美自由。这正像一个连体双胞胎,是一个活生生的矛盾体,理解了这一点,也就领悟了中国传统艺术精神的真谛。

总之,庄子人生哲学的特质和品位是独特的,他不是现实功利的人生观,也不是彼岸救赎的人生观,而是艺术化的人生观。因为他将人的主体地位确立为审美主体,将人生境界奠定在审美基础之上,将人生目标预设为对自由的无限追求。这种艺术化人生观极大地影响着中国人的人生信念,使中华民族形成了既热爱现实人生、自强不息,又重视对人生的终极关怀、空灵不昧的人生理想,确立了对待人生审美化、诗意化的价值取向和道德传统。

参考文献

[1] 庄子 [M]. 方勇, 译注. 北京: 中华书局, 2015.

[2] 道德经 [M]. 高文方, 译. 北京: 联合出版公司, 2015.

[3] 陈鼓应. 庄子今注今译 [M]. 北京: 中华书局, 1983.

[4] 朱光潜. 西方美学史 [M]. 北京: 人民文学出版社, 1979.

[5] 朱光潜. 文艺心理学 [M]. 合肥: 安徽教育出版社, 1996.

[6] 朱光潜. 谈美 [M]. 上海: 华东师范大学出版社, 2012.

[7] 徐复观. 中国艺术精神·石涛之一研究 [M]. 北京: 九州出版社, 2014.

[8] 闻一多. 闻一多全集(第二册) [M]. 北京: 三联书店, 1982.

[9] 王博. 庄子哲学 [M]. 北京: 北京大学出版社, 2013.

[10] 陈引驰. 无为与逍遥: 庄子六章 [M]. 北京: 中华书局, 2016.

[11] 王威威. 庄子学派的思想演变与百家争鸣 [M]. 北京: 人民出版社, 2009.

[12] 刘笑敢. 庄子哲学及其演变 [M]. 北京: 中国人民大学出版社, 2010.

[13] 叶朗. 中国美学史大纲 [M]. 上海: 上海人民出版社, 1985.

[14] 叶朗. 美学原理 [M]. 北京: 北京大学出版社, 2009.

[15] 彭锋. 美学的感染力 [M]. 北京: 中国人民大学出版社, 2004.

[16] 彭锋. 回归——当代美学的11个问题 [M]. 北京: 北京

大学出版社,2009.

[17] 张法.20世纪西方美学史[M].成都：四川人民出版社,2007.

[18] 司有仑.当代西方美学新范畴辞典[M].北京：中国人民大学出版社,1996.

[19] 紫图.图解庄子[M].海口：南海出版公司,2007.

[20] 朱至荣.中国美学简史[M].北京：北京大学出版社,2007.

[21] 罗安宪.虚静与逍遥——道家心性论研究[M].北京：人民出版社,2005.

[22][德]席勒.审美教育书简[M].冯至,范大灿,译.上海：上海人民出版社,2003.

[23][德]黑格尔.美学（第一卷）[M].朱光潜,译.北京：商务印书馆,1991.

[24][德]海德格尔.存在与时间[M].陈嘉映,王庆节,译.北京：三联书店,1987.

[25][德]伽达默尔.伽达默尔集[M].邓安庆,等译.上海：上海远东出版社,1997.

[26][德]胡塞尔.纯粹现象学通论[M].李幼蒸,译.北京：商务印书馆,1992.

[27] 倪梁康.现象学及其效应[M].北京：三联书店,1994.

[28] 宗白华.美学散步[M].上海：上海人民出版社,1981.

[29] 冯友兰.三松堂文集（第四卷）[M].郑州：河南人民出版社,2000.

[30] 刘思梦.庄子"无待"逍遥与主体间性审美内涵[J].许昌学院学报,2016（3）.

[31] 孙健风.论席勒美学中的自由观念[J].文学教育(上),2018（7）.

[32] 杨春时.中国美学的现代转化：从主体性到主体间性[J].湖北大学学报,2010（1）.

[33] 张永清.现象学的本质直观理论对美学研究的方法论意义 [J].人文杂志,2003(3).

[34] 林合华.心斋之心与现象学的纯粹意识——试论徐复观对庄子的现象学诠释 [J].广西社会科学,2010(6).

[35] 胡立新.庄子虚静认知观释解 [J].东北师范大学学报(哲学社会科学版),2017(3).

[36] 薛富兴.中国古代自然审美方法 [J].云南师范大学学报(哲学社会科学版),2014(3).

[37] 曾小语.浅谈庄子的认识论 [J].才智,2013(17).

[38] 张瑞君.自然——庄子思想的核心 [J].重庆师范大学学报(哲学社会科学版),2013(5).

[39] 吴根友.庄子《齐物论》"莫若以明"合解 [J].哲学研究,2013(5).

[40] 李铭.浅谈马尔库塞的异化理论 [J].时代经贸,2011(30).

[41] 申云同.论朱光潜"人生艺术化"思想的当代意义及其局限 [J].柳州师专学报,2012(6).

[42] 吴安新,周世海.道法自然——关于《道德经》的法哲学解读 [J].重庆工商大学学报(社会科学版),2008(10).